KB274810

선비의 가슴 속에 품은 하늘

금장태

지식과교양

머리말

　'선비'라는 말은 듣기만 해도 결코 굽히거나 꺾이지 않고 당당하게 맞서는 대쪽 같은 지조와 기개를 느낄 수 있게 한다. 그러면서도 선비는 바라보기만 해도 온화한 기운이 감돌고 풍류스러운 멋이 깃들어 있는 인격으로 떠오른다. 우리 역사는 바로 이러한 '선비'의 소중한 문화를 간직해왔다. 옛 선비들의 목소리를 한걸음 다가가서 들어보고, 그 말씀의 뜻을 마음에 새겨볼 수 있다면 우리의 생각이 훨씬 더 여유로워지고, 우리가 살고 있는 현대사회도 개인주의로 고립화되고 각박한 경쟁 속에 삭막하게 되기만 하지는 않을 것이다.

　선비는 신분계급이 아니라 우리의 삶에 모범이 되는 지성과 품위를 갖춘 인격인 만큼, 우리시대에서는 누구나 자신이 선비가 될 수 있다는 사실을 인식할 필요가 있다. 그렇다면 선비가 되기 우해서는 어떤 가치와 목표를 지향해야 하는 것인가. 송나라 도학자 주렴계(周濂溪)는 "성인은 하늘을 바라고, 현인은 성인을 바라고, 선비는 현인을 바란다"(聖希天, 賢希聖, 士希賢.《『通書』, 志學》)고 하였다. 선비로 배움에 뜻을 두었다면 현인을 본받아 현인이 되기를 지향하고, 현인은 성인을 본받아 성인이 되기를 바라고, 성인은 하늘을 본받아 하늘과 일치하기를 바라야 한다는 말이다. 선비가 되고자 하면 가까이는 현인을 본받아야 하고, 한층 더 높이 성인을 본받아야 하며, 그리고 나서도 아득히 저 높이 하늘을 본받아야하니 끝없는 향상을 통한 자기완성의 길을 가야하는 존재임을 보여주고 있다. 그러니 선비의 가슴 속에는 이미 하늘을 품고 있어야 하지 않겠는가.

　오늘의 시대를 살아가면서 우리는 자신이 따라야할 모범을 서양에서 찾는데 급급하였다. 우리의 전통사회는 낙후한 전근대적 봉건사회였고, 선진문물은 모두 서양에서 나온다는 인식 때문이다. 우리사회가 근대화하는 과정에서 본받아야할 모범으로 서양이 중요하지만, 그렇다고 우리가 따라야 할 모범은 서양에만 있는 것은 결코 아니다. 오히려 우리가 한동안 거부하고 외면하였던 우리 자신의 역사와 전통에서 오늘의 우리가 살아가는데 요구되는 소중한 가르침이 있다는 사실을 다시 각성할 필요가 있다고 생각한다. 그래서 우리의 옛 선비들이 남겨준 말씀을 다시 음미하면서 오늘의 우리 자신을 돌아보고 싶었다.

　이 책이 이루어진 계기는 우연하게 찾아왔다. 2009년 어느 날 ‘성바오로 딸 수도회’의 유 글라라 수녀님이 나에게 전화를 걸어 자신들이 편집하는 월간잡지인 『야곱의 우물』에 글을 써달라고 요청해왔던 일이 있었다. 나는 당시 다른 일에 얽매어 있어서 형편이 여의치 않았고 글라라 수녀님의 얼굴도 모르는 처지였지만, 그 목소리가 하늘에서 들려오는 듯 너무 아름다워 도저히 거절할 수가 없었다. 그래서 시작한 것이 ‘다산(茶山)읽기’라는 칼럼에 2010년 한 해 동안 다산의 말씀을 음미해보는 글을 12번 연재했다. 그리고 이어서 2011년 한 해 동안 ‘유학자들한테 배운다’는 칼럼에 조선시대 유학자들의 말씀을 음미해보는 글을 다시 12번 연재하게 되었다. 그러고 난 다음에 그동안 『실학산책』을 비롯하여 이곳저곳의 지면에 썼던 조선시대 유학자의 말씀과 특히 내가 가장 흠모하는 두 인물로서 퇴계와 다산의

말씀을 풀어서 설명한 글들을 모아서 이 책을 꾸미게 된 것이다.

이 책의 제1부 「선비의 가슴 속에 품은 하늘」의 19편 글은 조선시대 선비정신을 돌아보면서 선비들의 말씀을 듣기 위해 귀 기울여 본 것이다. 제2부 「다니시던 길을 걸으며—퇴계를 감도는 빛과 체온」의 15편 글은 16세기의 도학자 퇴계의 정신이 보여주는 투명한 빛과 인품이 지닌 따스한 체온을 찾아보고 싶어 헤매던 길에서 떨어진 이삭들을 주워 모은 것이다. 그 가운데는 다산이 퇴계의 편지를 읽으며 받은 감동을 고백한 글을 음미한 것도 5편이나 들어있다. 제3부 「다산 정약용—하늘을 두려워하고 백성을 사랑한 열린 지성」의 22편 글은 18세기 초의 실학자 다산이 한 시대를 격렬하게 살아갔던 정신과 그의 가족에 대한 깊은 사랑 및 백성과 나라를 절실하게 염려하는 통찰을 짚어보고자 한 것이다. 여러 지면에 실은 글을 모으다 보니 인용문이 중복하여 나오는 경우가 자주 있다. 그만큼 중요한 말씀이라 너그럽게 이해해 주시기를 바란다.

옛 선비의 말씀을 음미하는 일은 그만큼 귀가 활짝 열리고 마음이 허허롭게 비어야 할 터이다. 그러나 나 자신은 스스로 돌아봐도 옛 선비의 말씀을 제대로 알아듣는 '지언'(知言)이나 '지음'(知音)이 되기에는 너무 부족하다. 잘못 알아듣거나 천박하게 알아들어, 옛 선비들에게 누를 끼치지나 않았는지 두렵기 그지없다. 다만 앞으로 좀 더 의미 있게 옛 선비들의 말씀을 알아듣기 위해 공부해가는 과정의 디딤돌로 삼고자 할 뿐이다.

생각해보면 유글라라 수녀님의 배려와 『야곱의 우물』 지면이 아니었다면 이 책은 이루어지지 않았을 것이니, 고마움을 마음속에 깊이 간직한다. 이 책의 간행을 허락해주신 도서출판 지식과교양의 윤석원 사장님의 항상 넉넉한 배려에 깊이 감사하고, 교정을 도와준 아내 素汀에게 고마운 마음을 전한다.

2012년 입춘(立春)의 날
潛研齋에서 금장태

목차

선비의 가슴 속에 품은 하늘

—선비정신의 기개와 이상

한국의 선비와 선비정신

　우리 역사는 언제나 '선비'와 함께 해왔다. 시대마다 그 사회의 이상과 역사의 방향을 제시해주고, 그 사회를 통합하는 구심점이 되어왔던 지성인이 바로 '선비'이다. '선비'라는 말은 우리에게 가을하늘처럼 맑고 투명한 지성과, 봄바람처럼 따뜻하게 감싸주고 포용해주는 덕성을 지닌 인격으로 다가온다. '선비'라는 말을 듣기만 해도 위축되었던 어깨가 자기도 모르게 펴지고, 비굴하게 굴복하기를 거부하고 불의에 맞서 싸울 수 있는 용기가 가슴에서 솟아나는 것을 느낄 수 있다.

　한자 말에서 '사'(士)는 애초에 '서인'(庶人)에 상대되는 신분개념으로서, 독서로 지식을 연마하여 벼슬에 나가는 하층의 지배계급을 가리킨다. 이러한 '사'가 승진하면 상층의 지배계급인 '대부'에까지 올라갈 수 있기 때문에 '사'와 '대부'를 결합시켜 '사대부'(士大夫)라고 일컫는다. 그러나 춘추시대에 공자에 의해 '사'가 새로운 의미를 지니게 되었다. 곧 '사'가 벼슬길에 나가지 못하더라도 정대한 도덕의식과 고매한 인격을 연마한 '군자'를 가리키게 되었다. 이러한 '군자'는 바로 이기심과 탐욕에 사로잡힌 '소인'에 상대되는 인격개념이요, '사'는 '군자'와 결합되어 '사군자'(士君子)라 일컬어진다. 우리말에서 '선비'는 '사대부'라는 신분적 의미가 아니라 '사군자'라는 인격적 의미로 받아들여지고 있다.

선비는 확고한 가치관과 신념을 지닌 인격이다. 공자의 제자인 증자(曾子)는 "선비란 도량이 넓고 뜻이 굳세지 않으면 안 되니, 임무는 무겁고 갈 길은 멀다. '인'(仁)으로 자신의 임무를 삼으니 무겁지 않겠는가? 죽은 뒤라야 끝나니 갈 길이 멀지 않겠는가?"라고 하여, '인'(仁)이라는 덕성의 실현을 자신의 임무로 삼아 평생토록 변함이 없이 실천해가는 굳은 지조를 지닌 선비의 모습을 보여준다. 또한 맹자는 "선비란 궁색하여도 의로움을 잃지 않고, 높이 출세하여도 도리를 벗어나지 않는다. 궁색하여도 의로움을 잃지 않으므로 선비가 자신의 지조를 잃지 않으며, 출세하여도 도리를 벗어나지 않으므로 백성들이 희망을 잃지 않는다."라고 하여, 선비가 지키는 가치기준이 바로 '의로움'(義)과 '도리'(道)임을 밝히고 있다. 곧 선비가 어떠한 곤궁을 겪더라도 의로움으로 지조를 지키며 도리를 따르는 모습은 바로 백성들에게 인격적 모범이요 희망이 되고 있음을 지적한 것이다.

조선시대 지식인들은 유교적 덕목을 가치기준으로 사회적 이상을 제시하면서, 자신을 그 이상의 실현을 위한 주체인 '선비'로 자각하였다. 곧 퇴계는 "선비란 예법과 의리의 바탕이요, 국가의 생명력(元氣)이 깃들어 있는 곳이다"라고 하여, 인간의 도덕성과 사회질서를 실현하기 위한 선비의 가치기준을 예법(禮)과 의리(義)로 확인하고 있다. 그래서 조선시대의 선비들은 우리 사회의 이상을 '예법과 의리의 나라'(禮義之國)로 선언해왔으며, 우리 사회를 '풍족하고 부강한 나라'

가 되기에 앞서서 '예법과 의리가 확립된 나라'를 실현하고자 추구해 왔던 것이다. 이에 따라 무례하고 파렴치한 행동을 경멸하며, 사양할 줄 알고 예의바른 행동을 높여왔던 것이요, 탐욕스럽고 불의한 행동을 질책하며, 의리의 당당하고 정대함을 지키기 위해 힘써 왔다. 한마디로 조선시대 선비정신은 '의리'정신이다. '의리'정신이란 정의로움을 사회적 이상으로 수호하는 양심이며, 결코 권력이나 조직에 맹목적인 복종태도를 지키는 것이 아니라, 불의에 항거하는 비판정신이요 저항정신이었던 것이다.

조선시대 선비들은 유교이념을 표방하는 사회체제 속에서도 세속적 권력에 맞서 불의에 항거하다가 희생되는 '사화'(士禍)를 무수히 겪었다. 기묘사화(1519)에 희생된 인물인 조광조(靜菴 趙光祖)는 선비의 진정한 모습을 제시하여, "자신을 도모하는데 사려 깊고 세상을 살아가는데 용의주도한 자는 감히 저항하는 지조를 지키거나 강직한 말로 원망과 노여움을 불러들이지 못한다. 머리를 숙여 아래 위를 살피고 이쪽 저쪽을 주선하여 자신을 보존하거나 처자를 온전히 하는 자들이 많은데, 이들은 임금을 섬기고 나라를 근심하는 사람이 아니다. 무릇 자신을 돌보지 않고 오직 나라를 위해 도모하며, 일을 당해서는 과감히 실행하고 환난을 헤아리지 않는 것이 바른 선비의 마음 씀이다."라고 하였다.

자신의 이익과 안전을 추구하는 자는 소인이요, 소인은 불의에 맞서 저항하지 못하고 비굴하게 굽혀 자신을 보존하는데 급급한 무리들이다. 그러나 진정한 선비는 나라를 위해 헌신하여 자신의 고통과 환난을 돌보지 않고 행동할 수 있는 인격이다. 곧 사사로운 것을 버리고 공공을 위해 헌신하는 자세가 선비의 기본조건임을 밝혀주고 있다.

임진왜란 때나 한말에 일본의 침략을 당해 국가가 존망의 위기에 빠졌을 때, 선비들이 전국에서 자발적으로 의병을 일으켜 항거하였던 것도 불의한 침략세력에 맞서는 용기요 자신을 버리고 나라를 지키기 위해 헌신하는 봉공(奉公)의 정신이었다.

퇴계는 선비의 당당한 기상과 지조를 강조하여, "필부로서 천자와 벗하여도 참람되지 않고, 왕공(王公)으로서 벼슬이 없는 선비에게 굽히더라도 욕되지 않은 것은 선비가 고귀하고 공경 받을 수 있기 때문이다."라고 하였다. 선비는 고귀한 신념과 정신을 지닌 인격이므로 세속적 권력의 통치자인 천자나 제후도 선비를 마음대로 신하로 삼아 지배할 수 없음을 확인하고 있는 것이다.

또한 율곡은 "참된 선비란 나아가면 한 시대에서 도를 행하여 백성들에게 화락한 즐거움이 있게 하고, 물러나면 무궁한 후세에 가르침을 베풀어 배우는 이로 하여금 큰 잠에서 깨어나게 한다."고 하였다. 선비의 사회적 역할은 벼슬에 나가면 그 사회의 이상을 실현하는 지도자요, 초야에 물러나면 다음 세대를 위해 바른 도리로 젊은 이를 가르쳐 깨우치게 하는 교육자임을 강조하였다.

선비는 그 시대의 이상을 제시하는 지성인이요, 그 사회를 이끌어가는 지도자이지만, 선비집단(士林)이 언제나 올바른 역할을 하는 것은 아니다. 때로는 선비의 기풍이 타락하여 사회에 해독을 끼칠 수도 있음을 경계하지 않을 수 없다. 율곡은 "선비집단이 융성하고 화합하면 나라가 다스려지고, 선비집단이 과격하고 분열되면 나라가 어지러워지며, 선비집단이 무너져 소멸되면 나라가 망한다."라고 하여, 당시 조선사회의 선비집단이 동인·서인으로 당파가 갈라져 서로 다투는 현실이 바로 선비의 기풍이 잘못된 현상임을 절실하게 경계하였다. 실제로 조선 후기의 선비들은 당파적 분열에 빠져 자신의 정당성을 주장하고 상대방의 부당성을 찾아내는 데 몰두하면서, '의리'의 가치기준을 독선적으로 왜곡시킴으로써 심각한 사회적 폐단을 낳았던 것이 사실이다.

조선 후기 실학자들은 선비의 기풍이 타락한 현실을 엄중하게 반성하며 선비정신의 새로운 각성을 추구하였다. 이익(星湖 李瀷)은 과거시험 공부를 한다는 명목으로 생산활동에 종사하지 않는 선비계층에 대해 '좀벌레'라 질책하며, 선비계층이 농사를 천시하여 빈곤에 빠지게 된 당시 사회적 폐단의 개혁을 주장하였다. 박지원(燕巖 朴趾源)은 당시 선비계층이 권세와 이익과 명성을 추구하는 타락상을 비판하면서, "나는 차라리 세상에서 벗이 없을지언정 군자와 벗할 수는 없다."고 하였고, 호랑이의 입을 빌어 도학자의 위선적 태도를 꾸짖으면서, "선비(儒)란 아첨(諛)하는 것이다."라고 질타하였다. 정약용(茶山 丁若鏞)은 선비의 그릇된 모습을 조롱하고 질책하는 말로서, '비열한 선비'(豎儒), '썩은 선비'(腐儒), '비루한 선비'(鄙儒), '고루한 선비'(拘儒), '도적행실의 선비'(盜儒), '비천한 선비'(賤儒), '식견 없는 선비'(俚儒), '공허한 선비'(空儒) 등을 들어, 선비가 항상 스스로 성찰하여 참된 선비의 역할과 면모를 보여주어야 할 것을 강조하였다.

선비가 그 시대의 방향을 제시하고 대중을 이끌어가는 지성이요 양심으로서 본래의 역할을 하면 그 사회는 희망을 잃지 않고 화합할 수 있다. 그러나 선비의 기풍이 강건한 지조로 의로움을 지키고 겸허한 인품으로 대중을 포용하지 못하고, 그 사회에서 지배계층으로 안주하여 사사로운 이익이나 특권을 누리는데 탐닉하고, 독선에

빠져 분열을 일으킨다면 오히려 그 사회는 선비계층으로 인해 혼란
이 더욱 심화될 수 있음을 심각하게 경계해 왔다. 곧 선비의 이념이
아무리 숭고하다 하더라도 그 사회에서 지식인으로서 선비의 역할
을 담당하는 계층이 언제나 올바르게 행동하는 것은 아니다. 따라
서 선비정신이란 현실세계의 불의에 대한 비판정신이며 동시에 자신
의 불의에 대한 끊임없는 성찰의식이다. 맹자가 '의로움'(義)이란 자
신의 허물을 부끄러워하고(羞) 남의 과오를 미워하는(惡)하는 마음
곧 '수오지심'(羞惡之心)이라 하였던 것도, 선비의 의리정신은 먼저 자
신을 바르게 함으로써 사회를 바르게 이끌어갈 수 있는 것임을 말
해주는 것이다.

선비의 나라 선비의 사회

삼국시대 이후 유교이념이 한국인의 생활 속에 정착되면서 충절(忠節)과 신의(信義)를 지조로 삼아 지켜갔던 선비들이 무수히 출현하였다. 바로 이 선비들은 유교이념이 우리의 역사 속에서 피워낸 아름다운 꽃이요 충실한 열매라 할 수 있다. 선비정신이 활발하게 살아 움직일 때 유교이념도 멀리 뿌리를 뻗고 넓게 가지를 치게 되었던 것이다. 그 반대로 선비가 관료의 지위나 지배계층의 신분으로서 특권에 탐닉할 때에는 유교이념도 빛이 바랜 예법의 형식이나 봉건제도의 껍질 속에 굳어져 역사의 질곡이 될 뿐이었다.

선비의 역할과 활동이 가장 두드러지게 나타났던 시기는 조선시대였다. 조선왕조를 통해 도학(道學: 주자학)이 정통이념으로 정립되면서 도학의 의리론은 선비정신의 중추를 이루었으며, 유교이념의 사회적 구현을 위한 근본원리로 받아들여졌다. 조선시대를 통해 선비집단인 사림(士林)세력이 성장하고 사회를 주도하게 됨으로써 우리 역사에서 그 시대의 영광이나 굴욕에는 모두 선비가 관여하게 되었던 것이 사실이다. 따라서 선비는 우리 역사의 공적에 대한 영예를 누릴 수 있을 뿐만 아니라, 과오에 대한 책임도 지지 않을 수 없게 되었다.

조선왕조의 출발점에서 조선왕조가 고려왕조를 넘어뜨린 왕조 교체의 사건에 대해 선비들의 반응은 대체로 두 갈래로 나뉘어졌다. 한편으로 정도전(鄭道傳)과 권근(權近) 등 혁명을 긍정하고 조선왕조의 건설에 적극적인 선비가 있었던 반면에, 다른 한편으로 정몽주(鄭夢周)와 길재(吉再) 등 혁명세력에 저항하거나 협력을 거부했던 선비도 있었다. 전자는 '혁명론'을 내세워 고려왕조를 부정했지만, 후자는 '강상론'(綱常論)을 내세워 혁명을 거부하는 입장이었던 것이다. 역사적 전환기에서 '혁명'의 변혁이 정당한지 '강상'의 유지가 정당한지 판단하는 것은 사회적 가치기준과 의리에 중대한 문제가 아닐 수 없다. 혁명도 천명(天命)에 근거한 혁명이요, 강상도 천명에 근거한 강상이니, 양쪽 모두 동일한 천명(天命)에 정당성의 근거를 두고 있는 것이다. 그렇지만 혁명과 강상은 그 나타나는 양상에서 전혀 상반되고 모순된 것으로 드러나기도 한다. 혁명론에서 보면 강상론은 옛 질서에 집착하여 역사의 대세에 역행하는 보수적 세력일 뿐이요, 강상론에서 보면 혁명론은 의리의 근본을 파괴하는 반역적 행위로 비쳐질 것이다.

조선왕조 건국 초기에는 혁명론을 정당화했지만, 세종시대부터는 오히려 강상론에 의리의 정당성을 부여하기 시작했던 것으로 보인다. 왕조의 창업기(創業期)에 혁명론을 표방했다가 수성기(守成期)에 들어서면서 강상론을 중시하는 의리의 판단기준에 변화가 일어나고 있는 것이다. 이러한 가치기준의 변화에는 혁명의 주도세력이 권력을 장악하면서 비판기능을 상실하고 권력의 옹호세력으로 남아 있었던 반면에, 강상론자는 고려왕조에 대한 충절의 입장에서 벗어나 권력에 예속되지 않는 유교이념의 실현을 주장하는 비판세력으로서 의리의 정당성을 확보했기 때문이라고 볼 수 있다. 물론 조선왕조는 고려왕조에 대해 혁명을 내세웠지만 일단 혁명이 성공한 다음에는 조선왕조를 뒤엎는 혁명을 인정할 수 없었던 것도 사실이다.

선비는 권력의 편에 서서 권력이 천명을 받았다는 정당성을 옹호하는 것이 아니라, 강상의 편에 서서 권력의 횡포를 견제하는 것이 본래의 기능이라 할 수 있다. 조선 초기에 강상의 의리를 즈장하며 초야(草野)에서 학문을 연마하던 '사림파'(士林派)는 집권세력인 '훈구파'(勳舊派)에 대해 대립적 성격을 띠게 되었다. 이에 따라 '사림파'의 각성이 일어나고 길재(吉再) → 김숙자(金叔滋) → 김종직(金宗直) → 김굉필(金宏弼) → 조광조(趙光祖)로 이어지는 사림파의 계보가 확인되었던 것이다. 사림파는 의리를 이념의 핵심이요 기준으로 지키면서 도덕적 이상주의를 지향하며, 권력집단에 대해 비판적 성격을 띠고 있다. 결국 사림파 선비와 집권자인 훈구세력의 갈등이 노출되어 권력의 탄압을 받아 사림파의 선비들이 희생당하는 사화(士禍)가 일어나게 되었다.

연산군에서 명종 초 사이에 잇달아 일어난 사화로 무수한 선비들이 희생을 치렀다. 권력에 집착하는 훈구세력이 의리를 내세우는 선비들을 탄압한 것이다. 이러한 선비들의 희생은 선비정신을 더욱 강인하게 다지고 의리정신의 뿌리를 더욱 심화시켜 가는데 밑거름이 되었다. '의리정신'은 유교이념을 통치원리로 한다고 조선사회에 저절로 부여된 것이 아니다. 불의에 맞서는 선비의 강인한 비판정신과 저항정신이 발휘됨에 따라, 선비의 희생으로 뿌린 피로 다져진 것이다. 선비의 희생은 의리를 지키기 위한 순교요, 이를 통해 선비정신의 역사적 가치와 의리정신의 사회적 정당성이 확인을 받게 되었다.

선비는 의리를 이념적 기반으로 삼으며, 이해(利害)관계와 의리의 가치기준이 충돌할 때에는 '이해'를 버리고 '의리'를 지키는 유교적 인격의 주체다. 따라서 선비는 빈곤한 것을 수치스럽게 여기지 않고 일상의 당연한 일로 받아들이며, 모든 물질적 욕망을 억제한다. 조선시대 사림파의 대표적 인물인 조광조는 기묘사화(己卯士禍) 때 옥중에서 진술한 말에서도, "망령되게도 나라의 병통이 이익을 탐하는 욕심의 근원에 있는 것이라 헤아렸으므로, 나라의 기맥(氣脈)을 무궁토록 새롭게 하고자 하였을 뿐입니다."(妄料國家病痛, 在於利源, 故欲新國脈於無窮而已.《靜菴集』, '獄中供辭'》)라 하였다. 그는 국가를 병들게 하는 탐욕의 뿌리를 막음으로써 국가의 명맥이 정의로운 생명력으로 항구하게 살아있는 사회를 건설할 수 있다는 신념을 밝혔던 것이다. 사사로운 탐욕을 억누르고 공공의 의리와 염치의 숭상을 그 시대의 사회 도덕적 가치로 확립했던 것은 바로 선비정신의 구현이었다.

퇴계는 '선비란 다른 사람의 세력이나 지위에 따라 압력을 받아도 뜻을 굽히지 않는 인격'임을 강조하였다. 그는 선비란 남이 부유한 재물을 내세우면 자기는 사랑(仁)으로 맞서고, 남이 높은 지위를 내세우면 자기는 의리(義)로 맞서는 선비의 당당한 모습을 강조하면서, "필부로서 천자와 벗하여도 참람하지 않고, 임금으로서 벼슬 없는 선비에게 굽히더라도 욕되지 않은 것은 선비가 귀하게 여겨지고 공경받아야 하는 까닭이다."(以匹夫而友天子, 不爲僭, 以王公而下韋布, 不爲辱, 此士所以可貴可敬.《退溪集』, '擬與豐基郡守論書院事'》)라 했다. 이러한 의식은 봉건적 신분계급의 질서를 넘어서서, 유교이념의 담당자로서 선비의 인격에 대한 극진한 존중태도를 보여주는 것이다.

실학자인 박지원(朴趾源)도 선비를 근원적 인격개념으로 파악하고 있다. 그는 선비가 관직을 가지면 선비의 자격을 버리고 대부(大夫)나 공경(公卿)이 되는 것이 아니라, 어떤 관직도 선비라는 인격에 덧붙여지는 부차적인 것이 될 뿐이라고 밝혔다. 따라서 그는 "천자는 본바탕이 선비이다. 본바탕이 선비란 살아있는 인간의 근본이다. 그 벼슬이 천자이나 그 몸은 선비이다."(天子者, 原士也, 原士者, 生人之本也, 其爵則天子也, 其身則士也.〈『燕巖集』, '原士'〉)라 하여, 천자도 인격을 지닌 인간이므로 '본바탕이 선비'(原士)라 지적하였다. 그렇다면 조선시대의 선비에 대한 인식은 선비를 임금이나 국가권력에 봉사하는 기능적 지식계층으로만 보는데 한정시키는 것이 아니라, 권력이나 모든 세속적 가치의 근원에서 의리정신을 지키는 인격적 주체로 인정하고 있는 것임을 의미한다.

이처럼 한 사회에서 선비의 역할은 인격의 진정한 실현이라는 근원적 의미를 지닌다. 율곡은 "참된 선비(眞儒)란 나아가면 한 시대에 도(道)를 행하여 백성들에게 화락한 즐거움이 있게 하고, 물러나면 만세에 가르침을 드리워 배우는 이로 하여금 큰 잠에서 깨어나게 한다."(夫所謂眞儒者, 進則行道於一時, 使斯民有熙皥之樂, 退則垂敎於萬世, 使學者得大寐之醒.〈『栗谷全書』, '東湖問答'〉)고 하여, 한 시대에서 도를 펼쳐 이상사회를 실현하는 지도자의 역할과 더불어 먼장래에까지 표준을 제시하여 후생들을 깨우쳐 주는 교육자의 역할을 제시하고 있다.

정응(鄭應)은 선비의 사회적 역할을 그 사회의 생명력(元氣)으로 파악하여, "나라에 선비가 있는 것은 사람에 원기(元氣)가 있는 것과 같다. 원기가 사라지면 사람은 죽게 되고 선비가 없어지면 나라는 망하게 된다."(國之有士, 猶人之有元氣, 氣喪則人亡, 士殄則國喪.〈『靜菴集附錄』,

'事實')라 밝혔다. 한 몸에 원기가 흩어지면 사람이 죽는 것처럼 한 나라에 선비의 역할이 사라지면 그 나라도 망하고 말 것이라 언명했다. 한 국가에서 선비의 존재를 한 인간에서 원기에 비유하는 것은 바로 선비가 국가의 존립을 지탱시키고 성장하는 생명의 원동력임을 인식하고 있는 것이다.

한 나라의 홍망성쇠는 선비정신의 청신함과 부패함에 직결되는 것이다. 어느 사회에서나 그 사회이념을 이끌어가는 계층이 건전하게 기능하고 사회기강이 확고하게 정립되면 그 사회는 굳건하게 유지되지만, 선비의 가치관이 혼란하고 사회기강이 붕괴되면 그 사회는 불안정에 빠져 결국 붕괴되고 말 것이다.

의리는 행동을 통해 실현되어야 한다. 따라서 행동을 위한 의지와 용기는 의리의 실현에서 필수적인 조건이 되고 있다. 선비가 의리를 소중히 지키고자 하지만, 만약 난관에 봉착해 의리의 실천을 회피한다면, 그 의리는 그저 관념 속에나 남아 있는 구두선(口頭禪)이 되고 말 것이다. "생명을 버리고 의리를 취한다."(捨生取義)는 맹자의 말에서 처럼, 의리를 최고의 가치로 지켜서 모든 이해득실에 흔들리지 않고 고통의 감수는 물론 생명까지도 내맡길 수 있을 때 의리는 용기를 수반하는 의용(義勇)으로 실현될 수 있다.

조헌(重峯 趙憲)은 임진왜란 때 7백 명의 의병들과 함께 금산(錦山) 전투에서 장렬하게 전사했던 인물이다. 그는 금산전투에서 의병들에게 마지막 훈시를 할 때에 "오늘은 다만 한 번 죽음이 있을 뿐이다. 죽고 삶이나 나아가고 물러남을 '의'(義)라는 한 글자에 부끄럽지 않게 하라."(今日只有一死, 死生進退, 無愧義字.〈『重峯集附錄』, '年譜'〉)고 훈시하여, 죽음 앞에서도 '의'를 지키도록 신념과 용기를 호소했다. 임진왜란과 병자호란은 물론 구한말(舊韓末)에 일본과 청나라 등의 외적으로부터 침략을 당할 때마다 선비들은 의병을 일으켜 침략자에 항거했다. 국가의 위기에 의병을 일으켜 '의(義)를 따라 죽었던' 순의(殉義)가 역사적 위기에서 선비정신이 극명하게 표출된 모습이다. 이러한 선비들의 신념과 행위는 바로 역사적 난국을 통해 의리가 가장 강인하게 실현되어 왔던 것임을 말해 준다.

선비는 의리를지켜 죽음을 당하면서도 굽히지 않는 절개를 지닌 인격이다. 정몽주의 충절과 사육신(死六臣)의 순절이 바로 그것이다. 병자호란 때 척화삼학사(斥和三學士)는 심양(瀋陽)에 가서 청태종의 심문을 받으면서도 대의(大義)를 밝히고 죽음으로써 절의를 지켰다. 또한 조선왕조가 붕괴하는 과정에 일제(日帝)의 포악한 탄압을 받으면서도 저항했던 의사(義士), 열사(烈士)들에게서도 의병을 일으켰던 의리정신과 더불어 절의를 지키는 지조를 확인할 수 있다.

조선사회의 유교이념을 신봉하던 선비의 의리론에 따르면 국가의 존망에 대한 집착보다 대의를 지키는 것이 근원적 가치를 갖는 것으로 나타난다. 한 개인이나 한 국가가 대의를 저버리고 존속한다는 것은 진정한 생존이 아니고 결국 역사 속에 조만간 멸망할 것이라고 본다. 그러나 대의를 지킨다면 한때 죽음을 당하고 멸망하는 것 같아도 영원한 생존을 획득할 수 있다는 것이다. 의리의 정당성이 생존을 보장해 주는 것이요, 생존의 요구가 의리를 만들어낼 수 없는 것으로 인식된다. 효종은 북벌론(北伐論)을 통해 중국대륙을 장악한 만주족을 정벌하려는 계획을 세웠을 때, "나는 나의 재능으로 이 일을 해낼 수 있다고 생각하지 않는다. 다만 천리(天理)와 인심(人心)이 그만둘 수 없기에 재주가 미치지 못한다고 안 할 수 없다."(予非以予才能辦

此事也, 只以天理人心之所不可已者, 豈可以才不逮而自畫不爲哉.〈『宋書拾遺』, '幄對說話'〉)고 하였다. 북벌론이 현실적 승산에 대한 확신을 앞세운 것이 아니라, 대의에 따르는 정당성에 대한 신념에 기반을 두고 있음을 밝혔다. 이러한 대의론에 따라 조선왕조는 청나라에 저항하는 의리론을 선비의 기본정신으로 굳게 지켜갔던 것이다.

한말의 선비들은 서양과 일제의 침략세력을 불의의 사악함으로 규정하고 우리의 역사적 전통을 올바른 길(正道)로 인식하는 '위정척사론(衛正斥邪論)'을 내세웠다. 이들은 의병운동을 일으킴으로써 '춘추대의(春秋大義)'를 한말의 역사적 위기 속에 강경하게 제시했다. 이들은 한 왕조는 망할 수 있지만 대의(大義)는 해와 달처럼 천지와 더불어 영원히 지속하는 것이라 믿었다. 바로 이 '대의'를 통하여 정당한 국가와 정당한 왕조를 지키려고 싸웠던 것이 조선시대 선비들의 역사의식이요, 의리정신이었다고 할 수 있다.

우리의 전통문화에서 선비의 위치가 아무리 핵심적이고 또한 선비정신이 숭고한 가치를 지녔다고 인정하더라도 선비의 역할에는 긍정적 측면과 부정적 측면의 양면이 있다. 선비가 그 임무를 긍정적으로 실현하지 못할 때 선비정신만 독립하여 의미 있게 존립할 수 없는 것이다. 선비가 관료계습으로서 혹은 전통의 봉건적 질서 속에서 지배신분으로서 자신의 지위를 향유하는데 젖어 있다면 그들은 신분상 선비지만 의리에 비추어보면 선비정신의 파괴자일 뿐이다. 사실상 신분의식에 따르고 체면에 사로잡혀 노동을 천시해 빈곤을 자초하면서 허세로 자위했던 것도 현실이었다. 그것은 선비의 위선에 지나지 않는다.

선비의 기풍과 관습이 건전한지 병들었는지의 진단이 없이 그저 선비요 지식계층이라는 사실 하나로 정당성을 얻거나 존중을 받을 권리는 없다. 더구나 선비가 국가의 생명력으로서 '원기'라 할 때 선비정신의 의리가 정당성을 확보하고 있는지 반성적으로 인식할 필요가 있다. 건전한 선비정신을 확인하는 일은 동시에 왜곡된 선비의 기풍을 통찰할 때 가능할 것이다. 우리가 전통사회에서 선비정신의 가치를 재검토하는 이유는 선비정신이 어떻게 의리정신의 실현주체로서 그 스스로 각성되고 구현될 수 있는가를 알고자 하는 것이다.

선비정신은 도덕성과 의리의 정당성을 중추로 함으로써, 한 사회와 역사 앞에서 책임과 임무를 지닌다. 선비정신도 그 역사적 전통 속에서 한편으로 보편적 정당성으로서 의리를 실현하는 중심이 되고, 다른 한편으로 불의에 대해 항거하는 투지의 선봉이 되어야 하는 것이다. 따라서 우리 시대에도 건전한 사회기강을 수립하기 위한 정신적 원동력으로 선비정신의 강인한 신념을 살려내야 할 필요가 있는 것이다.

선비가 그 사회에 정당성을 부여하고 역사를 의롭게 이끌어왔던 지성이라면, 그것은 끝없는 자기극복이어야 하고 항상 새로운 자기창조라야 할 것이다. 조선시대의 의리가 현대사회에서도 그대로 받아들여질 수 없다는 사실은 전통과 현실의 괴리를 주목하게 한다. 여기서 선비가 의리의 시대적 변천 방향을 스스로 제시할 수 없고 또 그 변화를 넘어서 이념적 보편성과 역사적 연속성을 스스로 통찰할 수 없다면, 선비는 의리의 실현주체가 될 수 없는 것이다. 역사와 현실 속에서 의리의 규범형식을 끊임없이 새롭게 규정하고 제시할 수 있는 창조적 지성이라야 비로소 선비의 진정한 면모를 보여 주는 것이다.

선비의 이념적 근거를 의리정신에서 찾는 것은 바로 사사로운 욕심을 극복하고 공공의 정당성을 추구하는 것이다. 정약용은 『목민심서』(牧民心書)에서 목민관의 정신적 기본 덕목으로 '자신의 통제'(律己), '공공을 위한 봉사'(奉公), '백성에 대한 사랑'(愛民)의 세 가지를 들고 있다. 선비정신은 공직의 수행과정에서 온갖 위협이나 유혹을 이겨나가는 힘이다. 또한 자신을 독립된 자율적 인격체로 확보할 수 있는 방어장치이다.

진정으로 떳떳함은 사회적 공정성과 깊이 연결되어 있다. 선비의 의리정신은 누구나 가야 할 공공(公共)의 정대(正大)한 길이다. 자신의 독선과 자만, 또는 이기적 탐욕이 갖는 폐쇄적인 태도를 깨뜨리고 '공공성에 기반하는 포용적이고 조화로운 열린 태도'는 선비가 지켜야 할 '사랑과 정의'의 규범이다. 선비의 올곧고 엄중한 비판정신이 전통사회의 건전한 생명력을 이루었듯이 우리 시대의 '선비' 역시 청렴과 강직함이 바탕이 되어야 비로소 기강의 중심축이 될 수 있을 것이다. 선비는 나가서 공직을 맡기도 하고 들어와서 이웃의 한 사람으로 살기도 한다. 그러나 언제나 세상 속에서 세상을 위해 깊이 염려하는 마음을 내려놓지 않는다. 선비는 온화하고 꿋꿋하며, 단아하고 겸허하여야 한다. 동시에 근면하고 검소하며, 청렴하면서도 마음이 항상 넉넉하여야 한다. 이 선비의 모습을 오늘의 시민사회에서 우리 모두의 덕성으로 다듬는다면 품위 있고 건강한 사회를 이룰 수 있을 것이다.

정암 조광조(靜菴 趙光祖)
: 선비정신의 표상

"자신을 위하여 도모하는데 치밀하고 세상을 살아가는데 용의
주도한 자는 감히 고상한 지조와 강직한 발언으로 원망과 노여
움을 불러일으키지는 못할 것이요, 머리를 숙이고서 아래 위를
살피고 이쪽 저쪽을 주선하여 자기 한 몸을 보존하고 처자를 온
전히 하는 자이다. 대개 이런 자들이 많은데, 임금을 섬기고 나
라를 근심하는 사람이 아니다. 무릇 자기 몸을 돌보지 않고 오
직 나라를 위해 도모하며, 일을 당해서는 과감히 실행하고 환난
을 헤아리지 않는 것이 바른 선비의 마음씀이다."

"深於自謀, 周於涉世者, 不敢抗志直言, 以召怨怒, 而氐回俯仰
周旋彼此, 保其身全其妻子者, 盖多此非委質憂國之人也, 夫不
顧其身, 惟國是謀, 當事敢爲不計禍患者, 正士之用心也."

〈『靜菴集』, '年譜'〉

조광조(靜菴 趙光祖, 1482~1519)는 조선시대 전반기인 중종 때 34세로 벼슬에 나와 집권세력의 탐욕과 불의를 비판하고 정의로운 사회의 이상을 실현하기 위해 분투하다가 38세로 사약을 받고 죽임을 당하였던 조선시대 선비정신의 상징이요 모범으로 추앙받는 인물이다.

조광조가 처음 벼슬에 나왔을 때는 반정(反正: 中宗反正)을 일으켜 연산군을 몰아내고 중종을 임금으로 세워놓은 공신세력들이 국가권력을 장악하여 온갖 이권을 독차지하고 있었다. 이때 그는 벼슬에 나오자마자, 칼날보다 예리한 붓끝으로 의리의 정당성을 명분으로 내세워 공신세력들의 불법과 비리를 정면으로 비판함으로써, 공신세력을 하루아침에 무너뜨리고 중종에게 군왕의 권위를 회복시켜주었다. 이제 정치의 중심에 나선 조광조는 중종의 신임을 받아 강직하고 청렴한 젊은 선비들을 끌어내어 조선사회에 뿌리깊이 파고들어 있는 불법과 부정을 뿌리 뽑고 정의로운 이상사회를 실현해 보겠다는 큰 꿈을 꾸었다. 이에 따라 당시의 선비들은 조광조에게서 정의로운 이상사회의 희망을 발견하고 열렬하게 호응하였다.

사악한 공신세력들을 몰아내고 임금을 성군(聖君)으로 만들어 나라를 정의로운 이상사회로 세워보겠다는 조광조를 비롯한 선비들의 꿈에는 또 다른 탐욕의 음험한 힘이 훼방을 하고 나섰다. 이번에는 임금인 중종이 성군 노릇하거나 정의로운 이상사회를 실현하기보다도 자신의 마음대로 휘두를 수 있는 권력을 추구하면서 조광조를 비롯한 선비들의 꿈을 여지없이 짓밟아 버리고 말았던 것이다. 1519년 11월 15일 한 밤중에 임금이 간신들과 결탁하여 기묘사화(己卯士禍)를 일으켜 조광조를 비롯한 선비들을 '서로 어울려 권력을 장악한 죄'의 명목으로 투옥하였다. 옥중에 갇힌 조광조는 "선비가 이 세상에 태어나 믿는 바는 임금의 마음뿐입니다. 망령되게도 나라의 병통이 이욕(利欲)의 근원에 있다고 헤아리고서, 나라의 명맥을 두궁토록 새롭게 하고자 하였을 뿐이요, 전혀 다른 뜻은 없었습니다.”(『獄中供辭』)라고 외쳤으나, 임금은 아무 반응도 없었다.

대신들(鄭光弼·安瑭 등)이 조광조의 구명에 나섰고, 대사헌(大司憲: 柳雲)도 “임금이 발탁하여 사랑하고 믿던 선비를 하루아침에 초개처럼 버리니 아무도 임금의 마음을 믿을 수 없게 되었으며, 사기가 꺾여 한심스럽습니다.”하며, 사직하는 상소를 올렸다. 상하 관료들과 유생들이 조광조를 구명하려고 상소를 잇달아 올렸지만, 중종은 한 마디 대답도 없이 조광조를 전라도 능성(綾城: 현 화순군에 속함)으로 유배 보내고 잇달아 사약을 내려 보내 죽이고 말았다.

조광조는 사약을 받고 죽음을 당하는 자리에서, “임금 사랑하기를 어버이 사랑하듯 하였고/ 나라 근심하기를 집안 근심하듯 했노라/ 밝은 해가 이 땅을 비치고 있으니/ 내 붉은 충정을 밝히 비추리라”고 절명시(絶命詩)를 읊어, 임금의 배신에도 한마디 원망함이 없이 자신의 진실한 속마음을 술회하였다. 그는 일찍이 “예로부터 정당한 도리를 행하는 무리가 세상에 융성하게 일어나면 반드시 큰 재앙이 그 뒤를 따른다.”고 말했던 일이 있으니, 선량한 자를 해치려는 사악한 자의 독수(毒手)가 그림자처럼 항상 따라다닌다는 사실을 그 자신도 잘 알고 있었던 것이다.

이 나라를 이상사회로 만들어 보겠다는 열정 하나로 헌신하다가 38세의 젊은 나이에 탐욕적 권력에 희생된 조광조의 죽음은 죄 없는 ‘선비’의 죽음이요, 유교사회에서 유교적 신념을 지키다 목숨을 잃은 ‘순교’(殉敎: 殉道)라 할 수 있을 것이다. 인간이 사는 세상은 언제나 선량한 양심과 사악한 탐욕이 맞부딪쳐 싸우는 전쟁터인지도 모르겠다. 안타까운 것은 사악함이 지배하는 시기는 길고 선량함이 지배하는 시기는 짧다는 것이 역사의 현실이다.

'선비'란 관직에 나가 대부까지 승진할 수 있는 신분계급으로서 '사대부'(士大夫)를 의미하기도 하지만, 본래의 뜻은 학문과 행실을 닦는 인격체로서 '사군자'(士君子)를 가리키는 말이다. 공자는 "지조 있는 선비와 어진 사람은 살기 위하여 '인'(仁)을 해치지 않고 생명을 버려서라도 '인'을 이룬다."(志士仁人, 無求生以害仁, 有殺身以成仁〈『논어』, 衛靈公〉)고 하여, 선비가 지향하는 가치는 높은 벼슬이나 많은 재물의 세속적 부귀영화가 아니라 '인간에 대한 사랑'으로서 '인'이요, '인'을 실현한다는 사명을 위해서는 자신의 생명도 버릴 수 있는 신념을 지닌 인격이다.

'인'(仁) 곧 '인간에 대한 사랑'을 현실에서 실현하기 위한 합당한 과제요 올바른 방법이 '의'(義) 곧 '정의로운 사회질서'이다. 조선시대 유교지식인으로서 선비에게는 '인'이 뜨거운 사랑의 심장이라 한다면 '의'는 당당하게 일으켜 세워주는 척추라 할 수 있다. '인간에 대한 사랑'을 잃으면 인간다운 인간이 될 수 없고, '정의로운 사회질서'를 잃으면 인간답게 살 수 있는 길을 확보할 수 없는 것이다. 말하자면 '인'은 인간이 가슴 속에 간직해야 하는 인간다운 품격이라면, '의'는 사회현실에서 실현해야하는 정당성이다. 그래서 조선시대 선비들은 우선 '의'(義) 내지 '의리'(義理)를 사회현실에서 실현해야할 선비정신의 기본원리로 삼았다.

조광조의 이상정치(至治)에 대한 신념은 하늘과 사람이 일치되고 임금과 백성이 일치되도록 임금의 마음을 바로잡는 데서 출발하는 것이다. 그는 벼슬에 나가 처음 올렸던 상소에서 "언로(言路)가 열리고 막힘은 국가에 가장 긴요합니다. 언로가 열리면 다스려지고 안정되며, 막히면 어지러워지고 망할 것입니다. 그러므로 임금은 언로를 넓히는데 힘써 위로는 대신과 각급 관리로 부터 아래로는 거리의 백성에 이르기까지 모두 말을 할 수 있도록 해야 합니다."〈『司諫院請罷兩司啓』〉라고 하였다. '언로'(言路)는 자유롭게 말을 할 수 있어서 의사소통의 길을 여는 것이다. 임금과 관료와 백성 사이에 의사소통이 원활하게 이루어져야 사회가 조화롭게 일체화될 수 있음을 말한다. 오늘날 언론의 자유를 중시하는 것과 같은 원리이다.

또한 그는 이상정치의 기본과제가 백성의 보호(保民)에 있음을 확인하면서, 당면한 구체적 방법으로서 임금이 정당한 도리를 따르는 '군자'와 이욕을 따르는 '소인'을 분별할 수 있는 안목이 있어야 함을 강조하였다. 곧 소인이 득세하면 나라가 병들 것이니, 소인을 물리치고 이욕의 근원을 막아야 할 것을 역설하고 있다. 그는 "군자와 소인은 물과 불이 서로 용납하지 못하는 것과 같다. 소인은 밤낮으로 생각하고 헤아려 날마다 군자를 공격할 것을 의도하여 반드시 모두 베어 죽인 다음에야 그칠 것이다. 만약 소인의 술법을 쓰게 한다면 참혹한 화는 말할 수 없다."〈『參贊官時啓14』〉라 하여, 소인이 군자를 모함하는 술법을 경계하였다. 세상에는 군자(선비)와 소인이 함께 있기 마련이니, 선비가 벼슬길에 나가게 되면 소인들로부터 질시를 받고 재앙을 당하지 않을 수 없는 것이 역사의 현실이다. 그는 연산군 때 두 차례의 사화(戊午士禍·甲子士禍)로 선비들이 참혹한 희생을 당했던 사실을 직접 목격하였다. 따라서 그는 진정한 선비란 자신의 환난을 헤아리지 않고 나라를 위해 목숨을 바치는 자임을 강조하였던 것이다.

조광조는 '군자와 소인의 분별'에 상응하여 '의리와 이욕의 분별'을 제시하였다. 군자는 의리를 신념으로 삼아 이상정치의 실현을 추구하지만, 소인은 이욕을 추구하여 국가를 병들게 하고 백성을 도탄에 빠뜨리는 세력이라는 것이다.

조광조 자신은 한 사람의 선비로서 의리를 내세워 이상정치를 이루려고 헌신하다가 간교한 소인과 용렬한 임금의 손에 죽임을 당하였지만, 그가 추구하던 의리정신의 정대함은 후세에 선비의 모범이요 상징으로서 큰 가르침을 남겼다. 그의 죽음은 죄 없는 선비의 죽음이었기 때문에 그의 의로운 선비정신은 사후에 더욱 빛났고, 소인의 사악함은 더욱 분명하게 드러났다. 그의 죽음은 조선시대 선비정신을 더욱 강인하게 연마시켜 주는 힘의 원천이 되었다. 중종이 죽고 인종이 즉위하자 바로(1545) 조광조의 관작을 회복시켰으며 선조는 즉위하자(1568) 조광조에게 '문정'(文正)으로 시호(諡號)를 내렸으며 영의정(領議政)으로 증직(贈職)하였고, 공자의 사당(文廟)에 배향하여 그를 조선사회의 스승으로 받들게 하였다. 조광조는 살아서는 죄인의 이름으로 죽임을 당했지만, 죽은 다음에 의로운 선비의 표상으로 영원히 살아났다고 하겠다.

화담 서경덕(花潭 徐敬德)
: 줄 없는 거문고에서 듣는 근원의 소리

"거문고에 줄이 없으니, 본체는 간직하고 활용은 버렸구나.

진실로 활용을 버림이 아니라, 고요함이 움직임을 머금었네.

소리에서 들음은 소리 없음에서 들음만 못하고,

형체에서 음악은 형체 없는데서 음악만 못하네.

형체 없는데서 음악은 그 극한을 얻는 것이요,

소리 없는데서 들음은 그 오묘함을 얻는 것이구나.

밖으로 있음에서 얻고, 안으로 없음에서 깨우치네.

다만 그 가운데 취미가 있는데, 어찌 줄에서 공부를 하랴."

琴而無絃,　　　存體去用,

非誠去用,　　　靜其含動,

聽之聲上,　　　不若聽之於無聲,

樂之形上,　　　不若樂之於無形,

樂之於無形,　　乃得其徽,

聽之於無聲,　　乃得其妙,

外得於有,　　　內會於無,

顧得趣乎其中,　奚有事於絃上工夫.

〈『花潭集』, 권2, '無絃琴銘'〉

서경덕(1489~1546)은 일찍이 벼슬에 나갈 뜻을 버리고 학문을 연마하면서 개성(開城)의 화담(花潭)에 은거하여, 평생 관복(官服)을 한번 입어보지 못했던 포의(布衣)의 처사(處士)였다. 그는 성리학자였지만, 남긴 저술도 매우 적고, '기운'(氣)을 우주의 궁극적 근원으로 보는 독자적 입장을 제시하였으니, '이치'(理)를 중시하는 주자학의 정통적 견해와도 차이를 드러내었다. 그러나 그의 학문과 인품은 후학들로부터 깊은 존경을 받았다. 율곡은 선배학자들을 평가하면서, 조광조(趙光祖)가 첫째요, 퇴계가 둘째요, 서경덕이 셋째라 하였다. 또한 율곡은 이들의 학문적 특징을 지적하여, 조광조와 서경덕은 '독창적 맛'(自得之味)이 많으며, 퇴계는 '본받는 맛'(依樣之味)이 많다 하고, 특히 서경덕이 궁극적 근원의 오묘한 자리를 독창적으로 본 점은 남들이 옛사람의 글을 읽고 본받는 것에 견줄 바가 아니라 극찬하였다. 아마 율곡은 기질적으로 서경덕과 매우 친밀한 유대감을 지녔던 것으로 보인다.

서경덕은 4편의 '명'(銘)을 지었는데, '줄 없는 거문고에 새긴 명'(無絃琴銘)이 2편 있고, '거문고에 새긴 명'(琴銘)이 2편 있다. '명'(銘)이란 옛 사람이 돌이나 신변에 두고 쓰는 물건에 새겨 넣는 글로서, '잠'(箴)과 더불어 스스로 경계하며 잊지 않겠다는 뜻을 보여주는 글이다. 옛날 선비들은 일상생활에서 경전과 거문고를 항상 곁에 간직하고서, 경전을 읽어 마음을 닦고 거문고를 타면서 감흥을 일으켰다. 그래서 거문고는 선비의 필수품이라 할 수 있다. 거문고는 줄을 튕겨서 소리를 내는 현악기인데, 이 거문고에 줄이 없으면 연주를 하여 소리를 낼 수가 없다. 그런데 왜 '줄 없는 거문고'(無絃琴)를 말하는 것인가?

‘줄 없는 거문고’의 시원을 열어준 사람은 아마 동진(東晉)때의 시인 오류선생(五柳先生) 도연명(陶淵明: 陶潛)이었던 것 같다. 그는 쌀 다섯 말의 하찮은 급료를 받겠다고 상관에게 허리를 굽히면서 벼슬살이하기가 싫어서 팽택현령(彭澤縣令)이라는 말단 관직을 버리고, 「귀거래사」(歸去來辭)를 읊으며 고향으로 돌아갔던 인물로 유명하다. 도연명은 스스로 자신은 음률을 알지 못했다고 한다. 그런데도 그는 줄 없는 거문고 한 틀을 늘 곁에 두고 있었다. 친구가 와서 술잔을 기울일 때면 으레 이 줄 없는 거문고를 꺼내어 어루만지며 흥을 돋우면서, “다만 거문고 속의 운치를 알면 되지, 어찌 줄에서 소리를 내려고 애쓰랴”(但識琴中趣, 何勞絃上聲)라고 말했다 한다. 이 일이 고사(故事)가 되어 ‘줄 없는 거문고’가 많은 사람의 입에 오르내리게 되었다.

당(唐)나라의 이태백(李太白: 李白)은 “도연명이 팽택을 버리고 떠남이야/ 아득한 태고의 마음이요/ 큰 음악은 저절로 곡조를 이루니/ 다만 줄 없는 거문고를 타노라”(陶令去彭澤, 茫然太古心, 大音自成曲, 但奏無絃琴.〈「贈臨洺縣令皓弟」〉)라고 읊어 ‘줄 없는 거문고’가 더욱 유명해지기 시작했다. 그리고 당나라의 장수(張隨)와 명나라의 전문천(錢文薦)은 각각 「무현금부」(無絃琴賦)를 지어 ‘줄 없는 거문고’의 미덕을 칭송하였던 일이 있었다.

서경덕은 ‘줄 없는 거문고’란 본체만 있고 활용은 버린 것으로 보이지만, 그 본체 속에 활용이 내포되어 있다는 견해를 제시하였다. 밖으로 드러나서 보고 듣고 만질 수 있는 모든 현상적인 것을 넘어서 그 내면에 보이지도 들리지도 않고 만질 수도 없는 본질적 존재를 발견해야 한다는 것이다. 그는 이렇게 아무 형체도 없이 텅 비어 있는 본질적 존재를 ‘태허’(太虛)요 ‘기운’(氣)이라 하였다. 또한 그 본질적 존재가 그러한 까닭은 '이치'라 하고, 그 오묘함을 '신'(神)이라 하며, 그 진실함을 '성'(誠)이라 하고, 모두 합쳐서 '태극'(太極)이라 한다고 이름 붙이고 있다. 이렇게 여러 가지 이름으로 규정해보려고 애쓰지만, 결국 그가 추구하는 것은 감각적이고 유형한 현상적 세계를 넘어서 무형하며 궁극적이고 영원한 존재를 붙잡고자 하였다. 우리가 쉽게 사로잡히는 감각적 형상의 세계를 넘어서 형상이 없는 근원적 진실을 찾아야 한다는 말이다.

'줄 없는 거문고'에서 그가 찾고 있는 것은 감각의 대상으로 귀에 들리는 소리를 듣는 것을 넘어서 아무 소리가 없는 가운데 마음으로 듣는 영원한 아름다움의 소리다. 또한 그것은 유형한 악기에서 연주되어 한 순간 귀를 감미롭게 하고 사라지는 음악이 아니라 악기 저 너머에서 무한한 우주가 열리는 감동의 음악을 듣고자 하는 것임을 말한다. 악기의 형체가 없는 음악이란 무형한 세계의 무한함을 상징하는 것이다. 그래서 그 극한(徼)을 얻는다 하고, 소리가 나지 않는 속에서 소리를 듣는다는 것은 그 근원적 세계의 신령함을 상징하는 것이니, 감각적 세계를 넘어서 그 근원의 오묘함(妙)을 얻는다고 하였다. 극한의 무한함을 밖으로 우주의 크기를 의미한다면, 오묘함의 근원적 세계는 안으로 우주의 깊이를 의미하는 것이라 할 수도 있다.

극한으로서 '요'(徼)와 오묘함으로서 '묘'(妙)는 『노자』(老子)에서 나오는 말이다. 『노자』(제1장)에서는 "항상 형상이 없는 곳에서 그 오묘함을 인식하고, 항상 형상이 있는 곳에서 그 극한을 인식한다."(常無, 欲以觀其妙, 常有, 欲以觀其徼)고 하였다. 곧 노자는 있음(有)과 없음(無)의 경계에 따라 극한(徼)과 오묘함(妙)의 세계를 대비시켜 제시하였다. 그러나 서경덕은 있음에서 극한을 발견하는 것이 아니라, 형체가 없는 악기의 음악에서 극한을 얻는다고 하였으니, 분명 노자의 생각과는 차이가 있다. 형체가 없는 악기의 음악이란 아마 악기가 없다는 말이 아니라, 줄이 없는 거문고로 연주하는 음악이라는 뜻이라 이해된다. 줄이 있는 거문고는 그 줄을 튕기면 한 가지 소리가 나겠지만, 줄이 없으면 아무 소리도 안 나는 것이라 할 수도 있지만 동시에 무한히 다양한 소리를 상상할 수도 있다. 말하자면 '줄 없는 거문고'에서 온갖 음률의 극한을 들을 수 있다는 말이라 하겠다. 그것은 형상에 사로잡힌 유한한 세계가 아니라 형상을 넘어선 '도'(道)의 무한한 세계를 보여주는 것으로 보인다.

서경덕은 "태허(太虛)란 투명하게 맑아 형상이 없다.…바깥이 없는 멀리까지 가득하여 막히고 채워져 있으며, 빈틈이 없어서 털끝 하나 끼어들 수 없다. 그러나 뜯어내려 하면 비었고(虛) 붙잡으려 하면 없다(無). 그런데 도리어 채워져 있어서 '없다'고 말할 수 없다."〈「原理氣」〉고 말한다. 곧 궁극적 존재는 형체가 없는 것이지만, 우주에 가득 차 있어서 없다고 할 수 없는 것이라 하여, '없다'는 것은 공허한 것이 아니라 가장 충실하고 무한하며 오묘한 존재가 감각적 대상을 초월하고 있는 것임을 말해준다. 다만 형상에 사로잡히면 그 궁극존재를 놓치고 말게 된다는 사실을 경계한 것이라 할 수 있다.

그가 거문고의 줄 위에서 음률을 듣는 공부에서 벗어나 '줄 없는 거문고'에서 찾고자 하였던 것은 바로 보이고 들리는 세계에 사로잡히지 않고 영원한 궁극적 존재를 붙잡는 길을 밝히고자 하였던 것이다. 그래서 그는 "밖으로 있음에서 얻고, 안으로 없음에서 끼우칠 것"을 제시하였다. 곧 유형한 현실세계에서 살아가면서도 무형한 궁극존재를 깨닫는 눈을 뜨도록 강조하였던 것이라 생각된다.

남명 조식(南冥 曹植)
: 선비의 가슴 속에 품은 하늘

공자께서는 "천명을 알지 못하면 군자가 될 수 없다."(不知命, 無以爲君子也.〈『논어』, 堯曰〉)고 말씀하셨다. 한 사람의 바르고 성숙한 인격체를 '군자'라 일컫던지 '선비'라 일컫던지, 그 인격이 '천명'을 알지 못하면 이룰 수 없다는 말이다. 공자는 나이 50에 천명을 알았다고 하셨으나, 보통 사람으로서는 천명이 무엇인지 알기는 참으로 어려운 일이라 생각된다. 나 자신 명색이 유교를 전공하는 학도로서 평생을 살아오면서, 책으로는 '천명'이라는 말을 무수히 읽었고, 강의실에서도 학생들에게 여러 차례 설명을 해보았지만, 여전히 천명의 희미한 그림자만 더듬고 있으니 스스로 돌아보아도 딱하기 그지없다. 이래서야 군자가 되는 길은 아득하기만 하고, 선비라 자부할 수 있는 길도 요원하지 않을 수 있겠는가. 그래서 옛 선비들의 삶을 엿볼 때마다 더욱 경외하는 마음으로 그 '천명'에 다가선 모습을 우러러 보게 된다.

남명(南冥 曹植)선생은 장년시절 김해 신어산(神魚山) 아래 산해정(山海亭)에서 살 때 어느 비오는 날 읊었던 시가 있다.

산 속 거처가 늘 어둑어둑 하여

해를 볼 기약 없고 땅 보기도 어려워라.

상제께선 도리어 방비를 엄히 하여

모습 반쪽도 보여주지 않으시네.

山居長在晦冥間, 見日無期見地難,

上帝還應成戌會, 未曾開了半邊顔.

〈「山海亭苦雨」〉

상제(上帝) 곧 하느님의 모습을 보고자 간절하게 찾고 있지만 마주하여 바라볼 수 없다는 안타까움을 말하려는 것일까? 그렇지 않다면 벼슬이 내려와도 사양하고 경상감사인 당대의 대학자 회재 이언적(晦齋 李彦迪)이 한번 만나자고 편지를 보내도 거절하였는데, 혼란한 세상의 탁류에 휩쓸리지 않고 산 속 깊이 은거하여 홀로 한 몸을 잘 닦아 '독선기신'(獨善其身)하며 자신의 고고한 지조를 지키는 것이 형상으로 모습을 드러내지 않는 상제의 마음을 닮고자 하는 것임을 말하려는 것이 아닐까? 아마도 후자의 경우가 분명한 듯하다. 상제를 가슴에 품고 있으니, 가볍게 자신을 세상에 드러내어 일그러진 모습으로 비쳐지지 않도록 자신을 엄하게 단속하는 삶의 자세를 보여주는 것으로 이해할 수 있다.

남명은 61세 때 지리산 아래 산청(山靑)땅에 산천재(山天齋)를 짓고 강학을 하였다. 이곳에 자리 잡은 뜻을 읊은 시에서 "봄 산기슭에 향기로운 풀 없으랴만/ 다만 천왕봉이 상제 계신 곳에 가까움을 사랑하네"(春山底處無芳草, 只愛天王近帝居.〈德山卜居〉)라고 하였다. 산천재의 뜨락에서는 하늘에 맞닿은 지리산 천왕봉(天王峯)이 한 눈에 들어온다. 바로 이 경관은 상제를 가까이 모시고자 하는 것이 자신의 삶에 가장 소중한 의미가 있음을 보여주는 것이리라. 이런 뜻에서 이 시는 천왕봉이 하늘을 받들고 있듯이 그 자신도 상제를 드높이 받들고 살겠다는 마음을 표현한 것이 아니겠는가. 산천재의 기둥에 주련(柱聯)으로 써 붙인 시에서도 그의 마음을 잘 엿볼 수 있다.

> 천 섬들이 종을 보게나
> 크게 치지 않으면 소리 나지 않네.
> 어찌하면 두류산처럼
> 하늘이 울려도 울리지 않을까.

> 請看千石鍾, 非大扣無聲,
> 爭似頭流山, 天鳴猶不鳴.

〈「題德山溪亭柱」〉

천 섬들이 거대한 종은 남명 자신을 비유한 것이라 할 수 있다. 작은 충격에도 소리를 내는 작은 그릇이 아니라, 엄청나게 큰 충격을 받을 때라야 깊은 소리가 울릴 것이라는 자신감을 표현한 것으로 보인다. 그렇다면 두류산(지리산)은 남명이 지향하는 인격적 이상을 비쳐본 것이 아닐까? 하늘에서 천둥이 내리쳐도 울리지 않는 웅장한 산, 그 산은 이미 얕은 하늘이 아니라, 볼 수도 들을 수도 없는 드높은 하늘에 짝이 되는 것이리라. 거대한 종(千石鍾)과 웅장한 산(頭流山)과 하늘로 이어지는 한 선비의 당당한 모습을 볼 수 있는 것 같다. 이미 이 선비의 가슴 속에는 하늘이 투명하게 비쳐지고 있을 것이다.

남명이 서재의 이름을 '산천'(山天)이라 붙인 것은 『주역』의 '산천-대축괘'(山天 大畜卦)에서 끌어온 것이다. '대축괘'는 위의 괘가 산(山: 艮)이요 아래의 괘가 천(天: 乾)으로 하늘이 산 속에 깃들어 있는 모습이다. 산은 사람의 몸에 견주어질 수도 있는데, 산 속에 하늘이 깃들어 있다는 것은 사람이 가슴 속에 하늘을 품고 있는 모습에 상응한다고 하겠다. 이렇게 가슴 속에 하늘을 품고 있는 사람은 바로 그 가슴 속에 정대한 학문과 도덕이 충만한 군자요 선비의 인격일 것이니, 그 온축함이 지극히 크다는 사실을 말해주고 있다. 이런 선비의 인격은 가볍게 소리가 울리지 않는 큰 종처럼 당당하고, 하늘에서 천둥이 쳐도 고요히 버티고 있는 큰 산처럼 육중하지 않겠는가. 그러나 이런 선비의 인격은 한 번 울리면 온 천하에 그 소리가 퍼져나가리라. 바로 선비가 때를 만나 지위에 오르면 온 천하를 구원해낼 것(兼善天下)이지만, 때를 만나지 못하면 오로지 묵묵하게 자신의 덕을 닦으며 숨어 있을 것(獨善其身)이다.

그렇다면 선비가 가슴에 하늘을 품는다는 것은 하루아침에 이루어지는 것이 아니다. 곧 선비의 인격은 오랜 세월 옛 성현을 본받아 학문을 닦고 인격을 수련함으로써 도달할 수 있는 원숙한 성취의 경지라 할 수 있다. 선비가 학문과 도덕을 크게 온축하여 가슴에 하늘을 품고, 천명을 아는 경지에 이르렀다는 것은 안으로 이룬 선비의 실체라 하겠다. 또한 선비가 안으로 온축하여 이룬 본체를 밖으로 세상을 구원하는데 실현하여야 하니, 그래야만 선비의 인격이 체(體)와 용(用)을 모두 갖추었다고 할 수 있을 것이다. 문제는 선비가 때를 만나야만 그 본체의 인격을 한 시대에서 세상에 펼치겠지만(行道一世), 때를 만나지 못하면 소리 없이 자신의 덕을 닦고 학문을 심화시켜 다음 시대를 위한 길을 제시해야(立言垂後) 할 뿐이다. 남명은 때를 만나지 못한 선비라 그 포부를 자신의 시대에 펼치지는 못하였지만 그 학문과 덕은 다음 시대 후생(後生)들을 위해 큰 가르침을 남겨주고 있다. 나는 그 가르침이 '선비란 가슴에 하늘을 품어야 한다'는 한마디로 이해하고 싶다.

한 인간이 가슴에 하늘을 품는다면, 온갖 자만심과 방자함을 극복하여 진실하고 경건함 곧 '경'(敬)의 덕을 지킬 수 있을 것이며, 온갖 욕심과 간교함을 극복하여 정대하고 의로움 곧 '의'(義)의 덕을 지킬 수 있을 것이다. 남명이 서재의 벽 한 쪽에 '경'과 '의' 두 글자를 크게 써서 붙였고, 허리에 차는 칼에다 "안으로 마음을 밝게 하는 것이 '경'이요, 밖으로 행동을 결단하는 것이 '의'이다"(內明者敬, 外斷者義.〈佩釰銘〉)라고 새겼던 사실이나, "신실함에 힘쓰고 삼가함에 힘쓰며, 사악함을 막고 진실함을 간직하여, 산처럼 우뚝 서고 못처럼 깊게 하라."(庸信庸謹, 閑邪存誠, 岳立淵冲.〈座右銘〉)는 말을 자신의 좌우명으로 삼았던 사실도 가슴에 하늘을 품음으로써, '경'과 '의'를 지키고자 하였음을 잘 보여주고 있는 것이다.

주자도 "옷과 갓을 단정하게 하고, 우러러 보는 눈매를 존엄하게 하며, 마음을 침잠하여 머물면서, 상제를 마주 대하라."(整其衣冠, 尊其瞻視, 潛心以居, 對越上帝.〈「敬齋箴」〉)고 하였으니, '상제'를 마주 대하는 마음의 자세가 '경'을 실천하는 데 중요한 조건임을 강조하고 있는 것이다. 상제를 마주 대하고 있다면 어찌 두렵고 조심스럽지 않을 수 있겠는가. 두려워하는 마음이 없다면 자기 속에서 솟아나는 방자한 마음을 어떻게 다스릴 수 있을 것인가. 이런 의미에서 상제(하느님)는 인간에게 당신을 드높이 받들어야 한다고 요구하는 것이 아니라, 인간이 스스로 자신을 돌아보며 자기 마음을 다스리도록 요구하고 있는 것이라 하겠다.

하늘이 보이지 않는 자, 하늘을 무시하려드는 자는 언제 어디서나 거리낌 없이 의롭지 못한 행동이나 사악한 짓을 함부로 하기 마련이다. 고위공직자들이나 집권자의 친인척들이 사사롭게 권력을 이용하여 뇌물을 받거나 이권을 챙기다가 적발되었다는 소식이야 눈과 귀에 익숙해질 만큼 자주 접하게 된다. 그런데 이들의 공통점은 빠져나갈 수 없는 증거가 나올 때까지는 뻔뻔스럽게 시치미 떼며 버티는 모습을 보여주는 것이니, 어찌 가증스럽지 않으랴. 그 지위가 아무리 높고 그 권세가 아무리 막강하다 해도 이들은 소인배일 뿐이다. 그렇게 출세한 사람들이 그 좋은 배경을 가지고도 왜 이런 지경에 빠지는 것일까? 욕심에 눈이 어두워 하늘이 보이지 않았기 때문이요, 그래서 두려워 할 줄을 몰랐기 때문이 아니겠는가. 공자도 바로 이 점을 안타까워하여, "소인은 천명을 알지 못하여 두려워하지 않는다."(小人不知天命而不畏也.〈『논어』, 季氏〉)고 하셨던 것이리라.

이와 더불어 또 하나의 인간군상이 우리의 주변에 넘쳐흐르게 많이 있다. 입만 열면 하늘─하느님을 들먹거리는 성직자들이나 신도들이다. 하늘─하느님을 자기 주머니 속에서 호두알 굴리듯이 자유자재로 주무르는 데도, 막상 그 행실을 보면 사람들에게 아무런 모범이 되거나 감동을 주지 못하고 오직 자신의 복(福)만을 챙기는데 열중하고 있는 모습을 드러내고 있을 뿐이다. 어쩌면 이들이 하늘의 제 모습을 올바로 알지도 못할 뿐만 아니라 하늘을 제 욕심대로 함부로 다루다가 하늘을 모욕하는 죄에 빠지는 것이 아닐까 하고 걱정이 되기도 한다. 하늘은 인간의 입 안에서 살고 혀 위에서 노는 존재가 아니다. 그렇다면 하늘을 마주하는 방법이나 태도에 문제가 있는 것이 아닐까?

맹자는 하늘을 알아가고 하늘을 섬기는 방법에 대해 좋은 가르침을 주고 있다. "그 마음을 다하는 자는 그 성품을 알고, 그 성품을 알면 하늘을 알 것이다. 그 마음을 간직하고 그 성품을 배양하는 것은 하늘을 섬기는 방법이다."(盡其心者, 知其性也, 知其性, 則知天矣. 存其心, 養其性, 所以事天也.〈『맹자』, 盡心上〉)라 하였다. 하늘을 알고 섬기는 방법은 머리를 들어 하늘을 쳐다보는 것이 아니라, 고개를 숙여 자신을 들여다봄으로써, 마음과 성품을 바르게 알고 바르게 실현하는 것이라 가르치고 있다.

그러나 자신의 마음만 들여다보다가 하늘을 잊으면 바다에 뜬 배가 키를 잃고 거친 파도에 정처 없이 떠가는 꼴이거나 밤을 항해하는 배가 하늘에 북극성을 찾지 못하여 방향을 잃고 방황하는 꼴이 되고 말 것이다. 조선시대를 살았던 올곧고 당당한 선비 남명은 천왕봉이 하늘을 받들고 하늘의 마음을 안고 있듯이, 그 가슴 속에는 언제나 하늘을 품고 있었다. 이 시대를 살아가는 우리 자신도 바로 이 대목에 눈을 뜨고, 우리의 가슴 속에 하늘을 품어봄이 어떠한가.

남명 조식(南冥 曺植)
: 경건함(敬)과 의로움(義)으로 응결된 정신

"안으로 마음을 밝히는 것은 '경건함'(敬)이요,

밖으로 행동을 결단하는 것은 '의로움'(義)이다"

內明者敬, 外斷者義.

〈「佩劍銘」〉

남명(南冥 曺植, 1501~1572)은 자신이 평생을 지켜갔던 신념을 여덟 글자로 집약하여 허리에 차고 있던 칼에 '명'(銘)으로 새겼다. 또한 그는 61세 때 이후 만년에 지리산 아래 산청(山淸)의 덕천(德川)땅에 서재를 짓고 강학하였는데, 칼에 새겼던 여덟 글자의 두 눈동자인 '경'(敬)과 '의'(義) 두 글자를 서재의 한 쪽 벽에 크게 써 붙여 자신의 신념이 무엇인지를 다시 확인시켜주고 있다. '경건함'과 '의로움'의 덕목은 『주역』의 곤괘(坤卦)에서 "'경건함'으로 안을 곧게 하고, '의로움'으로 바깥을 반듯하게 한다."(敬以直內, 義以方外)는 말에서 제시되었던 것이다. 곧 마음을 단속하여 곧게 간직하는 '경건함'과 행동을 결단하여 반듯하게 지키는 '의로움'은 한 인격에서 안과 밖으로 일체를 이루는 것임을 말한다.

그는 이 서재의 이름을 산천재(山天齋)라 붙였는데, '산천'(山天)이라는 말은 위가 '산'(山: 艮)이요 아래가 '천'(天: 乾)으로 이루어진 『주역』의 '대축괘'(大畜卦)를 가리키는 것이요, '대축괘'에서 "강건하고 독실하니 빛나서 날로 그 덕을 새롭게 한다."(剛健篤實, 輝光日新其德)는 구절의 뜻을 취한 것이다. '강건함'은 바로 '의로움'(義)이고 '독실함'은 바로 '경건함'(敬)이니, 그의 학문과 인격과 삶은 바로 이 두 글자(敬·義)로 꿰뚫어져 있다고 하겠다. 그 자신은 죽음을 앞둔 병석에서도 제자들에게 "경·의 두 글자는 지극히 절실하고 긴요하다"고 훈계하였다 한다.

그는 산천재의 자리 왼쪽 벽에 '경·의'(敬義) 두 글자를 크게 써 붙이고, 맞은 편 벽에는 「신명사도」(神明舍圖)를 걸어두었다. '신명사'(神明舍) 곧 '신명'이 깃들어 사는 집이란 '마음'을 가리키는 말이다. 그가 마음을 그림으로 그린 것이 「신명사도」요, 그 그림 아래에 마음을 다스리며 경계하는 말을 '명'(銘: 神明舍圖銘)으로 적어놓았다. 이 「신명사도」는 한 사람의 마음을 한 나라의 도성(都城)에 비유하여 그린 것이다. 곧 '경건함'으로 마음을 다스리는 것을 도성 안의 조정에서 임금과 재상이 나라를 다스리는 것으로 비유하고, '의로움'으로 행동에서 온갖 사악함과 유혹을 막아내는 것을 성곽의 남쪽(입)과 동서쪽(귀)의 성문에서 출입을 감독하고 성을 지키는 것에 비유한 그림이다. 그는 성벽 옆에 "임금은 나라를 지키다 죽어야한다."(國君死社稷)라는 다섯 글자를 적어놓았는데, 그것은 바로 마음이 온갖 불의와 유혹에 맞서 싸우는 자리에서는 생명을 바쳐 자신을 지켜야 한다는 의리를 밝힌 것이다. 그렇다면 「신명사도」란 결국 마음에서 '경건함' 과 '의로움'이 어떻게 발현되고 어떤 관계를 이루고 있는지를 그림으 로 그려서 보여주고 있는 것일 뿐이다. 말하자면 남명은 서재의 좌우 벽에 마음이 지켜야 할 근본강령으로 '경건함'과 '의로움'을 글씨로 써 붙이고 그림으로 그려 붙인 그 속에서 살았음을 말하고 있다.

그뿐만 아니다. 남명이 평소 허리에 차고 있던 칼의 이름은 그 '명' (銘)에 새겨진 글을 따라 '경의검'(敬義劍)이라 하였다. 칼이란 단호하 게 잘라내는 힘이 있으니, 불의를 거부하고 정의를 선택하여 행동을 결단하는 덕으로, '의로움'을 상징하는 것이라 할 수 있다. 이와 더불 어 그는 평소 허리에 방울을 하나 차고 다녔다고 한다. 걸음을 걷거 나 몸을 움직이는 순간마다 방울이 짤랑짤랑 소리를 내니, 방울 소 리가 들릴 때마다 스스로 잠시 풀려 있던 마음을 각성하여 자신의 허물을 성찰하고 흩어지는 마음을 다잡겠다는 뜻으로, '경건함'의 덕 을 상징하는 것이다. 그래서 방울은 '깨어있어야 한다'(惺)는 뜻을 실 어 '성성자'(惺惺子)라 이름을 붙였다 한다. '성성자'의 방울소리를 들으 며 순간순간 자신을 각성하여 경건한 마음을 잃지 않고, '경의검'의 칼을 어루만지며 무슨 일을 만날 때마다 단호하게 의로움을 지켜간 다는 생활태도를 보여주고 있는 것이다. 그는 뒷날 자신이 차고 있던 방울인 '성성자'를 제자 김우옹(東岡 金宇顒)에게 내려주고, 칼인 '경의 검'을 제자 정인홍(萊菴 鄭仁弘)에게 내려주어 자신의 마음을 전해주 는 징표로 삼았다고 한다.

그는 '경건함'과 '의로움'을 함께 지켜서, 무궁하게 활용할 것을 강조 하면서, "나의 학풍에는 이 두 글자(敬·義)가 있으니, 마치 하늘에 해 와 달이 있어서 영원히 바뀌지 않는 것과 같다. 성현의 모든 말씀도 그 요령과 귀결은 이 두 글자를 벗어나지 않는다."〈『남명집』 부록, '編年'〉고 밝혔다. 한마디로 남명은 '경건함'과 '의로움'이라는 두 가지 강령을 내걸고, 글씨와 그림으로 서재를 무장하였고, 방울과 칼을 허리에 차서 자신을 무장하였으니, 그 강령 속에서 자고 깨며, 그 강령 속에서 숨 쉬고 살아가는 수도자의 길을 가고 있었던 것이다. 그의 학문과 정신은 '경건함'과 '의로움'이 응결된 삶이라 할 수 있겠다.

남명은 퇴계와 같은 영남지역 인물로서 같은 해에 태어났다. 영남지역의 두 문화권인 강좌(江左: 安東圈)는 퇴계의 활동무대이고, 강우(江右: 晉州圈)는 남명의 활동무대였다. 퇴계와 남명은 사실상 조선시대 영남 도학의 두 봉우리를 이루었다. 퇴계와 남명은 매우 대조적인 성격을 보여준다. 퇴계가 포용하고 감싸주며 친절하게 인도하여 그 기상이 바다처럼 넓고 봄바람처럼 따뜻했다면, 남명은 엄중하고 단호하여 그 기상이 절벽처럼 우뚝하고 가을서리처럼 서늘했다고 할 수 있다. 퇴계가 성리학에 깊은 조예를 이루었다면, 남명은 의리론에 엄격한 정신을 드러내었다. 말하자면 퇴계가 정밀하게 학문연구에 힘썼던 학자형 선비기풍을 보여준다면, 남명은 뜻을 굳게 지키는데 힘썼던 지사형 선비기풍을 보여준다.

퇴계와 남명이 죽은 뒤에 사신(史臣)은 이 두 인물을 평하면서, 퇴계는 벼슬에 나아가 도를 행하여 한 시대를 구제하고자 하였던 '행도구시'(行道求時)의 인물이요, 남명은 벼슬을 거부하고 은둔하여 맑은 지조를 지켰던 '은거구지'(隱居求志)의 인물로 대비시키면서, 그 행적이 다르더라도 그 의리는 양쪽 다 정당함을 지적하였다.〈『宣祖實錄』, 권189, 宣祖38년 7월戊申〉

조선시대 선비들은 의리의 실천과제로서, 벼슬에 나가고 물러나는 입장을 밝히는 '출처'(出處)의 의리를 중시하였다. 벼슬이 내려오기만 하면 허리를 굽히고 나가는 것이 아니라, 과연 그 시대의 정치현실이 자신의 포부를 펴는데 합당한지, 정치권력의 체제가 정당한지를 판단해서, 나가거나 물러나야 한다는 것이다. 아무리 높은 벼슬이라도 단호히 거절할 수 있고, 벼슬에 나갔더라도 언제나 아무런 미련 없이 벼슬을 버리고 초야로 돌아갈 자세가 있어야 '출처'의 의리가 분명하고 지조가 굳은 선비로 인정된다.

그는 과거시험을 보았던 일이 있지만, 청년시절 "나아가면 세상에 유익한 일을 함이 있고 초야에 머물면 자신을 지킴이 있어야 한다."(出則有爲, 處則有守)는 허형(魯齋 許衡)의 말에 크게 깨달아 학문에 뜻을 세웠다. 55세 때 그에게 단성(丹城: 현 산청군 단성면)현감의 벼슬이 제수되자, 사직상소(「辭免丹城縣監疏」)를 올리면서 자신이 벼슬에 나가기 어려운 이유를 들면서, "위로는 만에 하나 위기를 당해도 지탱할 수 없고, 아래로는 털끝만큼도 백성을 보살필 수 없으니, 임금님의 신하노릇하기가 또한 어렵지 않겠습니까."라고 하여, 문정(文定)왕후의 비호 아래 외척세력이 권력을 멋대로 휘두르는 당시의 정국에서 가슴 속에 포부를 지닌 선비가 나가도 아무 할 일이 없음을 지적한 것이다. 여기서 그는 당시 국가가 처한 현실을 진단하여, "임금님의 나라 일이 이미 그릇되어, 나라의 근본이 이미 무너졌고, 하늘의 뜻은 가버렸으며, 인심도 이미 떠났습니다."라 하고, 이를 벌레가 속을 파먹고 진액이 말라 회오리바람이나 폭우가 닥치면 언제 쓰러질지 모르는 백년 된 고목에 비유하여, 국가가 멸망할 위기에 놓여 있음을 강조하였다. 더구나 그는 당시 실권을 장악한 문정왕후와 임금을 가리켜, "자전(慈殿: 문정왕후)은 생각이 깊지만 깊은 궁궐 속의 한 과부에 불과하고, 전하는 어려서 다만 선왕을 이은 한 자식일 뿐인데, 하늘의 온갖 재난과 억만 갈래의 인심을 어떻게 감당하고 수습할 것인지"를 거침없는 강경한 언어로 당시의 정치현실을 비판하고 문제점을 지적하였다.

그가 65세 때(1565) 문정왕후가 죽고 20년 동안 국권을 농단하던 윤원형(尹元衡) 일당의 외척세력이 쫓겨나자 다시 선비들이 정치에 진출하는 새로운 정국이 열렸다. 이듬해 그는 부름을 받고 서울로 올라가 명종(明宗)을 입대(入對)하는 자리에서, 임금의 학문이 정치를 하는 근원임을 지적하고 그 요령은 '경건함'에 있을 뿐임을 강조하였다. 68세 때(1568) 선조임금에게 올린 상소인 「무진봉사」(戊辰封事)에서도 "임금이 덕을 밝히지 않고 다스리기를 구하는 것은 배 없이 바다를 건너는 것 같아서, 다만 스스로 빠져 죽을 뿐입니다."라 하여, 덕을 닦는 수양의 공부가 정치의 근본임을 강조하고 있다. 또한 그는 만년에 임금이 음식을 내려준 데 감사하는 상소(「謝宣賜食物疏」)를 올리면서, "삼가 '임금은 의로워야 한다'(君義)라는 두 글자를 바치오니, 자신을 닦고 나라를 바로잡는 근본으로 삼을 것"을 당부하였다. 나라를 다스리는 정치의 기본원리도 안으로 마음의 '경건함'과 밖으로 일처리의 '의로움'에 있음을 다시 확인시켜주고 있는 것이다.

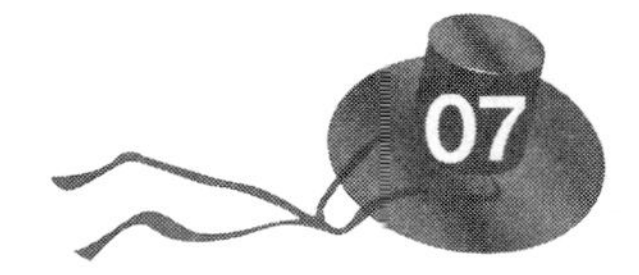

하서 김인후(河西 金麟厚)
―퇴계와 하서: 영남과 호남 유학의 만남

조선시대 통치이념이었던 도학―주자학은 16세기에 들어오자 봄을 맞아 온 나라 사방에서 봄꽃이 잇달아 활짝 피어나던 시기였다. 서울의 조광조(趙光祖)와 개성의 서경덕(徐敬德)과 경주의 이언적(李彦迪)이 선하(先河)를 열어주었다면, 예안(안동에 편입)의 이황(李滉)과 산청의 조식(曺植)이 영남유학의 기둥이 되었고, 태인(정읍에 편입)의 이항(李恒)과 장성의 김인후(金麟厚)와 광주의 기대승(奇大升)이 호남유학의 큰 봉우리로 솟아올랐으며, 파주의 이이(李珥)와 성혼(成渾)이 근기(近畿)유학의 중심이 되었다. 그밖에도 상주의 노수신(盧守愼), 양근(양평에 편입)의 남언경(南彦經) 등등, 제각기 일가의 이론을 세워 학계에 등장하자 쓸쓸하던 벌판에 갑자기 갖가지 색깔의 꽃이 만발하고, 구름이 걷히자 밤하늘에 별이 쏟아져 나오는 광경을 보여주었다. 이른바 사상사에서 전성시대의 한 국면을 이루었던 것이다.

이들은 제각기 자기 목소리만 내는 것이 아니라, 활발하게 서로 교류하며 토론을 하고 논쟁을 벌이면서 그 봄꽃의 향기는 바람을 타고 사방으로 퍼져나갔다. 그 가운데 가장 멀리 떨어진 영남의 깊은 산골과 호남의 벌판에서 등장한 이 시대 거장들 사이에서 이루어진 학문적·인간적 교류가 이 시대 사상사에 가장 의미 깊고 큰 결실을 이루었던 것으로 주목할 만하다. 영남유학의 퇴계(退溪 李滉, 1501~1570)와 호남유학의 하서(河西 金麟厚, 1510~1560)는 두 축을 이루어 학문적 토론의 화려한 불꽃을 밤하늘에 쏘아 올렸다. 이 두 거장은 직접 토론한 일은 없지만, 영남의 노수신(蘇齋 盧守愼, 1515~1590)을 매개로 「숙흥야매잠」(夙興夜寐箴)의 해석에 관한 수양론적 토론이 벌어졌으며, 호남의 기대승(高峯 奇大升, 1527~1572)을 매개로 사단칠정론(四端七情論)의 토론이 벌어졌던 것이다.

퇴계는 하서보다 9년 연상이지만, 1533년 33세의 퇴계와 24의 하서는 함께 태학(太學: 成均館)에 유학하여 깊은 친교를 맺었다. 태학의 학생들은 퇴계의 예법을 갖춘 거동을 보고 흉내를 내면서 놀리기까지 하였지만, 하서는 퇴계를 바로 알아보았다. 「퇴계연보」(退溪年譜)에서는 "더불어 상종하는 사람은 오직 하서 한 사람뿐이었다." 하였고, 「하서연보」(河西年譜)에서는 "한번 퇴계를 보자 깊이 서로 마음이 맞아 강습하고 연마하기를 쉬지 않아 서로 돕는 유익함이 있었다."고 하였으니, 학문적으로나 인간적으로 서로가 얼마나 깊은 우정을 쌓았는지 엿볼 수 있다. 퇴계가 태학을 떠나 고향으로 돌아갈 때 하서는 작별의 시를 지어 "이태백과 두보의 문장솜씨요 왕희지와 조맹부의 글씨였네"(李杜文章王趙筆)라고 칭송을 아끼지 않았고, 뒷날 함께 조정에서 벼슬할 때 퇴계는 휴가로 고향에 가는 하서에게 지어준 작별시에서 "내 그대와 더불어 태학에 유학할 때/ 한마디 말에 마음이 맞아 의기투합했었지"(我昔與子游泮宮, 一言道合欣相得)라고 하여, 오랜 우정을 확인했었다. 그 후로 서로 시를 차운(次韻)하여 주고받은 일이 많았다. 하서가 세상을 떠나자 바로 그해에 하서의 제자 변성온(卞成溫)이 멀리 예안으로 찾아왔다. 퇴계는 밤새 눈물 흘리며 이야기를 듣고, 또 하서를 회상하는 시를 지어주었으며, 그 시에서 '하서는 그 시절 맑고 허허로움에 기울어졌는데/ 만년에 공부 깊어 처음 뜻한 학문 이루었네"(河西當日頗淸虛, 晚歲功深學遼初)라고 그 평생의 학문을 인정하였다.

하서와 퇴계는 도학의 학문적 관심주제가 성리설과 수양론의 문제에 초점을 맞추고 있다는 점에서 공통점을 보여준다. 먼저 성리설의 논쟁에서 보면 '사단칠정논쟁'은 퇴계가 사단과 칠정을 둘로 갈라서 보고 '리'와 '기'가 서로 발동한다는 '이기호발설'(理氣互發說)을 제시한 데 대해 기대승이 의문점을 제기하면서 발단이 되었다. 기대승은 퇴계의 견해에 의문을 가지면서 1559년 겨울에 먼저 하서를 찾아가 정밀하게 토론하여 자신의 주장을 정립하였다고 한다. 이 논쟁은 이듬해 1560년 1월 하서가 죽은 뒤 그해에 기대승이 퇴계에게 편지를 보내고 퇴계가 답장을 하면서 시작하여 전후 8년에 걸친 한국철학사에 가장 진지한 이론적 논쟁을 전개하였던 것이다. 그러나 기대승이 자신의 이론을 정립하는 배경에는 하서가 자리 잡고 있었으니, 비록 하서가 일찍 죽어 자신의 이론을 밝힐 기회가 없었지만, 하서와 기대승의 호남유학과 퇴계의 영남유학 사이에 벌어졌던 논쟁이라 할 수 있다. 이 논쟁에서 퇴계는 기대승의 비판을 받아들여 자신의 주장을 두 번이나 수정하였으니, 하서의 조언을 받은 기대승의 이론이 얼마나 탄탄한 논리와 설득력이 있었던지를 엿볼 수 있다.

바로 사단칠정논쟁이 일어나기 직전인 1558~59년 사이에 호남유학

안에서 이항이 태극과 음양을 하나로 보는 '태극음양일물설'(太極陰陽
一物說)의 견해를 주장하자 기대승이 반박하면서 이항과 기대승 사이
에 논쟁이 벌어졌을 때에도 기대승은 하서를 찾아가 질의했는데, 이
때에도 하서는 기대승의 견해를 지지하였으며, 1559년 하서는 이항에
게 형이상(形而上)의 '도'(道)와 형이하(形而下)의 '기'(器)를 분별하지 않
는 문제점을 비판하는 편지를 보내서 사실상 이 논쟁에 뛰어들었던
일이 있었다. 아마 하서가 사단칠정논쟁이 전개되는 시기에도 살아있
었다면 분명히 퇴계에게 자신의 견해를 밝혀 논쟁을 심화하고 확산
시킬 수 있었을 것으로 짐작된다.

남송(南宋)의 진백(陳栢)이 지은 「숙흥야매잠」에 대한 해석을 둘러
싼 수양론적 토론은 당시 진도에서 유배생활을 하던 노수신이 멍석
을 깔아놓고 퇴계와 하서를 토론의 마당에 끌어들인 것이었다. 노수
신은 자신이 지은 「숙흥야매잠주해」(夙興夜寐箴註解, 1551)를 1554년
퇴계에게 보내 퇴계의 첫 번째 논평을 받고난 다음에, 다시 하서에게
자신의 「주해」와 퇴계의 첫 번째 논평을 함께 보내 하서의 논평을 구
하였다. 그리고서 노수신은 1560년 자신의 대답과 하서의 논평을 퇴
계에게 보내자, 퇴계가 노수신과 하서의 견해를 다시 검토한 두 번째
논평을 답장으로 노수신에게 보냈던 것이다.

노수신-퇴계-하서 세 사람 사이에 벌어진 「숙흥야매잠」해석에 관
한 토론은 퇴계와 하서가 한 번씩 상대편의 의견에 대한 간략한 논평
이 있었지만, 이 토론이 매우 중시되어 각각 상대방 두 사람의 의견
과 자기 의견을 대조하여 자구(字句)의 해석이나 성리설과 수양론의
인식에서 31조목에 걸친 상세한 분석이 정리되고 있다. 이 토론에서
'심'(心)의 주재와 '경'(敬)의 주재를 두 가지로 볼 수 없다는 하서의 비

판적 논평에 대해 퇴계는 그 탁월함을 적극 인정하였고, 수양론의 방법이 선학(禪學)에 빠지는 위험에 대해 퇴계와 하서는 모두 깊이 경계하였지만, 하서가 더 강경한 입장을 보여주기도 하였다. 수양론의 중심개념인 '경'(敬)과 '성'(誠)을 '하나됨'(一)으로 볼 수 없고 '하나 되게 하는 것'이라는 하서의 예리한 비판에 대해서도 퇴계가 적극 지지하고 있음을 보여준다. 퇴계와 하서는 서로의 견해에 대해 적극적으로 동의하기도 하고, 거부의 입장을 분명히 밝히기도 하여, 그 쟁점이 허심탄회하게 전개되고 있음을 보여준다.

퇴계와 하서가 축이 되고 젊은 후배들이 쟁점을 제기하면서 벌어진 영남유학과 호남유학의 교류양상은 이 시대 진리를 탐구하여 밝혀내려는 선비들의 학문적 열정이 얼마나 진지하고 열린 마음으로 이루어지고 있었는지를 확인할 수 있으며, 바로 이 점은 이 시대 도학-주자학의 정신이 가장 건강하게 성숙된 모습을 드러내는 것이라 할 수 있다.

율곡 이이(栗谷 李珥)
: 율곡이 퇴계를 처음 찾아갔던 날

　도학—주자학의 유교이념은 고려 말에 원(元)나라에서 도입되어 조선왕조의 건국(1392)과 더불어 국가통치원리로 받아들여졌으니, 실지로 조선왕조 5백 년 동안의 '국교'(國教)가 되었다고 할 수 있다. 그러나 도학—주자학이 조선사회에서 봄을 맞아 화려하게 꽃피고 사상적으로 우뚝하게 정립하였던 것은 조선왕조 건국으로부터 150년이 지난 16세기 중반에 와서 퇴계와 율곡이 출현함으로써 가능하게 되었던 것이다.

　퇴계(退溪 李滉, 1501~1570)와 율곡(栗谷 李珥, 1536~1584)은 성리설의 철학적 이론에서 정면으로 충돌하는 상반된 입장을 보여주고 있을 뿐만 아니라, 그 시대에서 활동하던 삶의 모습도 매우 대조적인 차이를 보여준다. 그 차이 때문에 누가 옳은지 어느 쪽이 나은지 따지면서 편이 갈라지고 시비와 논쟁이 일어나기도 하였지만, 그 상이한 모습은 마치 사람에게 두 다리가 있고 새에 두 날개가 있는 것과 같아서 어느 한 쪽도 없어서는 안 되는 것이다. 또한 우리가 두 눈으로 세상을 내다보며 사물의 원근을 판단하는 것처럼, 퇴계와 율곡 두 인물의 삶과 정신이 갖추어져 있음으로써 우리는 균형을 잡아가며 풍부하고 온전한 정신세계를 누릴 수 있다고 하겠다.

퇴계는 율곡보다 35년 연상이었으니 한 세대 차이가 있는데, 두 분은 여러 번 만나고 또 자주 편지왕래도 하면서 학문적이나 인간적으로 깊은 차원에서 교류를 하였다. 『도산계문록』(陶山溪門錄)에는 율곡을 퇴계의 제자명단에 등록시키고 있지만, 율곡을 퇴계의 제자로 볼 것인지 아닌지는 매우 애매하다. 직접 책을 들고 가서 배운 일은 없으니 제자라 하기 어려운 점이고, 율곡이 퇴계를 존경하고 따르면서 만나거나 편지로 문답을 하였으니 제자라기보다는 종유(從遊)하였다고 하는 것이 적합할 것 같다. 그러나 퇴계가 죽었을 때 율곡이 지은 제문(祭文)을 보면, "소자가 배움의 길을 잃고, 눈이 어두워 방향을 못 찾고서 사나운 말처럼 가시밭 황폐한 길을 함부로 내달릴 때, 방향을 돌려 제 길로 돌아옴은 진실로 깨우쳐주심에 힘입었는데, …혼자 생각에 스승을 쫓아가 학업을 마칠 수 있기를 바랐더니. 하늘이 남겨두지 않아 철인이 갑자기 돌아가셨도다."라고 하였다. 아마도 율곡은 분명 퇴계를 스승으로 따르고 존경하는 마음을 깊이 간직했던 것 같다.

1558년 봄 퇴계는 58세로 당대의 최고 석학이었고, 율곡은 23세로 일찍부터 천재로 소문난 청년이었는데, 이때 율곡은 성주목사(星州牧使)로 있던 장인(盧慶麟)을 찾아갔다가 외가인 강릉으로 돌아가는 길에 잠시 예안(禮安)에 들러 퇴계를 찾아뵈었다. 뒷날 조선시대를 대표하는 도학의 두 석학이 이렇게 한 자리에서 처음 얼굴을 마주한 것이다. 이때 도산서당(陶山書堂)은 아직 낙성되지 않았을 때이니 아마

계상서당(溪上書堂)으로 찾아갔을 것이다. 마침 비가 내렸기 때문에 이틀을 머물고서 돌아갔다.

율곡은 그 자리에서 자신이 19세 때 불교에 빠져 금강산에 입산(入山)했던 사실까지 솔직히 털어놓으면서, 그 과오를 깨닫고 유교의 가르침으로 돌아왔음을 밝히고, 퇴계에게 학문의 길을 물었다. 이때 율곡은 시 한 수를 지어 퇴계에게 올렸는데, 이 시에서 "…가슴은 개인 달처럼 열리고/ 담소함에 거친 물결도 그치네/ 소자는 '도'를 듣고자 구함이요/ 반나절 여가를 취함이 아니오이다"(襟懷開霽月, 談笑止狂瀾, 小子求聞道, 非偸半日間)라고 읊었다. 이 시에서 율곡은 퇴계와 문답을 하면서 자신의 가슴 속에 품었던 의문이 환하게 풀리고 온갖 이론의 어지러운 쟁점들이 해결되는 경험을 하였음을 보여주고 있다. 이에 퇴계는 화답하는 시에서, "…이름난 인물에 허황한 선비 없음을 처음으로 알겠노라/ 지난날 자신을 존중하지 못한 부끄러움 감내할 줄 아는구려/ 오곡은 돌피가 잘 익기를 용납하지 않으니/ 먼지끼지 않도록 거울 새로 닦아보세…"(始知名下無虛士, 堪愧年前闕敬身, 嘉穀莫容稊熟美, 遊塵不許鏡磨新)라고 하였다. 이 시에서 퇴계는 청년 율곡의 아름다운 자질과 지난날의 허물을 과감히 고치는 용기를 높이 평가하고 있다. 곧 율곡은 자신의 진지한 구도(求道) 자세를 분명하게 밝혔고, 퇴계는 율곡이 학문의 길을 찾아가는 성실한 자세를 사랑하여 아낌없이 격려와 충고를 해주는 모습을 보여주었던 것이다.

퇴계는 제자 조목(趙穆)에게 보낸 편지에서 율곡이 찾아와 만나본 소감을 말하면서, "그 사람이 명석하고 읽고 기억함이 많으며, 우리 학문에 자못 뜻함이 있었다. '후배가 두려워할 만하다'하였으니 옛 성인이 진실로 나를 속이지 않았구나."라고 하였다. "후배가 두려워

할 만하다."(後生可畏)는 공자의 말씀을 되새기면서까지 율곡의 탁월한 재능과 장래의 무한한 가능성을 높이 인정하고 사랑하였던 것이다. 퇴계가 율곡을 한번 보고 너무 사랑하자 곁에 있던 제자들이 약간 샘이 났던가 보다. 율곡이 떠난 뒤에 어떤 제자가 율곡이 퇴계에게 올렸던 시를 가리키며, "그 사람이 이 시보다 못하다"라고 말했다고 한다. 이 말을 듣자 퇴계는 그 자리에서, "아니다. 그 시가 그 사람만 못하다."라고 하였다. 퇴계가 율곡의 재주와 인물에 대해 얼마나 깊이 사랑하고 기대를 아끼지 않았는지를 보여준다. 율곡이 강릉으로 간 뒤에 퇴계는 율곡에게 시와 편지를 보냈는데, 그 편지에서 "세상에 뛰어난 인재가 한정이 있겠는가마는 다만 옛 학문에 마음 간직하기를 즐겨하지 않아서 홍수가 휩쓸고 가듯 다 없어지네. 그대처럼 재주가 높고 나이가 젊은 사람이 바른 길로 나아간다면 뒷날 이루는 바가 어찌 한량이 있겠는가."라고 격려하였으니, 퇴계는 율곡의 뛰어난 재주가 끝내 썩혀버릴까 염려하며 그에게 얼마나 큰 기대를 하고 있는지 절실하게 보여주고 있다. 진정 청년 율곡은 퇴계를 한 번 만나자 퇴계로부터 아낌없이 사랑과 기대를 받았던 것이다.

그후 율곡은 퇴계가 임금의 부름을 받고 서울로 올라올 때마다 만났을 것이고, '경'(敬) 공부의 수양 방법에 대해 퇴계와 토론을 하였다. 또한 퇴계가 『성학십도』(聖學十圖)를 저술할 때에도 몇 군데 문제점을 지적하는 의견을 제시하였는데, 퇴계는 흔쾌히 율곡의 조언을 받아들여 자신의 견해를 수정하였던 일도 있다. 그러나 율곡이 옛 유학자의 견해에 대해 일일이 문제점을 지적하여 비판하는 주장을 하자, "그대가 전후에 논변하는 것을 보니, 번번이 옛 유학자의 이론을 파악할 때는 반드시 먼저 그 옳지 않은 점을 찾아서 깎고 배척하는데 힘써서, 그가 다시 입을 떼지 못하게 한 다음에 그친다."고 하여, 율곡의 논변이 비판에 치우쳐 있음을 준절하게 경계하였다. 바로 이 점에서 퇴계와 율곡의 학문방법과 태도에 차이가 벌어지는 것을 볼 수 있다. 논리적 정당성을 찾아 끝까지 비판을 추구해가는 합리적 학문자세와 다각적으로 이해를 추구하여 진실한 의미를 찾아내고 인격적 실현을 추구해가는 포용적 학문자세가 구별될 수 있다.

또한 이 점에서 율곡은 퇴계와 화담(花潭 徐敬德)의 학풍을 비교하면서 화담은 창의적 기풍(自得之味)이 있는 반면에 퇴계는 선현을 본받는 기풍(依樣之味)이 있다고 대조시켜 평가하기도 하였다. 퇴계는 평생토록 경전을 받들 뿐만 아니라, 주자의 말과 행적을 본받고 지키는데 힘썼으니, 분명 이론적 창의성보다 인격적 실현에서 탁월한 인물이다. 따라서 퇴계의 학문적 중심주제는 '성리학'의 이론에 바탕을 두면서 '수양론'의 인격적 실현을 지향하였다고 할 수 있다. 이에 비해 율곡은 역시 '성리학'의 이론에 바탕을 두면서 '경세론'의 사회적 실현을 지향하였던 것으로 대비될 수 있다.

이처럼 퇴계와 율곡이 보여준 학문적 관심의 초점은 퇴계가 '수양론'에 두고 있다면 율곡은 '경세론'에 두고 있는 것으로 차이를 드러내준다. 뿐만 아니라 그 바탕이 되는 성리설에서도 퇴계는 '이치'(理)와 '기질'(氣)를 분별하여 혼동할 수 없음을 강조함으로써 '이원론'적 경향을 보여주는데, 율곡은 '이치'와 '기질'은 서로 떠날 수 없다는 일치성을 강조함으로써 '일원론'적 경향을 보여주었다. 이 두 관점은 조선시대 성리학논쟁의 두 축을 이루었던 것이 사실이다. 성리설의 이러한 이론적 차이는 퇴계가 선비들이 집권세력에 의해 탄압을 받는 사화(士禍)시대를 살았다면, 율곡은 선비들이 정권을 주도하는 '사림정치'(士林政治) 시대를 살았던 시대배경과도 긴밀하게 연결되는 것으로 보인다. 시대가 달라지면 그 시대에 대응하는 논리가 달라질 수 있고, 바로 이 점에서 퇴계와 율곡의 철학이 달라지는 차이를 드러내었던 것으로 볼 수 있다. 그렇다면 우리는 두 철학에서 어느 쪽이 옳은지를 따지는 파당적 발상에서 벗어나, 두 눈을 뜨고 사물을 바라보듯이, 세상을 내다보고 인간을 들여다보는 두 가지 시야로서 퇴계와 율곡의 철학을 함께 받아들이고 활용할 수 있는 지혜가 필요한 것이 아니겠는가?

율곡 이이(栗谷 李珥)
: 참된 선비의 포부와 책임

"무릇 '참된 선비'(眞儒)란, 세상에 나아가면 한 시대에 '도'(道)를
행하여 백성들로 하여금 화평한 즐거움을 누리게 하고, 초야에
물러나서는 만세에 '가르침'(教)을 베풀어 배우는 자로 하여금
큰 잠에서 깨어나게 한다. 나아가서도 '도'를 행함이 없고, 물러
나서도 '가르침'을 베푼 것이 없다면, 누가 비록 '참된 선비'라 말
할지라도 나는 믿지 않는다."

> 夫所謂眞儒者, 進則行道於一時, 使斯民有熙皡之樂, 退則垂教
> 於萬世, 使學者得大寐之醒, 進而無道可行, 退而無教可垂, 則雖
> 謂之眞儒, 吾不信也.
>
> 〈「東湖問答」)〉

율곡(栗谷 李珥, 1536~1584)이 34세 때(1569) 저술한 「동호문답」(東湖
問答)에서 '참된 선비'란 무엇인지를 정의하였던 말이다. 유교전통에
서는 '선비'(士·儒)를 도덕적 인격의 모범이요, 지식인이며, 사회의 지

도층으로 존중해 왔다. 그러나 현실은 '선비'에도 '속된 선비'(俗儒)·'고루한 선비'(陋儒)·'썩은 선비'(腐儒) 등 타락한 모습을 보여주는 경우가 많았고, '참된 선비'(眞儒)가 드물었던 것은 사실이다. 율곡은 특히 '선비'의 인격적 조건과 사회적 역할에 대해 누구보다 깊은 관심을 기울였으며, '선비'의 올바른 위상을 정립함으로써 조선사회를 바른 길로 이끌어가기를 추구하였던 인물이다.

그는 우선 '참된 선비'가 세상에 대처하는 방법은 상황에 따라 벼슬에 나가면 자신의 포부를 펼쳐서 그 시대를 이상사회로 이끌어가는 '행도'(行道)의 역할과 초야에 묻혀 살더라도 진리를 탐구하여 다음 시대를 위해 가르침을 베푸는 '수교'(垂教)의 역할을 담당해야 한다는 것이다. 이것은 『맹자』(盡心上)에서 "곤궁하면 홀로 그 자신을 선하게 하고, 현달하면 아울러 천하를 선하게 한다."고 말한 것과 같은 맥락이지만, 한걸음 더 적극적 역할을 제시한 것이라 하겠다.

율곡이 벼슬에 나갔을 때는 그동안 권력을 전횡하던 외척세력의 간신배들이 몰락하고 선비들이 정치의 주축이 되어 이른바 '사림정치'가 시작되었던 시기이다. 그는 바로 이러한 시기에서 '선비'의 이념과 역할과 책임에 대한 각성을 요구했던 것이다. 이처럼 율곡은 자신의 시대를 선비가 벼슬에 나와서 포부를 펼쳐야 한다는 '행드'중심의 '선비'의식을 역설하였다. 따라서 그는 "선비가 아울러 선하게 하는 것(兼善)이 진실로 그 뜻이니, 물러나 자신을 지키는 것(自守: 獨善)이 어찌 본심이겠는가."〈「동호문답」〉라 하여, 때를 만날 수만 있다면 아울러 선하게 하는 '겸선'(兼善)을 추구해야 할 것을 강조하였던 것이다.

율곡은 '선비'(士林)를 정의하면서, "마음으로 옛 성현의 도를 사모하고, 몸은 선비의 행실을 힘쓰며, 입은 법도에 맞는 말을 함으로써 공론(公論)을 지니는 자"라 하고, "사림이 조정에 있어서 사업을 베풀면 나라가 다스려지나, 사림이 조정에 있지 못하고 공허한 말을 하게 되면 나라가 어지러워진다."(「玉堂陳時弊疏」)고 지적하여, 정치를 담당하는 진정한 주체로서 '사림'에 의한 정치를 강조하고 있다. 여기서 '사림'이 나라를 바르게 다스리는 정치의 담당자로서 역할을 하기 위한 조건을 확인하였다. 곧 선비는 옛 성현이 제시한 왕도정치의 원리(古道)와, 자신을 단속하는 행실(儒行)과, 법도에 맞는 말씀(法言)을 갖추도록 요구한 것이다. 이를 통해 사사로운 주장이 아니라, 보편적인 정대한 견해로서 '공론'(公論)을 제시하는 것을 선비의 기본역할로 밝히고 있다.

율곡은 국가를 지탱하는 생명력으로서 '원기'(元氣)를 중시하면서, 이 국가의 '원기'를 '공론'(公論)이나 '기강'(紀綱)이나 '사림'(士林)에서 확인하고 있다. 곧 '기강'은 사회질서의 구체적 기준이라면, '공론'은 '기강'의 정당성을 뒷받침하는 근거가 되며, '공론'을 지니고 '기강'을 수립하는 주체는 '사림'이다. 그는 '공론'과 '기강'을 담당하는 주체로서 '선비'의 역할을 강조하면서, "사림이 융성하고 화합하면 나라가 다스려지고, 사림이 과격하고 분열되면 나라가 어지러워지며, 사림이 패배하여 소멸되면 나라가 망한다."(『율곡전서』, 권7, 2, '辭大司諫兼陳洗滌東西疏')고 지적하였다. 그것은 한 사회에 '도'의 실현을 추구하는 지성과 신념의 집단으로서 선비의 기풍이 국가의 존립과 멸망, 또는 다스려짐과 혼란스러움을 가르는 결정적 요인이 되는 것임을 강조한 것이다.

율곡은 오랜 기간 외척과 공신세력들이 권력을 농단하면서 나라에 '기강'이 떨쳐지지 않고, '공론'이 분열되어 있으며, 선비의 기개(士氣)

가 꺾여 있는 현실을 직시하여, 이를 바로 잡아 국가의 질서를 확립하고자 추구하였다. 그 구체적 방법으로 경박해진 선비의 풍습(土習)을 바로잡고 무너진 선비의 기풍(土風)을 변화시켜야 한다는 과제를 제시하였다. 그는 "선비의 풍습(土習)은 구차하고 비열해져서 공연히 말만 많으니, 의로움은 뒤로 미루고 이익만을 앞세우며, 공변됨은 손상시키고 사사로움만 살찌우며, 더럽고 혼탁한 짓은 날로 성하여 충성스럽고 바른 말을 하는 이는 날로 고립되며, 기강이 문란해져서 나라 일이 한꺼번에 무너지는 것은 전하께서도 이미 보아서 아시는 바입니다."〈「應旨論事疏」〉라고 하여, 당시 붕괴의 위기에 놓인 현실을 지적하였다. 특히 조선사회의 체제를 이끌어가는 지도계층인 선비들의 의식이 퇴폐하여 공정함을 잃고 이기적 탐욕에 빠지면서 기강이 무너진 실정과 민생이 도탄에 빠져 도덕의 붕괴까지 초래된 사회적 혼란의 실정을 절실하게 지적하였던 것이다.

나아가 율곡은 임금이 어진 인재를 등용하기 위해서는 정대한 군자와 간사한 소인의 분별을 강조하면서, 그 분별의 조건을 명확히 인식할 것을 요구하였다. 그가 군자와 소인의 분별을 강조한 것은, 선비가 조정에 나와 '도'를 실행(行道)할 수 있는 여건을 확보하기 위해 무엇보다 임금이 선비를 알아보고 등용할 수 있어야 한다는 점을 중시하였기 때문이다. 그만큼 율곡은 사림정치가 시작하는 시대를 맞아 선비들이 조정에 나와 공론을 제시하고 기강을 바로잡아 왕도정치를 행하는 역할과 책임을 역설하고 있는 것이다.

조선 초기부터 도학이념을 담당하고 그 사회적 실현을 추구하는 주도세력으로서 선비집단(土林)은 나라를 바르게 다스리는데 필수적인 인재로서 선비의 지위를 확립하기 위해 강인하게 투쟁해왔던 것이 사실이다. 여기서 율곡은 나라가 다스려지고 어지러워지는 요인으로 선비의 위치를 주목하여, "예로부터 나라가 믿고 지탱하는 바는 '사림'이라고 합니다. '사림'은 나라의 원기(元氣)이나, '사림'이 융성하고 화합하면 나라가 다스려지며, '사림'이 과격하고 분열되면 나라가 어지러워지며, '사림'이 패배하여 없어지면 나라가 멸망합니다."(「辭大司諫兼陳洗滌東西疏」)라고 언급하였다. 곧 선비는 국가가 유지되는 생명력인 국가의 원기(元氣)이지만, 선비의 기풍이 어떠한가에 따라 나라가 다스려지기도 하고 어지러워질 수도 있음을 지적하고 있다. 따라서 임금은 정치의 도리를 이루기 위해 인재를 등용할 때 바른 선비를 분별하여 가려 뽑아야 하고, 또 선비의 기풍을 정대하게 길러야 하는 임무가 있음을 강조하였다. 율곡은 1566년 명종(明宗)에게 올린 상소(「諫院陳時事疏」)에서 임금이 '현명한 인재를 등용하여 조정을 맑게 할 것'을 제시하면서, 그 조목으로 '간사함과 정대함을 분변할 것', '선비의 기개를 진작시킬 것' 등을 들고 있다. 그것은 임금으로서 인재를 등용하기 위해서는 인재가 '군자'인지 '소인'인지를 분별할 수 있는 식견을 갖추어야 하고, 인재로서 선비의 강직한 기개를 배양하기 위해 노력해야 함을 밝힌 것이다.

그러나 율곡은 당시 사회의 실정으로서, "공무에 봉사하여 직책을 다하는 자가 있으면 뭇사람들이 지목하여 어리석다고 나무라거나 명성을 탐낸다고 비난하고, 오직 일은 태만하게 하면서 시속에 따르는 자는 위로 임금을 거슬러 노염을 사지 않고 아래로 친구를 잃지 않으며, 바깥에서는 남의 비방이 없고 집안에서는 부모의 꾸중이 없으며, 맛있는 음식에 편안하게 앉아서 몸을 영화롭게 하고 집을 윤택하게 한다."(「應旨論事疏」)고 언급한다. 그것은 바른 인물이 비난의 대상이 되고 통속적 인물이 영화를 누리는 뒤집힌 현실을 고발하고 있는 것이다. 그는 이러한 현실이 세속의 풍조일 뿐만 아니라 임금이 선비를 보는 자세에도 문제가 있음을 지적하였다. 곧 선비가 포부를 제시하면 임금은 일 벌리기를 좋아한다고 걱정하며, 강직한 말로 간언하면 임금은 뜻을 어긴다고 싫어하는 사실 등을 지적하여, 임금이 선비를 기피하고 있는 문제점을 분명하게 짚어주고 있다.

이처럼 바른 선비가 임금의 믿음을 받지 못하고 오히려 임금의 사사로운 마음에 영합하여 순종하는 통속적 선비가 임금으로부터 친밀한 신뢰를 받게 되는 현실은 임금이 인재를 분별하는 식견이 밝지 못한데 있음을 주목하였다. 따라서 그는 임금의 식견이 어두워 인재를 분별하지 못하는 틈을 타고 이욕을 탐하는 간사한 자들의 참소가 임금의 마음속으로 파고 들어가면서 마침내 의로움을 지키는 바른 선비들이 희생되는 사화(士禍)가 잇달아 일어났던 사실을 들어 경계하고 있다. 그만큼 바른 선비의 기개를 기르고 바른 선비를 등용하는 일은 임금의 의지가 확고하고 식견이 밝아야 함을 요구하고 있는 것이다.

선비가 공론을 제시하는 주체라고 하지만, 현실에서는 선비들의 의견이 분열되어 갈등을 일으킴으로써 오히려 사회혼란의 원인이 될 수도 있다는 사실을 주목할 필요가 있다. 실제로 율곡이 활동하던 선조 때는 선비들이 정치적 주도세력으로 자리 잡았지만, 선비들 사이에 동인(東人)과 서인(西人)으로 분열이 일어나 붕당(朋党)이 시작되었다. 율곡은 선비들의 분열을 조정하여 화합시키기 위해 진력하였다. 이 때 그는 한쪽이 옳고 다른 쪽은 그르다는 흑백(黑白)논리를 거부하고, 양쪽 모두에 옳은 점도 있고 그른 점도 있음을 지적하는 '양시양비'(兩是兩非)의 논리를 제시하였다. 선비들의 주장도 활발하면서 조화를 이룬다면 나라가 다스려질 수 있지만 주장이 과격하여 분열하면 나라는 어지러워진다는 사실을 현실의 당면과제로 주의하지 않을 수 없었던 것이다.

율곡 이이(栗谷 李珥)
:개혁을 위한 '경장'(更張)의 논리

"이른바 경장(更張)이란 융성이 극진하면 그 속에서 쇠기함이 일어나며, 법이 오래되면 폐단이 생기고, 편안한 데 젖으면 고루한 습관에 빠지며, 온갖 제도가 해이해지면 나날이 그릇되어 가서, 장차 나라를 유지할 수 없게 된다. 반드시 밝은 임금과 신하가 있어서 개탄하고 떨쳐 일어나 강령과 법도를 붙들어 올리며, 혼미하고 게으름에서 깨어나게 하며, 낡은 관습을 씻어내고, 묵은 폐단을 개혁하여, 선왕(先王)의 남긴 뜻을 잘 계승하여 한 시대의 규모를 빛나고 새롭게 하는 것이다."

所謂更張者, 盛極中微, 法久弊生, 狃安因陋, 百度廢弛, 日謬月誤, 將無以爲國, 則必有明君哲輔, 慨然興作, 扶擧綱維, 喚醒昏惰, 洗滌舊習, 矯革宿弊, 善繼先王之遺志, 煥新一代之規模.

〈『聖學輯要』〉

율곡의 대표작인 『성학집요』(聖學輯要)에서 그 시대의 절박한 과제로서 '경장'(更張)을 정의한 말이다. '경장'이란 말은 거문고 줄이 풀어져 악곡을 연주할 수 없게 되면 줄을 풀어 다시 팽팽하게 고쳐매어 거문고가 제 소리를 낼 수 있도록 하는 것이다. 역사의 변동에 따른 시대적 과제는 '창업'(創業)·'수성'(守成)·'경장'(更張)의 세 단계로 전개되는 것이라 인식된다. 율곡은 조선왕조가 태조의 '창업' 이후 세종—성종 때 '수성'을 이루었으나, 그후 외척세력이 집권하는 동안 누적된 폐단으로 국가의 기강이 무너지고 사회적 혼란이 심각하여, 자신이 활동하던 선조 때를 '경장'이 절박한 시기로 인식하였다. 다라서 그는 인간의 심성을 분석하는 철학적 인식으로서 '성리학'의 연구와 더불어 사회개혁을 위한 '경장론'의 대책을 중심으로 하는 '경세론'을 자신의 학문적 중심과제로 제시하였다. 특히 그는 '사림정치'의 초기에 중심인물로서 현실의 폐단을 개혁하고 정치의 도리를 바로잡는 것을 절박한 당면과제로 인식하면서, '경장'의 당위적 근거를 확인하고 '경장'의 개혁방책을 제시하는데 심혈을 기울였던 것이다.

율곡의 경장론은 한편으로 당시 사회에서 발생한 낡은 관습과 묵은 폐단을 고쳐야 한다는 '개혁'을 요구하면서, 동시에 통치이념으로서 강령과 법도를 회복해야 한다는 '계승'의 두 가지 의미를 내포하고 있다. 여기서 그는 '경장'의 시기에 개혁의 중요성을 강조하여 개혁이 동시에 계승의 올바른 방법이 될 수 있음을 지적하였다. 경장의 변혁논리는 『주역』(繫辭下)에서도 "궁색하게 되면 변혁해야 하고, 변혁하면 소통하게 되고, 소통하면 오래 간다."(窮則變, 變則通, 通則久)는 순환과정에서 궁색한 시대를 만나게 되면 제도를 변경하여 소통시켜야 한다는 '변통'(變通)의 방법이 바로 '경장'임을 확인할 수 있다.

그는 '경장'의 기본정신을 때에 적합하다는 '시의'(時宜)로 제시하고 있다. 곧 "때에 따라 변통함으로써, 법을 베풀어 백성을 구제해야 한다."〈「萬言封事」〉고 하여, 현실상황의 적합성(時宜)을 기준으로 삼고, 법과 제도의 개혁을 방법으로 삼으며, 백성의 구제를 목적으로 삼는 것이 바로 '경장'임을 확인하였다.

그는 '경장'의 방법으로 법과 제도의 개혁을 강조하면서, "법이 오래 되면 폐단이 생긴다."〈「萬言封事」〉고 하여, 법이 한번 제정되면 그대로 지켜지기를 요구하지만, 시대 현실에 적합성을 상실한 법은 폐단을 일으켜 백성에 해를 끼치므로, 시대에 맞게 개혁해야 할 것을 요구하였다. 그는 정치의 선결문제가 폐단이 있는 법을 개혁하여 민생을 구제하는데 있음을 강조하여, 당시 사회현실의 폐단(時弊)을 지적하는 상소를 연달아 올리면서, "국가란 백성에 의존하고 백성을 떠나서는 국가도 없다."〈「諫院陳時事疏」〉고 하여, 민생을 위한 개혁이 바로 국가 존립을 위해 가장 시급한 과제요, '경장'의 목적임을 밝히고 있다.

'경장'을 함으로써 회복하고자 하는 국가의 통치질서는 법도에 따라 다스려지는 것이다. 율곡은 '기강'(紀綱)이 통치질서의 기반이 됨을 중시하여, "기강이란 국가의 명맥이다. 기강이 정립되면 모든 일이 저절로 다스려지고, 기강이 문란해지면 백가지 법도가 모두 폐지된다. 기강의 정립은 위력으로 겁을 주거나 법으로 몰아가는데 있지 않고 인재의 등용이 합당하고 상벌이 어긋남이 없어야 할 뿐이다."〈「玉堂陳時弊疏」〉라고 제시하였다. 그것은 '기강'이 국가를 유지하는 생명력이요 모든 법도가 제대로 운영될 수 있는 원동력(元氣)임을 확인하고, 억지로 '기강'을 세우려 할 것이 아니라, 인재가 제대로 직무를 다하고 상벌이 공정하면 저절로 '기강'이 설 수 있음을 지적한 것이다.

그는 나라를 다스리는 두 기본과제로서 '기강'과 '백성'을 강조하였다. 따라서 그는 당시의 현실을 지적하면서, "안으로 기강이 무너져 명령은 시행되지 않고 흩어지는 모습이 눈앞에 환하며, 밖으로 민생은 거꾸로 매달린 듯 고통스럽고 군사와 식량은 고갈되어 흙이 무너지듯 멸망하는 형세가 아침이 아니면 저녁일 것이다."〈「辭大司諫疏」〉라고 당시의 위기상황을 진단하고 있다. 여기서도 안으로 정부에서 '기강'이 세워져야 하고, 밖으로 민생이 안정되어야 하는 것이 정치의 두 축을 이루며 상응하는 것임을 밝혔던 것이다.

'기강'이 국가질서의 근간이라면, '기강'을 세우는 기반은 '공론'(公論)이라 할 수 있다. '공론'이란 정당한 의견으로 나라 안의 모든 사람이 동의하는 것이라는 점에서 '국시'(國是)라 일컫기도 한다. 그렇다면 '기강'과 '공론'은 나라의 원동력을 이루는 것이라 하겠다. 여기서 율곡은 정부가 '공론'에 따라 정치를 하면 나라가 다스려지겠지만, '공론'이 정부에는 없고 민간에만 일어나고 있으면 그 나라가 혼란에 빠진다고 지적하면서, "만약 위로 정부나 아래로 민간에 모두 '공론'이 없으면 그 나라는 망한다. 왜냐하면 위에 있는 자가 '공론'을 주장할 수 없으면서 아래에 '공론'이 있는 것을 미워하여 입을 막고 죄로 다스리면 그 나라가 망하지 않는 일이 없다."〈「代白參贊(仁傑)疏」〉고 하였다. 곧 정부가 '공론'을 무시하면서 민간의 '공론'을 억압한다면, 한 나라에 '공론'이 없어지고 마니, 나라가 망하지 않을 수 없다는 것이다.

이러한 '공론'은 정당성을 전제로 하기 때문에 다수의 의사라는 수량적 의미를 기준으로 삼는 오늘날의 '여론'(輿論)과는 어느 정도 차이가 있다. 그러나 율곡은 대중의 정서(輿情·衆情)가 '공론'에 일치할 수 있음을 주목하고 있다. 또한 정당한 의견으로서 '공론'을 제시하는 주체는 우선 '선비'(士林)로 확인되고 있다. 한 사회의 지성과 양심의 인격인 '선비의 기개'(士氣)가 꺾이면 '공론'이 떨쳐 일어날 수가 없다고 한다. 따라서 그는 선비의 기개를 일으킴으로써 '공론'을 떨치게 할 것을 강조하였던 것이다.

율곡은 당시 나라에 폐단이 누적되어 멸망의 위기에 놓여 있는 위기의 현실을 절실하게 지적하여, "비유하면 마치 만곡(萬斛: 1곡은 10말)을 실은 큰 배가 닻도 버리고 키도 잃은 채 바다에 떠 있는데, 풍랑이 몰아쳐 왔지만 한 사람도 배를 조종할 책임을 맡은 사람이 없는 것과 같다."〈「辭大司諫疏」〉고 하였다. 그의 '경장론'은 당시 사회적 폐단의 심각성을 확인하고, 그 폐단을 개혁하는 대책을 구체적으로 제시하는데 집중되고 있다. 이처럼 폐단의 개혁이 시급함에도 불구하고 '경장'은 어려운 실정이었다. 그는 "지금 전하께서 누적된 폐단의 뒤를 이어 마땅히 '경장'의 대책을 강구해야 할 터인데, 번번이 고쳐서 바로잡는 것을 어렵게 여기므로 변통의 이론은 거의 받아들이지 않으니, 비유하면 묵은 집에 재목이 썩어 아침이나 저녁에 무너지려 하는데 서까래 하나 바꾸지 않고 기둥 하나 고치지 않으면서 앉아서 무너지는 것을 기다리고 있는 것과 같습니다."〈「陳時弊疏」〉고 하여, 임금은 폐단의 개혁을 어렵게 여기고 개혁에 따른 동요를 염려하여 개혁의지가 결핍된 소극적 태도를 보일 뿐이었던 것이다.

그는 "진실로 나라에 편리하고 백성에 이로울 수 있다면 모든 것이 할 수 있는 일이요, 진실로 나라를 안정시킬 수 없고 백성을 보호할 수 없다면 모든 것이 해서는 안 될 일이다."〈「時弊七條策」〉라 하여, 정치적 판단의 근본기준이 국가와 백성에 있음을 역설하였다. 그만큼 '경장'의 정당성이 국가와 백성을 근본으로 하고 있음을 확인하는 것이다. 또한 그는 '경장'의 조건으로서 실제의 사무에 힘쓰고(務實) 실제의 성과(實功)를 거두는 것이 중요한 문제임을 강조하였다. 명분만 거창하게 내걸고 현실에 대한 투명한 인식도 없고, 실지의 끈질긴 노력도 없으며, 실제의 뚜렷한 성과도 없는 공허한 정책이나 행정을 경계하고 있는 것이다.

율곡 이이(栗谷 李珥)
:나라의 병을 치료해줄 의사

몸이 아프면 유능한 의사를 만나고 싶고 나라가 혼란하면 탁월한 통치자를 생각하게 되는 것은 누구나 같은 마음이다. 후한(後漢)의 왕부(王符)가 지은 『잠부론』(潛夫論)에는 "상등 의원은 나라를 치료하고, 그 다음 하등 의원은 질병을 치료한다. 사람이 나라를 다스리는 것은 바로 몸을 다스리는 형상이다."(上醫醫國, 其次下醫醫疾, 夫人治國, 固治身之象)라고 말한 일이 있다. 육신의 병을 치료하는 의사의 일이나 나라를 다스리는 통치자의 일은 그 규모에서 크고 작은 차이가 있더라도 그 이치는 같다는 말로 이해된다. 한 개인이 원기 왕성하여 건강하기를 바라는 것처럼 한 나라도 기강이 바로잡혀 강성하기를 바라는 것이야 지극히 당연한 일이다.

그런데 현실에서는 자신이 건강하기를 바라면서도 건강을 해치는 온갖 어리석은 짓을 태연하게 하면서 살아가고 있으며, 통치자도 나라를 잘 다스려 보고 싶은 생각이야 간절한데 시행하는 정책마다 새로운 혼란을 일으키는 일이 흔히 있다. 왜 그렇게 되는 것인가? 무엇이 병인지를 확실하게 모르기 때문에 병을 키우고 혼란을 가중시키는 어리석음을 저지르는 것으로 보인다. 그래서 노자도 "병을 병으로 여길 수 있기 때문에 병에 걸리지 않는다."(夫唯病病, 是以不病)고 말했던 것이지도 모르겠다.

과연 내 몸의 병은 어디에 있는 것인지 정확히 찾아주는 의사를 만난다면, 그가 바로 내 병을 치료해 줄 수 있는 의사요, 우리 사회의 병이 어디에 있는 것인지 분명하게 제시해주는 정치인이 있다면 그가 우리 사회를 건강하게 이끌어 갈 수 있는 정치가일 것이다. 그런데 의사가 내 병을 제대로 진단하여 찾지 못하고, 통치자가 우리 사회의 병을 분명하게 짚어서 드러내지 못하는 이유가 무엇일까?

율곡은 『성학집요』(聖學輯要)에서 역량(力量: 德量)을 키워야 할 것을 강조하면서 역량을 키우지 못하는 기질의 병통을 '치우치고 비뚤어짐'(偏曲)과 '스스로 잘난 체함'(自矜)과 '이기기를 좋아함'(好勝)의 세 가지로 제시한 일이 있다. 치우치고 비뚤어지면 막혀서 두루 통하지 못하니 공정하게 판단할 수 없을 것이고, 스스로 잘난 체하면 자기도취에 빠져 허물을 반성할 줄 모를 것이고, 이기기를 좋아하면 자기변명이나 하며 남의 견해를 받아들일 수 없을 것이다. 이렇게 되면 개인이나 의사나 정치가가 병이 무엇인지 제대로 찾아낼 수 없을 것은 당연하다. 노자의 말을 뒤집어 말해보면 "병을 병으로 여기지 않기 때문에 큰 병에 걸리게 된다."(夫唯病不病, 是以大病)고 할 수 있을 것 같다.

율곡의 예리한 통찰은 이 병중의 현상을 한 꺼풀 더 벗겨 병의 뿌리를 깊이 파고들어 찾아내는 사실이 돋보인다. 곧 이 세 가지 병은 "모두가 사사로움 한 가지일 뿐이다."(都是一箇私而已)라 진단하였다.

내 몸에 병이 왜 생기는지, 우리 사회가 왜 혼란에 빠져들어 헤어나지 못하는지 그 병의 뿌리를 찾아들면 모두가 '사사로움'(私)이라는 말 하나로 귀결된다는 것이다. 내가 내 몸을 돌보지 않고 사사로운 욕망에 이끌려 과음하거나 과식하기도 하고 나태하거나 몸을 무리하게 함부로 굴리다가 병이 생긴다. 우리 사회도 개인이나 집단이 사사로운 이익을 추구하면서 부정과 부패가 만연하게 되고 집단이기주의가 갈등을 일으키면서 병이 깊어지는 것이 사실이다.

그래도 개인이 자신의 욕망을 절제하여 섭생과 운동의 온갖 건강법을 실행하는 사람들은 많이 볼 수 있다. 그러나 나라가 사사로운 이기심으로 병이 깊어져도 치료를 하겠다고 나서는 사람을 찾기는 쉽지 않다. 한 기업에서도 기업가나 근로자가 제각기 자기 이익을 내세우면서 대립하면 기업이 건강하게 성장할 수가 없다. 한 나라 안에서도 공직자는 권력을 이용해 이권을 챙기는데 급급하고, 국회는 자기 정당의 이익을 위해 개와 원숭이처럼 서로 싸우기만 하고, 종교인은 자기 종파의 교세를 확장하는데 몰두하고, 국민들은 자기 지역의 이익을 위해 목청을 높이기만 하니, 우리 사회의 병은 이미 깊어진 것으로 보인다. 사사로운 이기심과 제각기 자기 주장만 날을 세우고 서로 함께 어울려야 한다는 생각은 멀리 밀려나가 잘 보이지도 않는다.

그렇다면 이 나라의 병을 치료해줄 의사는 과연 어디서 찾아야 할 것인가. 하기야 정치인은 말할 것도 없고 의사도 법률가도 학자도 종교인도 모두 '사사로움'의 이기심에 깊이 병들어 있으니 '사사로움'을 치료할 의사는 아마 우리 마음 바깥에서 찾기는 어려울 것 같다. 국민이 스스로 나라의 병을 치료하는 의사로 나서는 길밖에 없을 것

같이 보인다. 그런데 '아무개를 사랑하는 모임'은 있어도 '나라를 사랑하는 모임'은 과연 있는지 모르겠다. 그러나 자신의 건강을 염려하지 않는 사람이 없듯이 나라의 건강을 염원하지 않는 사람은 없을 것이다. 문제는 모든 국민의 가슴 속에 간직되어 있는 나라의 건강을 생각하는 공정한 마음(公心)의 불을 붙여 사사로운 이기심(私心)이 부끄러운 줄 알게 될 계기를 어디서 어떻게 찾아야 할지 철인(哲人) 율곡을 다시 찾아가 묻고 싶다.

하곡 정제두(霞谷 鄭齊斗)
: 진리를 추구하는 용기

"그 속에는 풀리지 않고 남아 있는 큰 의심이 있습니다. …이 때문에 마치 몸에 병을 가진듯하여 조바심하며 어찌할 줄 모르고 헤매온 지 이미 몇 해가 됩니다. …이것이야 말로 삶과 죽음의 갈림길인데 해결 없이 그대로 버려둘 수 있겠습니까. 한번 철저히 변론을 하여 그 학설을 죄다 알아보고 그 밑바닥까지 쪼개어 본다면 반드시 어떤 결론이 나올 것입니다."

其中必有大疑難者, 存而未釋, …由是若癏在躬, 憤悱惶惑, 不自知止者, 于今已有年矣, …此眞死生路頭, 不得其可措那, 庶幾一與痛講殫竭其說, 剖析其蘊, 則將必有一決矣.

〈「答朴世采書, 丁卯」〉

정제두(霞谷 鄭齊斗, 1649~1736)가 39세 때(1687) 스승 박세채(南溪 朴世采)에게 올린 편지의 한 구절이다. 여기서 그는 자신이 양명학에 미혹된 것이 아니라 가슴 속 깊이 간직한 주자학과 양명학의 문제에 관해 근원적 의문을 품었으니, 생명을 걸고 끝까지 진리가 무엇인지 탐구하겠다는 확고한 결의를 보여주고 있다.

진리를 찾아가는 방법에는 전통의 가르침을 충실하게 따라가며 심화시켜가는 안정되고 평탄한 길이 있는가 하면, 전통의 가르침에 충족되지 않아 근원에서부터 의문을 품고 새로운 빛으로 조명해보려고 시도하는 외롭고 험난한 길도 있다. 어느 쪽이 항상 옳은 것은 아니다. 그러나 평탄한 길을 가기는 비교적 쉬워도 험난한 길을 가기는 지극히 어렵다. 그래서 대부분의 사람들은 전통을 따르는 평탄한 길을 가지만, 극소수의 사람만이 험난한 길에 도전하는 것이다. 사물의 이치가 실재한다는 객관적 실재론인 주자학과 사물은 마음의 이치가 드러난 것이라는 주관적 실재론인 양명학 사이에도 어느 것이 옳다고 단정할 수는 없다. 그러나 일방적 사유체계만으로 충족되지 않음을 발견하면 다른 쪽의 사유체계를 요구하게 되는 것은 사상사의 필연적 현실이다.

같은 편지에서 정제두는 자신이 왕양명(陽明 王守仁)의 학설에 깊은 관심을 기울여 왔던 사실은 단순히 새로운 것을 추구하는 호기심이 아니라 진리를 찾는 근원적 문제임을 역설하였다. 곧 그는 "우리가 학문하는 것이 장차 무엇을 위한 것입니까. 성인(聖人)의 뜻을 찾아서 실지로 얻고자 하는 것일 뿐입니다. 이제 '성인을 이루는 학문'(聖學)의 바른 길이 어디에 있는지를 변론하지 못하여, 평생의 두려움이 가슴 속에 절실하게 있는데, 이 뒤엉킨 것을 열어놓기 전에야 어떻게 버려둘 수 있겠습니까."라고 하여, 학문의 진정한 목적이 성인의 뜻을 찾아서 성인을 이루고자 하는 것임을 확인하고, 자신의 양명학에 대한 신념이 바로 성인의 뜻을 찾고자 하는 진리탐구에 근원하는 것임을 밝히고 있다. 그만큼 그의 학문자세는 타성에 젖고 대세에 안주하는 편안한 길을 거부하고 진리를 밝히려는 외롭고 험난한 길을 찾아나서는 진지한 열정으로 넘치고 있었다.

그는 24세 전후의 청년시절에 주자학(朱子學: 道學)이 정통이념으로 강고하게 정립된 조선사회에서 주자학을 벗어나 양명학(陽明學: 心學)에서 근원적 진실성을 찾으면서 17세기 후반에 외롭게 양명학의 학풍을 일으켰던 선구적 인물이다. 그의 평생은 장년기까지 서울에서 살다가 40세 이후 안산(安山)으로 옮겨갔고, 만년에 다시 강화도(江華島)로 이사하여 제자들을 가르침으로써 조선사회에 양명학의 학맥으로서 강화학파를 열었다. 그는 역대 임금의 특별한 신임을 받아 종일품(從一品)의 세자이사(世子貳師)에까지 올랐으나, 힘써 사퇴하고 벼슬에 나갔던 기간은 짧았다.

당시 조선사회의 주자학은 정통이념으로 권위를 확립하면서 어떤 새로운 사상도 용납하지 않는 엄격한 배타적 독선에 빠져 있었다. 주자의 말에 한 글자라도 어긋나면 사문난적(斯文亂賊)이요, 이단(異端)으로 배척하는 엄격한 정통주의가 지배하고 있는 시대였다. 주자학자인 그의 스승 윤증(明齋 尹拯)조차도 주자학의 폐쇄성을 비판하여, "오늘날 주자의 학문을 말하는 자는 주자를 배우는 것이 아니라 바로 주자를 핑계로 삼는 것이요, 주자를 핑계로 삼는 것이 아니라 주자를 억지로 끌어다 붙이는 것이니, 그 뜻을 보면 주자를 끼고 위엄을 지어 그 사사로움을 이루는 것이다."〈「擬與懷川書(辛酉夏)」〉라 하여 당시 주자학의 학풍이 거짓에 빠져 있음을 비판하였다. 그것은 이른바 '주자를 끼고 사람들의 입을 틀어막는 것'(挾朱子而箝衆口)이라는 주자학자들의 독선적 태도를 비판하는 말이기도 하다.

정제두가 양명학의 신념을 제시하자, 모두 주자학자인 스승 박세채와 윤증을 비롯하여 동문의 친우 최석정(明谷 崔錫鼎)·민이승(誠齋 閔以升)·박심(芝浦 朴鐔)으로부터 간곡한 충고와 엄격한 비판을 받았다. 이에 맞서서 정제두는 진리를 추구하는 확고한 신념으로 그를 둘러싼 스승 및 친우들과 더불어 양명학에 관한 토론을 벌임으로써, 자신의 학문적 인식을 심화시켜 갔으며, 이때의 양명학에 관한 논쟁은 조선시대 사상사에서 가장 깊은 수준의 양명학논쟁이었던 것이다.

그는 36세 때(1684) 스승 박세채에게 보낸 답장에서도, "공론(公論)이 결정되는 것은 옳은지 그른지에 달린 것이요, 세력이 강한지 약한지로 결정하는 것은 아닙니다. 그렇다면 군자가 두려워할 것은 백세의 뒤에라도 그 의리가 혹시 어긋날까 하는 것이요, 어찌 명성과 위세로서 당시 사람들의 숭상을 받는 것으로 만족하겠습니까?"(「答朴世采書」(甲子))라 하여, 진실은 세력이 강하거나 대중이 따라가는데 있는 것이 아니라 의리가 정당함에 있는 것임을 확인하고 있다. 따라서 고함을 질러 꾸짖고 위세로 억압한다고 두려워할 것이 아니라, 몇 백년 몇 천년 뒤에라도 자신의 주장이 의리에 어긋나는 것으로 드러날까 두려워해야 할 것임을 강조하였다. 진리는 한 시대에 권위를 누리고 추종되는 것이 아니라, 영원히 그 정당성을 확보할 수 있어야 한다는 신념을 밝히고 있는 것이다. 이처럼 그는 당시 학문풍조가 정통성의 권위로 억누르고 세력을 내세워 이기려는 풍토를 철저히 성찰함으로써, 진실성과 정당성을 진리의 기준으로 확보하고자 하였다.

그는 친우 민이승이 주자학의 입장에서 비난하는 편지에서 입을 다물라고 강요하거나 꾸짖어 욕하거나, 죽임을 당하게 될 것이라 경고하는 말을 듣고서, "그대는 사람으로 하여금 닫아 감추고 발언하지 못하게 하면서 토론한다고 일컫고 있다. …만약 죽임을 당한다고 재앙으로 위협하는 것이라면 나의 알 바가 아니다. 죽이고 욕주는 일은 학문을 권장하는 일이 아니다. …만약 그것이 참말로 옳다는 것을 확실히 알기만 했다면, 학문을 논하다가 죄를 입어도 한스러울 것이 없다."〈「答閔誠齋書」〉고 대답하였다. 여기서 그는 자신이 추구하는 것은 참된 '도'를 아는 것일 뿐이요, 참된 '도'를 알기만 한다던 '이단'으로 단죄되어 죽임을 당하더라도 상관없다고 하였으니, 진리를 위해 '순교'하겠다는 확고한 신념을 밝히고 있는 것이다. 공자도 "아침에 도(道)를 깨달으면 저녁에 죽어도 좋다."(『논어』, 里仁)고 선언하였으니, 육신의 생명을 넘어서 진리에 대한 신념이 영원한 생명이라는 확신을 보여주고 있다.

정제두의 양명학적 신념은 당시 주자학의 폐쇄성을 뚫고 사유의 폭을 넓혀 새로운 세계를 열어가는 진리에 대한 근원적 신념을 확고하게 정립하는 것이라 할 수 있다. 그가 자신의 양명학적 인식을 은폐하지 않고 스승과 벗들 사이에 토론하였던 사실은 자신의 진리인식을 더욱 강인하게 연마하기 위하여 스스로 도전하였던 것이었으며, 이를 통해 그의 신념을 더욱 진지하고 확고하게 정립해갔건 것임을 확인할 수 있다. 그러나 그는 자신의 양명학적 신념을 가까운 스승과 친우들 이외에는 공개적으로 드러내지 못했고, 현실적으로 드러낼 수도 없었다. 그래서 그의 저술은 조선왕조가 무너진 다음에 새롭게 조명을 받고 관심의 대상으로 떠오르기 시작했다.

성호 이익(星湖 李瀷)
: 의문을 통한 진리의 추구

"다만 한 글자라도 의심스럽게 여기면 망령된 것이라 하고, 이것 저것 상고하여 서로 대조하면 곧 죄를 짓는 것이라 하였을 뿐이다. 주자(朱子)의 글도 오히려 이렇게 하는데, 하물며 옛 경전에 대해서는 어떠하겠는가. 우리나라의 학문은 고루하고 거칠기를 면하기 어렵다."

〈『星湖僿說』, 권21, '儒門禁網'〉

성호(星湖 李瀷, 1681~1763)는 『대학』과 『중용』에 붙인 주자의 주석서(『大學章句』·『中庸章句』) 속에서 그동안 아무도 발견하지 못한 오자(誤字)를 각각 하나씩 찾아내어 제시하였다. 이 때 그는 오랜 세월 그 많은 학자들이 모두 주자의 경전주석을 읽으면서도 이 오자를 발견해 내지 못한 이유가 바로 주자에 대한 지나친 권위화에 빠져 의심을 가지지 못한 데 있음을 지적한 말이다. 성인의 말씀을 기록한 경전을 읽을 때는 공경하고 믿는 마음으로 읽으니 의문을 갖고 따져가며 읽기가 쉽지 않다. 경전은 말할 것도 없고, 한 시대에 기준으로서 권위를 누리고 있는 주자의 주석을 읽으면서도 감히 의문을 제기하거나 비교 검토할 엄두를 내지 못하고, 뜻이 잘 통하지 않는 구절도 억지로 의미를 붙여 이해하려고 노력하는 것이 일상의 일이다. 성호는 이러한 맹목적 신봉의 풍조가 학문발전을 막아 우리의 학문을 황폐하게 하고 낙후하게 하는 것임을 강조하였던 것이다.

그는 학문이 의문을 품는데서 출발하는 것임을 중시하였다. 그래서 당시의 모든 지식인이 주자를 받들고 있을 때, 주자의 저술도 의문을 갖고 읽는 눈을 열어주었으며, 그 근거를 주자 자신이 "작게 의심하면 작게 진보하고, 크게 의심하면 크게 진보한다. 많은 의심을 내는 것이 무방하기 때문에, 의심이 없는 곳조차도 의심하여 볼 필요가 있다"고 말한 사실에서 찾고 있다. 한 가지 진실한 앎을 얻고자 하면, 먼저 의심을 가지라는 것이다. 의심하는 만큼 진실에 더욱 크게 도달할 수 있다는 말이기도 하다. "알고자 하면 먼저 믿으라."는 신앙적 접근의 길도 있지만, "알고자 하면 먼저 의심하라."는 학문적 접근의 길도 있는 것이다. 그렇다면 주자 자신은 학문의 길을 제시했는데, 뒷날의 주자학자들은 그를 신앙적 대상으로 받아들였던 것 같다.

주자를 극진히 높였던 17세기 후반 송시열(尤庵 宋時烈)은 "말씀마다 모두 옳은 자는 주자요, 일마다 모두 마땅한 자는 주자다."(『宋子大全』, 부록 권17, '語錄')라 하여, 주자의 말은 한 글자도 고칠 수 없는 절대적 기준으로 삼았다. 그것은 주자를 완성자로 보는 신앙적 믿음의 태도를 보여주는 것이다. 그러나 같은 시대의 윤휴(白湖 尹鑴)는 주자에 대해 "여러 이론을 모으고 절충하여 하나의 이론을 이룬 것이다. …혹시 이론이 투명하지 못하거나 실행에 이르지 못하거나 깨닫지 못한 곳이 있으면, 반드시 토론하여 고쳤으니, 죽을 때 까지 고치기를 그치지 않았다."〈『白湖全書』(下), 권36, '讀書記·中庸序'〉고 하였다. 정통의 권위를 내세우는 입장과 학문적 탐구정신을 내세우는 입장의 차이가 선명하게 대조되고 있다. 여기서 성호는 주자에 대해서도 권위에 눌린 맹목적 신봉태도를 탈피하여 의문을 품고 따져보는 학문적 탐구자세를 요구하였다.

이처럼 '의문'을 가지도록 강조하고 '의문'을 학문의 생명으로 삼는 사실은 바로 성호의 실학정신이 전통이나 권위에 안주하는 것이 아니라, 전통의 불합리한 점을 과감히 비판하고 성찰함으로써 새로운 세계로 눈을 열어가는 데 있음을 의미한다. 그 자신 주자학자이면서 동시에 실학자로 자리 잡고 있는 것은 배타적 폐쇄성이 아니라, 모든 지식을 포용하는 열린 정신의 소유자임을 보여주는 대목이다.

그는 '의문'을 단죄하여 봉쇄하고 전통의 교설을 추종하도록 강요하는 당시 주자학의 정통주의 태도를 유교 안의 혹독한 법가(法家)라 비판하여, '의문'을 가짐으로써 전통의 두꺼운 벽을 깨뜨리고 새로운 세계를 열어가고자 하였다. 이러한 열린 정신 곧 개방성이 바로 실학이 현실을 직시하며, 실용적이고 과학적인 관심으로 나아가는 동력임을 확인할 수 있다.

성호의 실학은 경전해석으로 근거를 확보하면서도 시대현실을 통찰하고 사회제도의 개혁방안을 제시하는 것이다. 그러나 그의 실학사상이 지닌 두드러진 특징적 점은 그가 열린 눈으로 그 시대에 전래해온 '서학'(西學)에 가장 적극적 관심과 이해를 보여주었다는 사실이다. 성호가 서학을 깊이 인식할 수 있었던 배경에는 그의 부친(李夏

鎭)이 사신(使臣)으로 북경에 갔다 오면서 수천 권의 서적들을 구입해 왔는데, 당시의 청나라 지식인들 사이에 비상한 관심을 불러일으켰던 서양과학을 비롯한 '서학'서적을 상당수 구해왔기 때문이다. 그가 읽은 '서학'서적이 22종이나 되었다는 것은 그가 얼마나 폭넓게 '서학'지식을 섭취하고 있는지를 엿볼 수 있게 한다.

'서학'은 서양의 과학기술과 천주교신앙을 내용으로 하는데, 그의 '서학'에 대한 이해태도는 세 가지 양상으로 확인된다. 먼저 그는 서양과학기술에 대해 적극적으로 인정하고 전면적으로 수용하는 입장을 보여주었다. 곧 그는 천문학에서 서양이 첫째요, 아라비아(回回)가 둘째요, 중국이 가장 뒤떨어졌음을 시인하고 있으며, 당시 시행되던 시헌력(時憲曆)은 서양인 아담 샬(湯若望)신부가 만든 것인데, 이 역법이 극치에 이르렀다고 하여, "성인이 다시 나오더라도 반드시 이를 따를 것이다."라고 확신을 밝혔다. 또한 그는 서양의 자연과학지식을 소개한 예수회 선교사 마테오 리치(利瑪竇)를 성인이라고까지 극찬하였으며, 이처럼 서양의 천문학과 역법이 탁월함을 솔직히 시인할 수 있었던 사실은 그의 열린 정신을 가장 잘 보여주고 있는 것이다. 그는 "모든 기계와 수학의 법도는 후대로 내려올수록 더 정교한 것이며, 아무리 성인의 지혜를 가진 자라도 철저하지 못한 것이 있다."고 하여, 옛 성인에게서 모든 것을 찾으려 드는 태도를 부정하고, 시대에 따라 과학지식이 더욱 진보하고 있는 사실을 확인하였다.

다음으로 서양종교인 천주교의 윤리사상에 대해서도 매우 긍정적으로 수용하는 입장을 밝혔다. 곧 판토하(龐迪我)신부의 『칠극』(七克)에 대해서는 "이 7조목 가운데는 다시 많은 항목이 있고 체계에 질서가 있으며 비유가 절실하다. 간혹 우리 유교에서 밝히지 못한 것도 있으니, 그것은 자기의 사사로운 욕심을 극복하고 예법을 회복하는 (克己復禮) 공부에 도움이 되는 공이 크다."〈『星湖僿說』, 권11, 七克〉고 하여, 도덕적 덕목에 대해서는 유교에도 도움이 되는 것으로 인정하고 있다.

세 번째로 그는 천주교 신앙에서 기적이나 신비적 요소에 대해서는 유학자의 합리적 사유에 따라 환상적이고 허망한 것으로 부정하는 입장을 제시하였다. 마테오 리치의 『천주실의』(天主實義)에 대한 평가에서 '천주'는 유교의 '상제'에 해당되는 것임을 인정하면서도 그 공경하고 두려워하는 방법에서 불교와 비슷한 것이라 규정하면서, "서양은 허망한 자취를 말하니 자취가 희미할수록 미혹된 자는 더욱 현혹된다."〈『星湖全集』, 권55, 天主實義跋〉고 하여, 천당지옥설이나 천주의 강생이나 부활 등 신앙조목에 대해서는 거부의 입장을 분명하게 밝히고 있다.

서학에 대한 성호의 이러한 입장은 그의 후학들인 성호학파의 학자들 사이에 큰 충격을 주었다. 초기 제자들인 신후담(愼後聃)·안정복(安鼎福) 등은 성호의 서양종교에 대한 비판입장을 계승하여 천주교 교리에 대한 비판적 공격에 나서고, 서양과학에는 무관심한 태도를 보였으니, 이들이 공서파(攻西派)이다. 이와 달리 성호의 후기 제자인 권철신(權哲身)·이가환(李家煥)과 그 후학인 이벽(李檗)·정약용(丁若鏞) 등은 서양과학에 적극적 관심을 지니다가 점차 천주교신앙으로 들어갔으니, 이들이 신서파(信西派)이다. 그러나 신서파는 천주교신앙을 받아들이면서 서양과학에 관심을 상실하고 말았다. 그러니 성호가 보여주었던 서양과학에 대한 적극적 수용태도는 양쪽 모두 벗어나서, 천주교신앙에 대한 비판론과 수용론의 양극적 대립양상을 보여주었던 것이다. 사실상 18세기 후반에서 천주교신앙에 대한 비판입장과 수용입장이 모두 성호학파 안에서 주도되었던 사실이 주목된다.

성호는 당시 사회기강은 해이되고 탐관오리의 착취가 만연하여 민생이 극심한 곤궁에 빠져들었던 시대현실을 직시하면서, 사회개혁의 대책을 모색하였다. 그는 사회전반의 개혁이 절실하게 요구되고 있는 상황에서 조선사회의 통치이념인 유교가 폐단을 드러내며 타성에 젖어 무기력함을 보고서, "요즈음 세상 풍습이 물이 흘러내리듯 무너져내리니 수십 년 전에 비하면 판연히 달라졌다. 나는 남을 대하여 일찍이 유교의 법도(儒術)를 가지고 말하지를 않았다. 무익하기 때문이다."라 언급하여, 이 시대에서 유교의 한계와 문제점을 절감하고 있음을 보여준다. 그가 '서학'에 깊은 관심을 가졌던 것도 이러한 시대적 파탄을 극복하는 방법을 찾아 눈을 크게 떴기 때문이라 짐작된다.

담헌 홍대용(湛軒 洪大容)
: 하늘에서 보는 평등한 세계관

"오륜(五倫)과 오사(五事: 貌·言·視·聽·思)는 사람의 예의(禮義)이고, 떼를 지어 다니면서 서로 불어주고 먹여주는 것은 금수의 예의이며, 총총하게 나서 가지가 무성한 것은 초목의 예의이다. 사람으로서 사물을 보면 사람이 고귀하고 사물이 비천하지만, 사물로서 사람을 보면 사물이 고귀하고 사람이 비천하다. 하늘로부터 보면 사람이나 사물이 균등하다."

五倫·五事, 人之禮義也, 羣行·呴哺, 禽獸之禮義也, 叢苞·條暢, 草木之禮義也, 以人視物, 人貴而物賤, 以物視人, 物貴而人賤, 自天而視之, 人與物均也.

〈『湛軒書』, 內集 권4, '毉山問答'〉

북학파(北學派) 실학의 선구자 홍대용(湛軒 洪大容, 1731~1783)은 인간이 가장 귀하고, 금수가 초목보다 귀하다는 귀천의 등급을 거부하며, 인간으로서 인간을 귀하게 여기는 것은 바로 인간 위주의 견해임을 지적하면서, 인간과 사물 사이에 본질적 차이가 있지만 등급의 차등은 없다고 보는 '인간과 사물의 평등'(人物均)을 주장한 말이다.

> "금수는 지혜가 없기 때문에 속임(詐)이 없고, 초목은 감각이 없기 때문에 조작(爲)이 없다. 그렇다면 사물이 사람보다 훨씬 귀하다. … '큰 도'(大道)를 해치는 것은 '자랑하는 마음'보다 더 심한 것이 없다. 사람이 사람을 귀하게 여기고 사물을 천하게 여기는 까닭은 '자랑하는 마음'의 바탕이다."

사물보다 사람을 귀하게 여기는 견해는 우주를 포괄하는 공평한 '큰 도'에 어긋나는 것으로 사람이 자신을 내세우는 '자랑하는 마음'에서 나오는 것임을 지적하였다.

나아가 그는 사물을 관찰하는 세 가지 시각을 제시하고 있다. 그 하나는 '사람으로서 사물을 보는'(以人視物) 인간중심의 시각이요, 다른 하나는 '사물로서 사람을 보는'(以物視人) 사물중심의 시각이다. 이 두 가지 시각에서는 각각 서로를 높이는 주관적 가치판단에 사로잡히게 된다는 것이다. 이와 달리 세 번째는 '하늘로부터 보는'(自天而視之) 객관적 시각으로, 어느 쪽에도 치우치지 않는 객관적 시각에서 보면 사람과 사물 사이에 아무런 귀천의 차등이 없이 균등하다는 '인간과 사물이 평등하다'(人物均)는 시야를 열어준다. 그래서 그는 성인도 만물을 스승으로 삼았다고 하여, '사람으로서 사물을 보는' 인간중심의 차별적 세계관을 벗어나 '하늘로 부터 사물을 보는' 평등한 세계관으로 전환할 것을 요구하였던 것이다. 따라서 인간중심으로 세상을 보는 것은 '자랑하는 마음'이요, 바로 '도덕과 학술의 미혹'으로서 '큰 도'를 해치는 것임을 밝혀, 주자학의 인간중심적 사유를 탈피하고 객관적 평등한 시야를 새롭게 열어가고자 하였던 것이다.

홍대용이 살았던 18세기 후반의 조선사회를 이끌어가던 주자학의 정통의식은 명나라를 높이고 만주족의 청나라를 배척하는 숭명배청(崇明排淸)의리를 확립하여, 청나라에 대한 적대 의식이 지속되고 있었다. 그러나 실학파의 유교지식인들은 배타적 폐쇄성과 현실문제에 무기력한 주자학의 관념적 사유에 대해 비판적 성찰을 하기 시작하였다.

그는 우선 조선사회의 통치이념이었던 주자학 학풍을 비판하였다.

> "대개 기질이 치우치므로 지식이 국한되고, 지식이 국한되므로 지킴이 굳어지며, 지킴이 굳어지므로 반드시 지킬 필요가 없는 것도 극진하게 비호하고 억지로 해명한다. …속된 유학자들은 명목을 따라가다가 마음과 말이 서로 어긋나니, 주자 문하에 비위를 맞추는 신하로 따라붙지 않는 자가 드물다."
>
> 〈『湛軒書』, 內集 권1, '奇書杭士嚴鐵橋誠又問庸義'〉

여기서 그는 오직 주자만을 바라보는 조선사회의 주자학자들이 다양한 지식에 대한 포용성과 적응력이 결핍된 원인으로 기질이나 환경이 치우쳐서 폐쇄성에 빠지게 된 것임을 지적하였다. 따라서 그는 이렇게 폐쇄된 시각으로 주자학을 지키는 것은 주자학에 대한 맹목적 추종이요, 주자의 정신에도 어긋나는 것임을 비판하고 있는 것이다.

그는 청년시절부터 서양과학에 관심을 가졌으며, 청조문물의 직접 접할 수 있었던 것은 그의 사상적 방향을 정립하는데 가장 중요한 계기가 되었다. 그는 35,6세 때(1765~1766) 사신(使臣)을 따라 4개월 남짓한 기간 동안 북경(北京: 燕京)을 다녀왔던 일이다. 그의 학문적 세계는 「의산문답」(毉山問答) 한 편의 저술 속에 가장 함축적으로 제시되었다고 할 수 있는데, 「의산문답」의 무대로 설정한 '의산'(毉山)은 요동과 요서의 경계에 있는 '의무려산'(毉巫閭山)이다. 그곳은 조선사신이 북경으로 가는 도중에 있는 곳으로, 옛 조선과 중국의 경계가 되는 지점이며, 중화와 오랑캐(夷狄)의 경계요 통로가 되는 곳이다. 그래서 옛 학문전통에 얽매어 있는 주자학자와 새로운 세계로 소통하는 실학자가 맞부딪치는 상징적 장소로 삼았던 것이다.

「의산문답」은 바로 고루한 주자학자인 허자(虛子)와 새로운 세계관을 포용하는 실학자인 실옹(實翁)이 만나서 주자학으로부터 실학으로 사유의 전환이 일어나는 과정을 보여주는 것이다. 여기서 세계관의 전환을 위한 기본 과제를 네 가지로 집약시켜 보면, 첫째는 관념적 사유방법에서 현실적 사유방법으로 전환을 위한 검토요, 둘째는 인간중심적 세계관을 넘어서 인간과 사물이 평등한 세계관으로 전환이요, 셋째는 서양천문학의 자연과학적 우주론을 끌어들여 주자학의 음양·오행설(陰陽·五行說)에 기반한 우주론을 극복하는 것이요, 넷째는 중국 중심적 화이론(華夷論)의 의리를 극복하고 나라마다 각각이 중심인 다원적 세계관으로 전환하는 것이다.

홍대용은 실상을 왜곡시킴으로써 사람의 판단을 미혹시키는 조건으로 '세 가지 미혹'(三惑)과 이에 따른 폐단을 지적하여, "음식과 여색(食色)의 미혹은 가정을 망치고, 이익과 권력(利權)의 미혹은 나라를 위태롭게 하며, 도덕과 학술(道術)의 미혹은 천하를 어지럽힌다."

고 하였다. 그는 특히 '도덕과 학술의 미혹'이 드러나는 양상을 주의
깊게 제시하고 있다.

> "도덕과 학술이 없어진 지 오래되었다. 공자가 죽자 제자백가가 어지
> 럽혔고, 주자(朱子) 문하의 말기에 여러 유학자들이 어지럽혔다. 그
> 사업을 높이면서 그 진실은 망각하고, 그 말씀을 익히면서 그 의도
> 는 상실하였다. 바른 학문을 돕는다는 것은 사실 '자랑하는 마음'
> (矜心)에서 말미암고, 간사한 이론을 물리친다는 것도 사실 '이기려
> 는 마음'(勝心)에서 말미암으며, 사랑(仁)으로 세상을 구제한다는 것
> 은 사실 '권력을 지키려는 마음'(權心)에서 말미암고, 밝음(哲)으로
> 자신을 보전한다는 것은 사실 '이익을 얻으려는 마음'(利心)에서 말
> 미암는다. 이 네 가지 마음이 서로 이어지니 참된 뜻은 날로 없어졌
> 고 온 천하가 나날이 허망함으로 치닫는다."

곧 '도덕과 학술'을 어지럽힌 것이 공자와 주자의 후학들이 스스로
어지럽힌 것이라 하여, 적이 외부의 이단에 있는 것이 아니라 내부인
유교지식인의 허위의식 속에 있음을 강조하였다. 공자와 주자의 후학
들이 '도덕과 학술'을 어지럽히는 양상은 밖으로 드러난 공자와 주자
의 사업을 높이기는 하지만 그 내면의 진실한 뜻은 망각하는데 있고,
공자와 주자의 글 속에 남아 있는 말씀을 익히기는 하지만 그 내면
의 진정한 의도는 잃어버리고 말았다는데 있음을 지적한다. 바로 밖
으로 드러나는 형식이나 문자에 얽매어 근원과 내면의 진실한 뜻을
버리면서 허망함에 빠지게 된다는 것이다.

홍대용은 우주(太虛)는 '기'(氣)로 충만되어 있는 무한한 것이라는

'우주무한설'(宇宙無限說)을 제시하였으며, 이 '기'가 응결하여 '질'(質)로서 형체화된 것이 만물이며, 그 가운데 땅은 둥글고 쉼 없이 돈다는 '지구설'(地球說)과 '지전설'(地轉說)을 제시하고 있다. '지구설'은 하늘이 둥글고 땅이 모났다는 유교전통의 천원지방설(天圓地方說)에 정면으로 상반되는 입장을 밝힌 것이다.

그는 유교전통의 인간중심적 세계관을 깨뜨리고 인간과 사물이 평등한 세계관을 제시하는 것과 더불어, 지구 중심적 우주론을 깨뜨리고 지구도 하나의 별일 뿐이라 하여, 모든 천체가 대등한 우주론을 제시한다.

> "별의 영역에서 보면 지구의 영역도 별이다. 한량없는 영역들이 허공의 영역 안에 흩어져 있는데, 오직 이 지구라는 영역이 공교롭게도 정중앙에 있다는 것은 이치가 성립되지 않는다. 따라서 영역이 아닌 것이 없고 회전하지 않는 것이 없다. 여러 별의 영역에서 보는 것은 지구에서 보는 것과 동일하니, 각각 스스로 중심이라 말한다. …지구가 여러 별의 정중앙이라 말한다면 우물 속에 앉아서 하늘을 보는 것이다."

따라서 그는 천체에서 지구를 중심으로 해와 달과 오성(五星: 水·火·木·金·土)이 둘러싸고 있다는 지구 중심적 세계관을 깨뜨리고, 지구도 무수한 별 가운데 하나의 별일 뿐이요 모든 별의 중심이 될 수 없다는 '지계역성설'(地界亦星說)을 제시하고 있다.

인간을 중심으로 사물을 바라보는 관점을 전환하여 사물의 입장에서 사람을 보는 시각을 도입하듯이, 지구를 중심으로 뭇별들을 바라보는 관점을 전환하여 뭇별에서 지구를 포함하여 다른 별들을 바라보는 관점을 끌어들이고 있다. 그렇다면 제각각 자기를 중심으로 보는 관점이 동등한 권리를 갖는다고 인정하면서도, 자기중심의 주관적 관점을 상대화시켜 전체를 평등하게 바라보는 제3의 객관적 관점, 곧 하늘로부터 보는(自天而視之) 새로운 보편적 세계관을 제시하는 것이다.

홍대용은 서양 천문학과 지리학의 수용을 통한 세계관의 새로운 이해를 토대로 유교전통이 지켜온 중국 중심의 천하관(天下觀)과 이에 따라 중화와 오랑캐를 분별하는 화이론(華夷論)을 전면적으로 비판하여 세계관의 전환을 추구하고 있다.

> "중국 사람은 중국을 바른 영역(正界)으로 삼고 서양을 뒤집힌 영역(倒界)으로 삼으며, 서양 사람은 서양을 바른 영역으로 삼고 중국을 뒤집힌 영역으로 삼지만, 그 실지는 하늘을 머리에 두고 땅을 밟는 것은 … 모두 바른 영역이다."

곧 그는 지구 위의 어떤 나라이거나 모두 바른 영역이요, 바른 영역과 뒤집힌 영역으로 나누는 것은 자기중심의 주관적 판단일 뿐임을 강조함으로써, 자기중심적 가치관에 사로잡혀 있는 시각을 탈피하도록 요구하고 있다.

당시 만주족의 청(淸)나라가 중국을 지배하자, 조선사회의 주자학자들은 청나라를 오랑캐로 배척하고 이미 멸망한 한족(漢族)의 명(明)나라를 '중화'의 정통으로 높이는 '배청숭명'(排淸崇明)의 '화이론'(華夷論)을 의리로 표방하고 있었다. 이러한 상황에서 그는 오랑캐와 중화를 분별하는 의리를 근본적으로 재검토하고 있다.

> "하늘에서 본다면 어찌 안과 바깥의 구분이 있겠는가? 따라서 각각
> 자기 사람들과 친하고, 각각 자기 임금을 높이며, 각각 자기 나라를
> 지키고, 각각 자기 풍속을 편안히 여기는 것은 중국이나 으랑캐가
> 한가지다."

이처럼 그는 중화나 오랑캐나 사람은 모두 같은 사람으로 평등하
다는 관점을 제시함으로써, 중화와 오랑캐의 분별을 의리로 삼는 '화
이론'을 정면으로 부정하였다. 이러한 관점은 바로 중국 중심의 '중화
주의'를 타파하며, 각각의 자기중심적 입장을 균등하게 인정하며, 이
러한 다원화의 논리는 하늘에서 세계를 바라보는(自天視之) 관점을
확인하고 있는 것이다.

여기서 그는 공자가 제시한 '화이론'의 의리를 재해석하여 '역외춘
추론'(域外春秋論)이라는 새로운 의리론을 제시하였다.

> "공자는 주(周)나라 사람이다. 왕실이 날로 경시되고 제후들은 쇠약
> 해지자 오(吳)나라와 초(楚)나라가 중국을 어지럽히는 도적 노릇을
> 거리끼지 않았다. '춘추'(春秋)란 주나라의 기록이라 안과 바깥을 엄
> 격히 한 것은 역시 마땅하지 않겠는가? 비록 그러하나 공자로 하여
> 금 바다로 떠나가 동쪽 오랑캐 땅에서 살게 하였다면, 중화의 예법
> 을 써서 오랑캐를 변화시켜 주나라의 법도를 영역 바깥에서 일으켰
> 을 것이니, 안과 바깥의 구분과 높이고 물리치는 의리가 저절로 마
> 땅히 '영역 바깥의 춘추'(域外春秋)로 있었을 것이다. 이것이 공자가

성인된 까닭이다."

　유교전통에서 '화이론'의 의리는 공자가 지은 『춘추』에서 제시된 것으로 받아들여지고 있다. 곧 『춘추』에서 왕도를 높이고 패도를 천시하는 '존왕천패'(尊王賤霸)의 의리가 '존화양이'의 의리와 동일한 의리로 인식하여 '춘추대의'(春秋大義)로 삼고 있다. 여기서 그는 공자가 성인됨은 중국만을 높이는데 있는 것이 아니라, 오랑캐 땅에 가서 살았다면 오랑캐를 문명으로 끌어올려 그 땅의 '춘추', 곧 '역외춘추'(域外春秋)를 제시하는데서 확인할 수 있다는 것이다. 이처럼 공자는 중국을 위한 공자가 아니라, 그 '도'를 중국 땅이거나 오랑캐 땅이거나 어디에서라도 펼쳤을 것이요, 중국중심의 의리를 제시하였다면 성인이 될 수 없다고 보았다. 그것은 중화와 오랑캐를 지역이나 민족을 중심으로 보아, 만주족은 오랑캐이기 때문에 중국을 지배해도 오랑캐로서 지배하는 것이라 보는 조선 주자학자들의 폐쇄된 화이론을 깨뜨리고, 중국인도 '도'를 상실하면 오랑캐가 되고 오랑캐도 '도'를 얻으면 중화가 될 수 있다는 열린 '화이론'이 공자의 정신이라는 것이다.

연암 박지원(燕巖 朴趾源)
: 호랑이의 질책을 당하는 지식인의 허위성

"일찍이 들으니, '유(儒: 선비)란 유(諛: 아첨하다)이다'라 했는데,
과연 그렇구나. 네가 평소에는 온 천하의 모든 나쁜 명칭을 모아
서 망령되게 나에게 덧붙이더니, 이제 다급해지자 낯간지럽게 아
첨하는 것을 그 누가 곧이듣겠느냐. 천하의 이치야 하나이다. 호
랑이가 진정 몹쓸 것이라면 사람의 성품도 역시 몹쓸 것이요, 사
람의 성품이 착하다면 호랑이의 성품도 역시 착하다"

〈「호질」(虎叱)〉

박지원(燕巖 朴趾源, 1737~1805)의 단편소설 「호질」에서는 단권의 책
을 저술하고, 만 오천 권의 경전주석을 낸 '북곽선생'이라 일컬어지는
명망 높은 도학자인 선비가 밤중에 부정한 짓을 저지르다가 들켜 새
벽 어둠 속에 도망가는데 들판의 똥구덩이에 빠졌다가 간신히 기어
나오자 눈앞에 호랑이를 만났다. 호랑이는 "에끼, 그 선비 심히 구리
구나"하며 코를 싸쥐고 고개를 돌렸다 한다. 이때 그 선비는 호랑이

앞에 머리를 조아리고 꿇어앉아 호랑이의 덕을 칭송하여, "대인(大人)은 그대의 변화를 본받고, 제왕(帝王)은 그대의 걸음걸이를 배우며, 남의 자식 된 이는 그대의 효성을 본받고, 장수는 그대의 위엄을 취하니, 그대의 거룩하신 이름은 신령한 용(龍)과 짝이 됩니다."라고 아첨하는 말을 늘어놓았다. 호랑이가 이 말을 듣고 선비를 꾸짖었던 것이 첫머리의 인용문이다.

박지원은 이 대목에서 몇 가지 재미있는 풍자를 하고 있다. 밝은 곳에서는 거룩한 척 한껏 품위를 내세우던 명망 높은 선비가 어둠 속에서는 부정한 짓을 일삼는다는 것이요, 그 결과로 고상하기 그지없던 풍채가 더러운 오물을 뒤집어쓰고 여지없이 망가졌다는 것이요, 입만 열면 도덕과 의리를 내세워 비분강개하던 대쪽같이 꼿꼿한 선비가 다급해지면 온갖 미사여구를 끌어들여 아첨을 늘어놓고 있다는 것이다. 사회의 지도층 인사들이 알고 보니 겉과 속이 다르고, 말과 행동이 어긋나는 이러한 이중적 모습을 드러내는 것은 오늘날 우리가 신문이나 TV에서 흔히 볼 수 있는 사실이기만 한 것은 아닌가 보다.

박지원은 북학파 실학자의 중심인물 가운데 한 사람으로 소설을 통해 그 시대의 사회상과 유교지식인의 거짓됨을 풍자한 인물로도 유명하다. 그의 단편소설은 10편이 남아 있는데, 그가 44세 때(1780) 사신 행렬을 따라 중국에 들어가 열하(熱河)까지 다녀오면서 견문을 기록한 여행기인 『열하일기』(熱河日記)는 그의 대표작이요, 또 조선시대의 많은 인물들이 남긴 북경여행기(燕行錄) 가운데서도 가장 뛰어난 작품으로 높이 평가되고 있다. 이 『열하일기』 속에 그는 「허생전」(許生傳)과 「호질」(虎叱) 두 편의 소설을 수록하고 있다.

한낱 짐승인 호랑이가 인간 가운데서도 인격의 모범으로 세상의 존경을 한 몸에 받고 있는 선비를 꾸짖으면서, 인격의 모범으로서 선비인 '유'(儒)를 아첨하는 '유'(諛)라고 질책하였으니, 기가 막힐 노릇이다. 선비는 독서인이요 지성인이니, 그 사회의 이상을 제시하고 대중이 나아갈 방향을 밝혀주는 역할과 책임을 지닌 인격이다. 그러나 한 시대에서 지식인이 사회를 정의롭게 이끌어가기 위해 어떤 희생을 감수하면서라도 불의를 비판하며 바로잡아갈 용기를 보이지 않고, 존경을 받거나 권위를 누리는데 안주하면, 이기적 탐욕을 간교하게 변호하는데 그 지식이 이용될 뿐이다.

어느 시대에나 지식인은 많아도 올바른 지성인은 드문 것이 사실이지만, 그 지식인이 타락하여 권세에 아부하고 명성을 추구하며 이권을 탐닉하는 풍조에 빠져 있다면, 그것은 그 사회도 병들었음을 말해준다. 박지원은 18세기 후반의 사회적 병리를 지식인의 타락으로 진단하고 예리하게 비판하였던 것이다. 특히 그는 소설을 통해 신랄한 풍자로서 타성에 젖고 권위에 안주하며 허위의식에 빠져있는 지식인들을 비판함으로써, 지식인의 자기성찰을 촉구하는 실학적 시야를 제시하였다.

또 하나의 중요한 의도는 호랑이의 입을 통해 짐승인 호랑이와 인간의 성품이 같다는 주장을 함으로써, 인간과 만물의 평등을 제시하는데서 엿볼 수 있다. 그것은 당시의 유교지식인들이 이념적으로 뒷받침하고 있던 양반과 상민의 신분적 차별을 깨뜨리려는 것이요, 중화와 오랑캐를 분별하는 가치질서를 깨뜨리려는 것이기도 하다. 인간과 동물의 성품이 같다는 이른바 '인물성동론'(人物性同論)은 결코 관념적 해석이 아니라, 세계관과 가치관의 변혁을 요구하는 주제였던 것이라 할 수 있다.

호랑이가 선비를 꾸짖는 말은 계속된다. "자기 소유 아닌 것을 취함은 '도'(盜)라 하고, 남을 못살게 굴며 그 생명을 빼앗는 것은 '적'(賊)이라 한다. 너희들이 밤낮을 헤아리지 않고 쏘다니면서 팔을 걷어붙이고 눈을 부릅뜨며, 함부로 남의 것을 착취하고 훔치고서도 부끄러운 줄을 모른다."고 일갈하였다.

선비란 자들이 그 지식을 팔아 벼슬길에 나가는데, 입으로는 백성을 사랑한다고 하면서도 민생을 보살피는 게 아니라, 도리어 자기 이익을 위해 백성의 재물을 착취하는 자가 대부분이라는 것이다. 선비란 자들이 입으로는 어질고(仁) 의로움(義)의 덕을 내세우지만, 남들과 화합하여 나라를 위해 헌신하는 것이 아니라, 오로지 자기 당파의 이익과 권력을 지키기 위해 온갖 간교한 지식을 동원하여 반대당을 비난하고 음해하며 죽이기까지 하는 당쟁을 일삼고 있다는 것이다. 지식인들이 말과 행동에서 이렇게 도리를 저버리고서도 스스로 부끄러운 줄을 모르니 파렴치한 것이요, 도리어 자신이 의롭다고 내세우며 독선에 빠져 있으니, 그 거짓됨과 사악함이 가증스럽다는 것이다. 짐승의 꾸짖음을 받아야 하는 것은 어디 조선시대의 선비뿐이겠는가? 우리시대의 지식인이나 지도자라는 사람들도 모두 두려워해야할 질책이 아닐 수 없다.

박지원은 이렇게 소설을 통해 현실사회의 모순과 부조리를 풍자하고 비판함으로써, 사회개혁의 방향을 제시하였던 것이며, 그 방법은 바로 이 사회의 지도층인 지식인의 탐욕과 거짓을 드러내어 비판함으로써, 지성인으로서의 진정한 역할을 각성하게 하는데서 출발하고 있다. 그가 18세 무렵부터 소설을 쓰기 시작하여 20대에 이룬 작품들 가운데 『마장전』(馬駔傳)·『예덕선생전』(穢德先生傳)·『광문자전』(廣文者傳)에서 주인공은 모두 서민이요 비천한 계층의 인물들르서, 그 인품의 순박하고 고상함을 보여주고, 이에 대비하여 지배계급긴 양반 계층은 도덕적 위선에 사로잡혀 있음을 드러내었다.

『마장전』에서는 천하의 사람들이 '세력'(勢)을 따르고 '명성'(名)과 '이익'(利)을 도모하는데, 지식과 인격을 내세우는 '군자'가 이 '세력'과 '명성'과 '이익'을 말하기를 꺼리는 것은 그것을 독점하기 위한 간교한 심보임을 꿰뚫어 보고 있다. 그래서 나라에 대한 충성심도 가진 것이 없어 아까울 것도 없는 빈천한 자의 일상적인 일일 뿐이요. 부귀한 자들에게는 논의되지도 않는 것임을 폭로하고 있다. 이러한 지도층의 이기적이고 거짓됨에 절망하여, 이 소설의 한 주인공은 "차라리 세상에서 벗이 없을지언정 군자와는 벗으로 사귈 수 없다."고 선언하며, 옷과 갓을 찢어버리고 머리를 풀어헤친 채 거리에서 미친 듯 노래를 부르는 모습을 보여준다.

『예덕선생전』에서도 똥거름을 치는 비천한 직업을 가진 인물에게 그 검소하고 직분에 만족하는 덕을 높여 '선생'으로 일컫고, 감히 벗할 수 없으며 스승으로 대우하겠다고 밝히기 까지 하였다. 또한 『광문자전』도 거지인 광문(廣文)이 의로운 인품으로 장안의 신망을 받고 그 기예를 양반 한량들이 선망하여 그와 벗하게 되었음을 말한다. 여기서 그는 소설을 통해 신분 계급을 벗어나고 형식적인 도덕 질서를 타파하는 사회 개혁정신의 싹을 일찍부터 품었음을 알 수 있다.

『양반전』(兩班傳)은 빈한한 양반이 부유한 상민에게 양반 신분을 팔려고 할 때, 관청에서 만드는 문권(文券) 속에 열거된 양반의 행동

범절이나 금지하는 계율이 얼마나 부자연스럽고 쓸모없는 것인가를 보여준다. 또한 양반이 누리는 이권을 열거하자, 부유한 상민은 "나를 도둑으로 삼으려 한다."고 외치며 머리를 흔들고 돌아가서 다시는 양반의 일을 말하지도 않았다는 것이다. 여기서 양반이 살아가는 방법이 무가치한 형식주의에 얽매어 있거나 간교하고 착취적인 것임을 드러냄으로써, 그 시대의 사회질서를 근원적으로 비판하고 있다.

『허생전』의 결론적 이야기는 큰 지략을 지녔지만 초야에 묻혀 사는 선비인 허생(許生)이 어영대장(御營大將) 이완(李浣)에게 만주족의 청(淸)나라를 치겠다는 북벌(北伐)을 위한 대책을 제시하는 대목이다. 이완은 당시 효종을 도와 북벌정책을 추진하여 군사적 준비를 하던 핵심인물의 한 사람이다. 여기서 허생은 북벌을 위한 대책으로 사대부의 자제를 뽑아 머리를 깎고 만주족의 옷을 입혀서 중국에 들어가 청나라의 허실(虛實)을 탐지하고, 한족(漢族) 호걸(豪傑)들과 체결을 도모하게 할 것을 제시하였다. 이에 이완은 사대부들이 예법을 지키기 때문에 아무도 머리를 깎고 오랑캐의 옷을 입으려들지 않는다고 난색을 표하자, 허생은 사대부가 지킨다는 예법이 모두 근거가 없는 허황된 것이고, 선비들이 내세우는 명분도 입으로만 청나라를 배척하는 의리를 내세우면서 아무런 실질적 행동의지가 없는 거짓된 것임을 질타하였다.

박지원은 병자호란 때 청나라의 침략에 저항하며 항복을 거부했던 김상헌(淸陰 金尙憲)에 대해, "이름을 들을 때마다 머리털이 서고 맥이 뛰어, 비록 남모르게 입 안에 배회하는 말이 있어도 내뱉지를 못하여 체증이 생기려 한다."고 토로하였던 일이 있다. 그만큼 그 자신도 당시 시대이념이라 할 수 있는 청나라에 저항하는 배청(排淸)의리를 간직하고 있음을 보여준다. 그러나 그는 공허한 명목만 내세우는 의리의 거짓됨을 꾸짖었던 것이요, 도덕을 바로잡겠다는 '정덕'(正德)에 앞서서 먼저 청조 문물을 적극 도입하여 생산을 확장할 수 있는 기술을 습득해 '이용'(利用)함으로써 백성의 생활을 넉넉하게 하는 '후생'(厚生)을 도모할 것을 제시하는 북학파의 실학자였다. 따라서 그의 의리는 구호를 외치거나 감정에 호소하는 수준을 넘어서 나라의 힘을 기르는 실질적 방법을 각성하도록 끌어올리고 있는 것이라 하겠다.

추사 김정희(秋史 金正喜)
: 고난 속에 빛나는 지조

"세상 사람들의 풍조는 오직 권세와 이익만 쫓아가는데, 그대는
마음과 힘을 기울이면서도 이를 권세와 이익에 돌리지 않고, 바
다 바깥의 초췌하고 말라빠진 나에게 돌리기를 세상에서 권세와
이익을 따르듯이 하니, 어인 일인가? 사마천(司馬遷)은 '권세와 이
익으로 어울린 자는 권세와 이익이 다하면 사귐이 멀어진다.'고
말했는데, 그대도 또한 세상 풍조 속의 한 사람이거늘, 초연하게
도도한 권세와 이익 밖으로 벗어나 있으니, 권세와 이익으로 나
를 대하지 않는 것인가? 아니면 사마천의 말이 틀린 것인가?"

〈『阮堂全集』, 권4, '與李藕船尙迪'〉

김정희(秋史·阮堂 金正喜, 1786~1856)가 제주도에서 유배생활을 하
던 59세 때 제자 이상적(藕船 李尙迪)에게 유배지에서 보내는 자신의
쓸쓸한 심정을 한 폭의 그림에 담아 「세한도」(歲寒圖)라 제목을 붙이
고, 한 편의 편지를 써서 이상적에게 보냈는데, 그 편지 속의 한 구절

이다.

그는 벼슬이 병조참판에 까지 올랐으나, 55세 때(1840) 당쟁의 소용돌이에 휩쓸려 제주도로 귀양가서 9년 동안 유배생활을 했다. 그는 서예(書藝)로 한 시대를 휘어잡았고, 금석문(金石文)의 해독에도 탁월한 업적을 이루었던 당대의 명망 높은 학자였다. 그는 문벌이 좋은 집안에 학문도 깊고 벼슬도 높았으니, 평소 그의 문하에는 재주가 뛰어난 제자들이 구름처럼 모여들었고, 또 많은 빈객과 친척과 친구들이 그의 대문을 쉴 새 없이 드나들었을 터이다. 그러다가 그가 죄인이 되어 바다 바깥 제주도에 유배되어 병고에 시달리며 고생을 하고 있자니, 그 많던 제자들이나 친척·친구·빈객들이 소식을 끊어버리고 말았다. 그러하니 그의 하루하루가 더욱 쓸쓸하지 않을 수 없었다.

이 때 그를 잊지 않은 제자로 이상적 한 사람이 있었다. 이상적은 역관(譯官)출신으로 신분이 중인(中人)이라 보잘 것 없었다. 전날에야 그는 이상적을 별달리 눈여겨보지도 않았을 것이다. 그런데 이상적은 북경에 사신을 따라 갈 때마다 귀한 신간서적을 구해다가 멀리 유배지에서 외롭게 지내는 스승 김정희에게 보내주는 정성을 보였고, 멀리 바다를 건너 제주도까지 그를 찾아뵙기도 했다. 그러니 그는 이상적의 신의와 정성에 더욱 깊은 감동을 받지 않을 수 없었을 것이고, 그 감동을 이 편지에 서술하였던 것이다.

김정희의 난초 그림과 함께 유명한 그림인 「세한도」는 쓸쓸한 황야에 야트막한 초가집 하나가 비스듬히 놓였고, 그 집의 앞뒤에 소나무와 잣나무 두세 그루가 우뚝하게 서 있는 너무 간결하여 단조로운 그림이지만, 그 속에 인간이 살아가는 삶의 무게와 의리에 다한 신념의 힘이 담겨 있다. 「세한도」 그림과 함께 이상적에게 보냈던 편지는 바로 절개와 의리를 높이는 선비의 정신이 담겨 있고, 또한 김정희 자신의 삶의 체험이 절실하게 나타나 있다. 이상적은 이 그림과 편지를 북경에 가져가서 여러 중국의 문사(文士)들에게 보이니, 이들이 찬탄하는 시(詩)가 끝없이 이어져 한 권의 책을 이루기도 하였다.

「세한도」의 '세한'(歲寒)이란 말은 "추운 겨울을 당한 후에야 소나무와 잣나무가 늦게까지 시들지 않는 것을 알겠다."(歲寒然後, 知松柏之後凋.〈『논어』, 子罕〉)는 공자의 말씀에서 나온 것이다. 김정희는 이 편지에서 '세한'이라는 말의 뜻을 풀이하면서, "소나무와 잣나무는 사철을 통해 시들지 않는다. 추운 겨울 이전에도 한 소나무와 잣나무요, 추운 겨울 이후에도 한 소나무와 잣나무이거늘, 성인은 특히 추운 겨울(에도 시들지 않는) 소나무와 잣나무를 칭찬하였다."그 하여, 어려운 시절을 만나도 푸르름을 잃지 않는 변함없는 곧은 지조와 굳센 절개를 드러내었다. 따라서 그는 이상적에게 "이제 그대는 나에게 대해 전날(권세가 있을 때)이라고 더함이 없고 뒷날(유배된 이후)이라고 덜함이 없구나. 그러나 전날의 그대는 칭찬함이 없었지만, 이제 와서 그대는 또한 성인에게도 칭찬받을 만한 일이 아니겠는가."라 하여, 제자의 변함없는 신의를 극진하게 찬탄하였던 것이다.

신라 때의 죽죽(竹竹)이라는 하급 장교가 대야성(大耶城)을 지키다가 백제군의 공격을 받아 성이 함락할 위기를 만났을 때 성주(城主)는 항복을 하고 말았지만, 죽죽은 끝까지 항전하다가 죽었던 일이 있었다. 이때 그의 동료가 뒷날을 도모하자고 권유하자, 그는 "나의 아버지가 내 이름을 '죽죽'(竹竹)이라 지어준 것은 겨울이 되어도 잎이 떨어지지 말라는 뜻이니, 어찌 죽기를 두려워하여 살아서 항복하겠는가."라고 대답하면서, 그의 이름인 대나무(竹)는 곧게 뻗어 굽히지 않는 것이며, 그것은 바로 공자가 말한 '겨울의 추위 속에도 잎이 시들지 않는 소나무와 잣나무의 지조'를 의미하는 것이라 확인하고 있다. '겨울 추위 속 소나무와 잣나무'로 비유되는 위급한 상황 속에서도 굽히지 않는 신념의 지조는 삼국시대의 젊은 장교들 가슴에 살아 있었고, 조선 말기 김정희의 「세한도」 그림과 편지 속에서 절실하게 각성되고 있었던 것을 보여준다.

어느 시대 어느 사회에서나 권세와 이익은 나방이 불빛을 다라 모여들듯이 모든 사람이 추구하는 대상이다. 김정희 자신은 부귀를 누리는 명문가에서 태어난 학자였으나, 자신이 역경에 처해보니 세상 인심의 향배가 얼마나 허망하게 변하는 것인지를 비로소 뼈저리게 겪었을 것이다. 그래서 변함없는 지조와 의리가 얼마나 어렵고 소중한 것인지 그 가치를 절절하게 표현하고 있다. 공자가 겨울의 추위(歲寒) 속에서 견디며 지켜가고 있는 소나무와 잣나무의 푸르름을 칭송한 것처럼 인간의 신념이나 도덕적 가치도 시련과 고난 속에서 더욱 빛나는 것임을 확인하고 있는 것이다.

그래서 그는 이 편지에서 서한(西漢) 초기의 적공(翟公)이라는 인물이 벼슬에 오르자 빈객이 문 앞을 가득 메웠다가 파직되자 군 밖에 참새그물을 칠 정도로 한산했었는데, 다시 등용되자 빈객이 또 몰려오는 것을 보고서, 문에다 "하나는 죽고 하나는 살았으니 사귐의 인정을 알겠고, 하나는 가난하고 하나는 부유하니 사귐의 태도를 알겠도다. 한 번 고귀해졌다가 한 번 비천해지니 사귐의 인정이 드러나네."(一死一生 乃知交情 一貧一富 乃知交態 一貴一賤 交情乃見)라는 글을 써서 내다 걸었던 사실을 소개하기도 했다. 세상 인심이 세력과 이익에 따라 얼마나 쉽게 변하는 것인지를 분명하게 보여주는 것이다.

김정희의 한 폭 「세한도」와 한 통의 편지가 보여주는 의미는 그의 그림과 글씨라는 작품의 예술적 가치를 넘어서서 세상 인심의 실상과 선비의 지조를 선명하게 대비시킴으로써 인간 삶의 드라마를 생생하게 드러내주는 것이요, 동시에 세속의 대세와 풍조를 벗어나서 온갖 고난과 시련 속에서도 굳센 지조를 변함없이 강인하게 지켜가는 선비정신을 절실하게 드러내주고 있는 것이다.

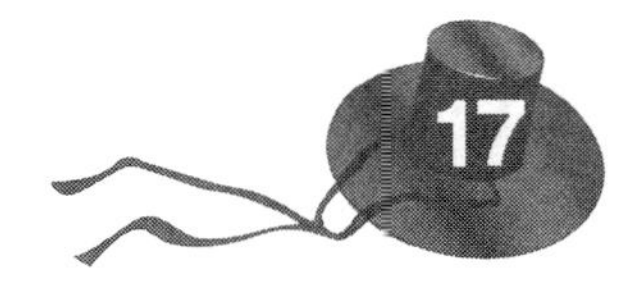

의암 유인석(毅菴 柳麟錫)
: 역사의 파국에서 선비가 처신하는 길

한말의 시인 매천 황현(梅泉 黃玹)이 1910년 나라가 망하여 일본에 병합된다는 소식을 듣자 음독 자결하면서 남긴 절명시(絶命詩) 가운데 "가을 등불 아래 책 덮고 옛일을 생각하니/ 인간세상 지식인 노릇 참으로 어렵구나"(秋燈掩卷懷千古, 難作人間識字人)라는 유명한 구절이 있다.

그런데 사방을 둘러보아도 오늘의 지식인들은 그 지식으로 출세하여 높은 지위에 오르고, 그 지식으로 재물을 거두어 호화롭게 생활하고 있으며, 사람들 위에 올라서서 모든 사람들의 부러움을 한 몸에 받고 살아가는데 무슨 어려움이 있다는 말인지 이해가 잘 안갈 수도 있을 것이다. 우리 사회에 이렇게 교육열이 폭발하는 것도 더 높은 학력을 쌓고 더 많은 지식을 섭취하여 그 학력과 지식으로 출세하여 안락하게 살아보겠다는 꿈을 추구하는 것이지, 지식인이 되어 남들을 위해 봉사하고 나라를 위해 헌신하는데 온갖 고난을 받아들이겠다고 생각하는 사람은 지극히 드물 것이다.

오늘의 지식인들은 대부분 자기 이익을 추구하는 것을 당연하게 여기는 이기적 지식인이지만, 그래도 조선시대의 지식인들은 나라를 위해 자신을 희생하고 백성을 위해 헌신하는 것을 마땅하게 여기는 이타적 지식인들이 많았던 것 같다. 그렇다면 자신의 이익을 돌보지 않고 나라와 백성을 위해 자신을 헌신하고 희생하는 일이 어찌 어렵지 않겠는가.

현실적으로야 옛날이라고 지식인들 가운데 이기심과 탐욕에 빠진 인물들이 어찌 없었겠는가. 그래도 옛날에는 지식인들이 이기심과 탐욕을 부끄럽게 여길 줄 알았지만, 오늘에는 이기심과 탐욕을 부끄러워하는 것이 아니라, 오히려 출세 못하고 가난함을 부끄러워하니, 가치관이 이미 뒤바뀌어 있는 것이다.

조선왕조가 일본의 침략을 받아 멸망의 위기에 놓이게 되자 지식인으로서 선비들에게는 국가존망의 변란에 당면하여 어떻게 대처해야 할 것인지가 중요한 과제가 되었다. 이때 의암 유인석(毅菴 柳麟錫)은 변란에 대처하는 세 가지 길(處變三事)을 제시하였던 일이 있다. 하나는 의병을 일으켜 적을 소탕하는 '거의소청'(擧義掃淸)이요, 또 하나는 목숨을 끊어 지조를 지키는 '치명수지'(致命遂志)요, 다른 하나는 멀리 떠나서 옛 전통을 지키는 '거지수구'(去之守舊)였다.

상당수의 지식인들이 의병을 일으켜 일제에 항전하였다. 그러나 의기(義氣)를 격동시켜 의병을 일으켰다고 하지만, 무기도 제대로 갖추지 못한 백면서생과 농민들이 모인 오합지졸이 신식무기를 갖춘 일본의 정규군대와 맞서서 싸우자니 백전백패일 수밖에 없었던 것이 사실이다. 그래도 의분을 참지 못하고 사방에서 선비들이 의병을 일으켰다. 그러나 의병을 일으켰던 것은 소수의 선비들이고 대부분은 의

병에 참여하기를 주저하였던 것이 현실이다. 안동에서 의병을 일으켰던 척암 김도화(拓菴 金道和)는 의병에 참여하기를 회피했던 선비들의 유형으로, 향토를 보전한다고 문호를 닫고 있는 사람, 자신의 일족(一族)을 단속하며 강 건너 불 보듯 하는 사람, 편안히 쉬면서 조롱하는 사람, 방황하면서 결단을 못 내리는 사람, 시작과 끝이 상반되는 사람, 이해관계에 이끌리는 사람, 뜻은 있지만 위협에 겁을 먹은 사람, 나가고자 하지만 친족에 만류되는 사람, 재물이 아까워 성공하지 않기를 바라는 사람 등 9가지를 들고 있는 사실에서도 당시 의병에 참여하는 선비들이나 백성들은 보통 비상한 용기를 가졌던 사람들이 아니었음을 짐작할 수 있다.

의병을 일으킨 선비들보다는 소극적으로 보이지만 목숨을 끊어 불의에 항거하고 지조를 지켰던 인물들도 다수 있었다. 연재 송병선(淵齋 宋秉璿)은 을사보호조약(1905)이 체결되자 고종에게 을사오적(乙巳五賊)을 목 베고 조약을 폐기할 것을 주장하는 상소를 올렸으나 받아들여지지 않자, 국권회복을 호소하는 유소(遺疏)를 남기고 음독 자결하였다. 연재의 아우 심석재 송병순(心石齋 宋秉珣)도 합병 이후 일제가 은사금(恩賜金)을 받도록 강요하자, "너희가 차라리 내 배를 가르고 집어넣을지라도 결코 내 손으로 받을 수는 없다."고 거절하며 항거하다가 음독 자결하였다. 의당 박세화(毅堂 朴世和)도 일제의 합방에 항거하여 단식으로 자결하면서 절필(絶筆)로 '예의조선'(禮義朝鮮) 4글자를 썼던 것은 그가 지키고자 한 이념으로서 '예의'와 국가로서 '조선'이 하나임을 제시하였던 것이다. 또한 향산 이만도(響山 李晚燾)는 합병 소식을 듣고 단식 자결하면서 지은 절명시에서 '모든 이치 밝게 하진 못했더라도/ 편안하게 따르니 스스로 마음 편하네"(萬

理雖未淨, 寧順自安心)라 하여, 천리(天理)를 따라 죽음을 받아들임으로써 안심입명(安心立命)하는 자세를 보여주기도 하였다.

3·1운동이 일어났던 시기에 면우 곽종석(俛宇 郭鍾錫)·지산 김복한(志山 金福漢)을 비롯한 전국의 유교지식인들이 국제사회에 조선의 독립을 청원하는 파리장서사건(巴里長書事件)을 일으켰던 일도 있었다. 유교지식인이 폐쇄적 수구론(守舊論)에만 빠져 있었던 것이 아니라, 국제공법과 국제질서에 호소하는 진취성의 일면을 보여준 것이기도 하다.

의병을 일으켜 무력으로 항거하는 적극적 저항이나 자결하여 지조를 지키는 극단적 저항보다 한층 더 소극적이지만 떠나서 전통의 예법을 지키려는 지식인들이 가장 많았다. 떠나는 양상은 중국이나 러시아의 연해주지역으로 나가 해외로 망명하는 경우도 다수 있었지만, 대부분의 선비들은 산중으로 이사를 하거나 초야에 은거하여 일제가 식민지배하는 세상과 인연을 끊고 유교전통의 예법을 고수하는 인물들이었다. 국내에서 전통의 예법을 지킨다는 것은 일제의 심한 핍박을 직접 받아야 하는 고난의 연속이었다. 대부분 선비들은 일제의 식민지배를 거부하여 비폭력·무저항·비타협으로 지조를 지키는 것이다.

일제가 유교지식인을 회유하기 위해 주는 '은사금'이라는 명목의 돈을 받기를 거부하다가 투옥되는 경우도 많았다. 일제의 민적(民籍)에도 등록하지 않아 토지를 약탈당하기도 하고, 죽어도 장례허가를 받지 못하는 처지를 감수하였다. 일제치하 36년 동안 일본어를 한 마디도 입에 올리지 않고, 단발령을 강행하는데도 옛 의관(衣冠)을 지켰으며, 창씨개명(創氏改名)의 강요에도 온갖 수난을 당하면서 끝까지 버텼다. 일본인이 부설한 철도를 이용하지도 않았고, 일본인이 세운 학교에 자식들을 보내지도 않았다. 36년간 일제의 식민지배 아래서도 식민지 백성이기를 거부하고 조선유민(遺民)으로 남아 있었다. 그러다보니 이 선비들의 자식들이 제도교육을 받지 못했으니, 한학(漢學)에 달통하였더라도 해방 후 대한민국정부에서는 학력이 없는 무학자로 취급을 받아 공직활동에 심한 어려움을 겪는 역설적 처지에 놓이기도 하였다.

오늘날 우리시대의 이른바 지식인들이 과연 국가의 위기에 얼마나 헌신적으로 자기희생을 할 수 있는지, 불의에 저항하여 얼마나 강인하게 지조를 지킬 수 있는지 돌아본다면, 한말과 일제시기의 유교지식인들이 지닌 저항정신과 지조가 더욱 숭고하게 빛나는 점을 주목하지 않을 수 없다. 이러한 신념과 지조는 단순한 기능적 지식에서 나오는 것이 아니다. 국가를 사랑하는 애국심의 도덕의식과 정의를 수호하겠다는 의리정신의 이념에 바탕을 둔 지식에서 가능한 것이다. 그래서 지식인으로서 선비가 국가의 생명력인 원기(元氣)라 하였던 것이다. 그만큼 우리시대에도 전통의 선비정신을 되돌아보고, 오늘의 현실에 적합하게 되살려야할 필요가 절실한 것이 아니겠는가.

의암 유인석(毅菴 柳麟錫)
: 신뢰의 기초 위에 세워지는 사회

공자는 제자 자공(子貢)이 정치에 대해 묻자, "식량을 넉넉하게 하고, 군비를 충실하게 하며, 백성이 신뢰하게 하는 것이다."(足食, 足兵, 民信之矣.〈『논어』, 顔淵〉)라 하여 정치의 세 가지 기본과제로 언급하였는데, 그것은 요즈음 말로 경제와 국방과 사회통합의 조건을 제시하였던 것이다. 이때 자공은 스승에게 부득이 버려야 한다면 무엇부터 버릴 것인지 다시 물었는데, 공자는 먼저 군비(兵)를 버릴 수 있고, 다음에 식량(食)을 버릴 수 있다고 하면서, "예로부터 모두가 죽게 되지만, 백성은 신뢰가 없으면 분발하여 일어날 수 없다."(自古皆有死, 民無信不立)고 역설하였다.

먹을 것이 있고 적의 침해를 막을 수 있어야 한다는 것은 인간의 기본적 생존조건이다. 경제와 국방이 튼튼하게 갖추어져야 나라가 지탱될 수 있는 것은 당연한 일이다. 그런데 한 나라의 '백성'(民)이라면 그 나라의 법질서와 통치에 대한 신뢰가 있어야 '백성'으로 결속이 되는 것임을 주목하고 있는 것이다. 백성이 신뢰를 잃으면 흙담이 무너지듯이 뿔뿔이 흩어지고 말아, '백성'이랄 수도 없다는 사실을 말해주고 있다.

19세기말 일제침략에 저항하여 의병운동을 주도하였던 유학자 유인석(毅菴 柳麟錫)은 나라가 극심하게 병이 든 현실을 지적하고 그 치료법을 찾으면서 「국병설」(國病說)을 지었다. 여기서 그는 "신뢰란 백성이 성품으로 삼는 바이다. …백성이 신뢰하면 나라가 일어서겠지만, 백성의 신뢰가 없으면 비록 식량이 넉넉해도 먹일 수 있겠으며, 비록 군비가 튼튼해도 쓸 수 있을 것인가?"라 언급하였다. 백성의 신뢰를 받지 못하고서는 나라를 부유하게 하고 군비를 강성하게 한다는 것은 공허한 말이라는 것이다. 부강한 나라도 백성의 신뢰를 잃으면 혼란에 빠지고 마침내 붕괴하는 사실은 역사 속에서 흔히 볼 수 있는데, 하물며 쇠약하고 병든 나라가 일어설 수 있기를 바란다면 그것은 환상일 뿐이라는 말이다.

송나라의 사마광(司馬光)도 "나라는 백성에 의해 보존되고, 백성은 신뢰에 의해 보존된다."(國保於民, 民保於信.〈『資治通鑑』〉)고 하였다. 신뢰가 없으면 백성이 흩어지고, 백성이 흩어지면 나라도 기울어질 수밖에 없음을 말한 것이다. 국민의 마음속에 정부에 대한 신뢰가 일어나면 민심이 안정될 것이고, 민심이 안정되면 나라도 안정될 수 있다. 그러나 민심이 불안하고 동요하는데 나라를 발전시키겠다고 무슨 거창한 정책을 펼치려 한들 모래 위에 집을 짓는 격이 되고 말지 않겠는가.

국민이 정치현실에 절망하여 모두 기회만 있으면 이민을 가고 싶어하는 사회라면 나라는 있어도 나라꼴이 아닐 것이고, 백성은 있어도 애국심은 찾아볼 수 없으니 백성이라 하기도 어려울 것이다. 그렇다면 정치를 하겠다고 나서는 사람들은 무엇보다 먼저 백성의 신뢰를 받을 수 있어야 하지 않겠는가. 그런데 우리 사회를 돌아보아도 정치인들은 선거철이면 나라와 백성을 위해 한 목숨 바쳐 헌신할 듯이 하다가, 당선만 되면 공약(公約)은 공약(空約)으로 버려두고 당리당략만 따르거나 사리사욕에 빠져있는 모습을 보여주는 경우가 많으니, 이렇게 하고서야 백성의 신뢰를 받기 원한다면 나무 위에서 물고기를 찾는 것과 다를 바가 없을 것이다.

문제는 어떻게 하면 백성의 신뢰를 얻을 수 있는가에 달려 있다. 공자는 한 나라를 이끌어가는 방법으로 가장 먼저 '공경하고 신중히 일을 처리하여 백성이 신임하게 할 것'(敬事而信)을 강조하였다. 정약용(茶山 丁若鏞)은 '공경하고 신중히 일을 처리한다'(敬事)는 말에 대해, "그 시작에서 끝마침까지를 생각하고, 그 도중에 발생하게 되는 폐단을 헤아려, 막히거나 흔들림이 없게 하는 것을 말한다. 그렇게 한다면 백성들이 신임할 것이다."〈『論語古今註』(學而)〉라 해석하였다. 전체적인 계획을 이치에 맞게 수립하고, 실행과정에서 발생할 수 있는 온갖 문제점을 치밀하게 미리 점검하며, 중간에 장애나 동요가 없도록 하여 일관하게 시행할 수 있어야 백성들의 신뢰를 얻을 수 있다는 것이다.

요즈음 우리 사회를 둘러보아도 국가적 큰 사업을 추진하면서 졸속한 계획으로 착수하거나 지역의 이해관계에 따라 결정되어, 시작부터 시비가 많아 국론이 분열될 지경에 이르고 있다. 뿐만 아니라 두고두고 여러 가지 폐단이 발생하기도 하고, 사방에서 저항을 받다가 계획을 변경하고 시행을 연기하다가 엄청난 비용만 허비하게 되는 사례를 자주 보게 된다. 그러고도 아무도 책임지는 사람도 보이지 않으니 어떻게 믿음이 가겠는가?

신뢰는 하루아침에 이루어지는 것이 아니다. 여러 번 겪어보면서 믿음이 점점 두터워지는 것이다. 그렇다면 믿음을 싹트게 하는 출발점은 무엇인가? 신뢰의 '신'(信)이라는 글자는 사람(人)의 말(言)을 뜻한다. 그 사람이 한번 입에 올린 말이 사실로 드러나면 믿음이 생기게 되고, 그의 말이 거듭하여 사실로 드러나면 믿음이 점점 굳어진다. 그런데 말과 행동이 다르고 말과 실지가 다르면 속았다는 생각이 들기 마련이다. 한두 번 속다보면 믿음이 사라지면서 의심만 증폭될 수밖에 없다. 양치기가 거짓말을 한두 번 하면 나중에는 참말을 해도 아무도 믿지 않게 된다. 정치인이 국민의 신뢰를 받으려면 정직하게 말하고 또 자기 말을 실행하며 책임지는 것으로 시작할 수밖에 없을 것이다.

개인과 개인 사이에도 신뢰가 있으면 서로 마음이 소통하여 친밀한 사이가 될 수 있으니, '붕우유신'(朋友有信)은 바로 친구 사이의 덕이 신뢰에 있음을 말해주고 있다. 그러나 믿음이 없으면 서로 경계하고 쉽게 오해가 일어나 서로 비난하거나 갈등을 일으켜 대립과 분열이 일어나게 된다. 조선시대 수도 서울을 처음 설계한 사람은 동서남북의 사대문을 '인·의·예·지'(仁·義·禮·智)의 덕목으로 이름붙이고서 그 중앙에 보신각(普信閣)을 자리 잡게 하였으니, 서로를 소통시켜주고 결속시켜주는 신뢰의 덕은 모든 덕목의 중심이 되는 것임을 보여준다. 이처럼 한 국가와 사회는 백성들의 신뢰가 있어야 통합될 수 있다는 것이다.

오늘의 우리 사회는 이미 불신이 깊이 뿌리를 내려 국가의 병(國病)이 되고 있는 것이 아닐까? 정부기관이 시책을 발표해도 다른 의도가 있지 않은지 의심하게 되고, 정당이 정견을 내세워도 속셈이 무엇인지 의심하게 된다. 상품광고는 아예 믿을 수 없는 것으로 치부하고, 의사의 진료도 과잉진료가 아닌지 불안하고, 법관의 판결도 공정한 판결이라고 안심하지를 못한다. 학교나 종교단체에 이르기까지 불신이 전염병처럼 사회 구석구석에 퍼져 있으니, "세상에 믿을 놈이 없다"는 냉소적 발언이 입버릇이 되고 있는 것 같다. 우리 사회에서 불신의 병을 치료하지 않고는 경제성장도 선진국진입도 자주국방도 복지사회도 모두 공중누각이 될 수밖에 없다는 생각이 든다.

오늘에서 선비정신의 계승

　'선비정신'은 우리 역사를 통해 그 시대사회의 올바른 가치기준을 밝힘으로써 대중을 통합하여 이끌어왔던 시대이념이었다. 이처럼 그 시대를 이끌어가는 지성과 양심으로서 '선비'는 우리 시대에서도 지도자의 인격으로서 계승될 필요가 있다. 그러나 우리시대는 시민사회이니 더 이상 어떤 특정한 신분계층으로서 '선비'가 존재할 수 있는 것은 아니다. 사회구성원이면 누구나 선비로서 역할을 할 수 있다는 것을 전제로 한다. 그렇다면 우리시대에서 '선비'정신을 계승한다는 것은 시민으로서 누구나 선비의식을 지녀야 할 것이지만, 특히 공직자나 지식인 및 경영인 등 사회지도층의 인물들은 사회에 대한 책임의식을 더욱 철저하게 지니도록 요구받는다.

　우리는 물질적 가치나 개인의 욕망이 부정되지 않는 시대를 살고 있다. 그렇지만 사회지도층은 아무리 합법적인 범위 안에서 행동한 것이라 하더라도 개인적 욕심에 얽매어서 사회적 공익성을 손상시키는 행위를 한다면 비난 받지 않을 수 없다. 지도층이란 높은 지위와 많은 재산을 가지고 권위와 특권을 누리는 기득권 세력이라켠 과거의 신분사회보다 나을게 무엇인가. 우리시대의 지도자는 개인적 욕심을 절제하고 사회적 책임의식을 발휘하는 옛 선비를 귀감으로 삼을 필요가 있다. 곧 공공의 책임을 앞세우고 사사로운 일을 뒤로 미루는 '선공후사'(先公後私), 내지 사사로운 이익을 돌보지 않고 공공의 책임을 위해 봉사하는 '멸사봉공'(滅私奉公)의 자세를 지닐 수 있어야, 대중으로부터 존경과 신뢰를 받을 수 있는 것이다. 지도자가 사사로운 욕심을 탐내거나 자신의 사사로운 조직을 형성하여 세력을 유지하려고 든다면 대중의 존경과 사랑을 받을 수 없다. 지도자는 언제나 개인적 이익이나 욕심을 벗어나서 공동체의 전체를 함께 생각하고, 전체를 위하여 봉사할 수 있을 때, 바로 의리(義)와 이익(利)을 갈라놓고 공(公)과 사(私)를 분별하는 '선비'정신의 기본바탕을 확보할 수 있는 것이다.

우리사회의 지도층은 무엇보다 먼저 전통사회의 '선비'들이 지녔던 공공에 봉사하는 강인한 책임의식을 우리 시대의 현실 속에서 새롭게 발휘할 필요가 있다. 우리의 현대사에서 일제의 식민지배에 저항하여 독립운동을 벌였던 '지사'(志士)나 민주화를 위해 독재 권력에 항거했던 '열사'(烈士)를 우리가 '사'(士)라 일컫는 것은 바로 선비정신의 현대적 계승자이기 때문이다. 그뿐만 아니라 과학기술을 발전과 경제건설을 추진하거나, 사회환경을 향상시키고 자연환경을 보존하는 등 우리사회가 요구하는 여러 분야에서 헌신하는 사람들의 혜택을 우리 모두가 누리고 있으니, 이들의 공공을 위한 봉사정신은 바로 우리 시대에서 선비정신이 발현된 모습이라 할 수 있다.

우리사회의 모든 구성요소는 서로 의존하고 서로 돕는 체제이니, 사실상 자신의 직업에 충실한 사람이라면 누구나 공공에 봉사하는 것이 된다. 문제는 우리 의식이 공공을 위해 봉사하고자 하는 것인가 자신의 이익을 추구하는 것인가 분별하고 각성할 필요가 있다. 많은 우수한 인재들이 의사나 법률가를 지망하는데, 그들이 의사나 법률가로 자신의 직업에 충실하다면 이미 공공에 봉사하는 것이다. 그렇지만 자신의 수입을 늘리거나 지위를 높이고자 추구한다면 그것은 이른바 '소인'일 뿐이요 '군자' 내지 '선비'가 아니다. 공공에 봉사한다는 선비정신을 각성할 때, 우리사회의 지도자나 지식인들이 부정한 재물의 유혹에 빠지지 않고, 부당한 권력의 위협에 굴복하지 않는 자신을 당당하게 설 수 있게 될 것이다. 좋은 교육을 받고 높은 지위의 공직자가 된 인물들이 뇌물의 유혹에 빠져 치욕을 당하면서도 부끄러운 줄 모르고 변명과 거짓을 늘어놓는 모습을 보면 선비의 맑고 올곧은 기상이 더욱 절실하게 아쉬워진다.

우리사회의 지도층이나 시민이 이기적 탐욕에 빠지거나 퇴폐한 풍조에 병들지 않기 위해서는 가정에서 부모 된 사람이 자녀를 가르치거나 사회에서 상급자가 하급자를 이끌어갈 때나, 사람과 사람 사이면 어디서나 예절 바르며 남을 배려해줄 줄 알고 정당한 마음가짐과 행동을 하도록 가르치는 풍조가 일어나야 할 것이다. 사회가 효율적이고 합리적인 기능을 발휘해야하지만, 동시에 인간적 도덕성이 살아있는 사회로 이끌어가는 것이 바로 선비정신의 품격을 실현하는 길이다.이러한 건강하고 인간적인 사회의 실현을 위해서는 지도층에서부터 끊임없이 자신의 과오를 성찰하여 바로잡는 자세가 '선비'의 길이 아니겠는가.

제2부

다니시던 길을 걸으며

—퇴계를 감도는 빛과 체온

01

다니시던 길을 걸으며

  나 자신을 돌이켜 보면 나는 모험심이 너무 부족하였던 것 같다. 여행을 좋아하고 탐험가의 전기를 흥미롭게 읽기는 하지만, 결코 스스로 나서서 새로운 길을 개척하려 들지는 않았다. 남들이 이미 무수히 지나다녀 단단하게 다져진 길을 여기저기 찾아다니며 기웃거리는 나그네일 뿐이다. 그렇다고 내가 좋아하는 길은 고속도로나 국도처럼 포장된 신작로는 아니다. 쭉 뻗은 고속도로를 쾌속으로 질주하면서 이 시대의 첨단에 나서서 멀리 미래로까지 달려 나가고 싶은 생각도 없다. 그저 산기슭을 돌아 굽이굽이 이어진 예전 사람이 지나던 황토길이 너무 좋다.

  나는 이 꼬부랑 고갯길을 걸으면 마음이 차분하게 가라앉고 생각도 맑아져 행복해진다. 그러니 요즈음 점점 찾기 어려워지는 이런 시골 길을 걷는 것을 즐긴다. 이런 길을 걷노라면 앞서간 사람들이 허위허위 걸어가던 모습도 희미하게 눈에 보이는 듯하고, 두런두런 이야기 소리나 껄껄 웃는 웃음소리도 어슴푸레 귀에 어린다. 나는 마치 할아버지의 출타에 따라 나선 어린 손자처럼 옛날 길을 걸으면서 나름대로 미지의 신기한 경험을 즐기며 살아 왔다.

대학4학년 때인 1965년 가을 청량리역에서 기차를 타고 저녁 늦은 시간 안동역에 내려 역 앞에서 기다리고 있던 친구 이동삼 군과 만났다. 역 앞에서 늦은 저녁을 먹고 둘이서 밤길을 나서서 달도 없어 별이 유난히도 총총한 밤하늘을 바라보며 밤길을 걸었다. 그 시절에는 가로등도 없었고 시골집들은 등불 하나 켜 놓은 집이 없었다. 앞으로 뻗어 있는 희미한 황토길만 따라 밤새 70리 남짓 밤길을 걸어서 동이 트기 전 신새벽에 도산서원(陶山書院) 앞에 도착했다. 서원 앞의 낙동강에는 물안개가 한창 피어올라 동화 속에 나오는 신비한 세계처럼 느껴졌던 기억이 생생하다.

서원 대문은 굳게 잠겨 있고 이 새벽에 갈 데도 없어서 서원 대문에 등을 대고 잠시 쉬다가 깜빡 잠이 들었다. 서원지기가 대문을 열어보니 웬 청년 둘이 서원 문 앞에서 노숙을 하고 있었으니 얼마나 놀랐겠는가? 그런데 서원지기가 내 친구의 얼굴을 알아보았다. 친구 이동삼 군은 종교학과 동기생인데 퇴계의 후손으로 퇴계종손과 열촌 안의 친척이라고 한다. 그런데 23세 새파란 청년인 이 친구가 50이 가까운 서원지기에게 말을 내려하고 오히려 서원지기가 젊은이에게 말을 올리는 것이 아닌가? 이번에는 내가 깜짝 놀랐다.

뒤에 친구에게 물었더니 서원지기의 부친이 옛날에 집안의 하인이었다고 한다. 아무리 그래도 지금이 어느 시대인데 아직도 봉건사회의 신분계급을 생각하고 있느냐고 항의를 했더니, 그 친구는 이곳의 풍속이 그렇다고 대답할 뿐이다. 서원 뒤의 산길로 넘어가서 퇴계종택을 찾아갔다. 지금은 작고한 지 오래된 노종손을 뵙고 넙죽 절을 한 다음 앉아서 노종손이 묻는 말에나 대답할 뿐 아무 질문도 못하였다. 이 곳의 범절을 모르니 질문을 하고 싶어도 어떤 단어를 써야할지 몰라 혹시 말을 잘못할까 두려워서 한마디도 묻지를 굿하고 말았다.

종택에서는 친하게 지내는 친척이 왔다고 종손의 손녀딸이 뛰어나오다가 내가 있는 것을 보고는 인사도 안하고 도로 안채로 뛰어가 버린다. 나는 수줍어 그렇게 하는 줄로만 알았다. 그런데 종가에서 다시 도산서원으로 걸어 나오는데 시골길에서 마주 오던 할머니 한 분이 갑자기 길가 한쪽에 서서 우두커니 먼 산을 바라보고 계시는 것이다. 우리가 지나간 다음에 다시 가던 길을 가시는 것이 아닌가. 너무 뜻밖이라 왜 그러는지를 친구에게 물었더니 내외를 하는 것이라 한다. 할머니와 손자뻘의 낯선 청년 사이지만 남녀유별을 지킨다는 것이다. 그때 나는 어느 시대에 와 있는 것인지, 별천지에 와 있는 것 같아서 신기하기도 하고 어리둥절하기도 한 경험을 했던 기억을 잊을 수가 없다.

다시 도산서원에 와서 저녁을 먹고 동재(東齋)인 박약재(博約齋)에서 하룻밤 잤다. 다음날 아침에 서원지기가 장판각(藏板閣) 안에 있는 목판을 꺼내어 탁본을 해주고, 나도 처음으로 탁본이라는 것을 해보았다. 그때 여러 가지 탁본을 했는데, 그 중에 퇴계선생의 「도산십이곡」(陶山十二曲) 탁본한 것을 오래도록 간직해오며 가끔 읽기를 즐겼다. 12곡 가운데서도 내가 가장 좋아하는 것은 아홉 번째 시이다.

"고인(古人)도 날 못 보고, 나도 고인 못 뵈,

고인을 못 봐도 녀던(다니시던) 길 앞에 있네.

녀던 길 앞에 있거든 아니 녀고(다니고) 어쩔고."

나는 옛사람이 다니시던 길을 따라 걷고자 하신 퇴계선생의 간절한 마음이 가슴에 깊이 와 닿는 것을 느끼게 되었다. 생각해보니 내가 대학원에 가서 한국유교를 전공하게 된 것은 바로 그 날 내 친구 이동삼 군이 이끌어주는 대로 퇴계선생이 걷던 길을 걸을 수 있었던 것이 인연이 되었던 것임을 뒤에서야 깨닫게 되었다.

그날부터 지금까지 47년의 세월이 흘렀다. 나는 그 세월동안 퇴계선생의 '다니시던 길을 걷는다'는 마음을 따라 퇴계선생이 다니시던 길을 걸었고, 그 가지로 이어진 다른 옛 학자가 다니시던 길을 따라 터덜터덜 걸어 다녔다. 퇴계선생을 한동안 열심히 따라다니기도 하고, 또 다산(茶山 丁若鏞)선생을 열심히 따라 다니기도 하였다. 나는 이 두 분을 우리나라 사상가 가운데 가장 좋아한다. 이 두 분은 너무 높고 큰 산줄기를 이루고 있어서 골짜기가 깊고 또 많았다. 아무리 찾아 다녀도 그 일부분을 볼 수 있을 뿐이지 내 좁은 시야에는 전체가 한 눈에 들어오지 않아 안타까웠지만, 그래도 그 골짜기 어디를 들어서서도 놀랍고 아름다웠다.

이렇게 비포장의 옛 길을 걷다보면 오랫동안 발길이 끊어져 잡초로 뒤엉킨 깊은 골짜기와 험한 두메산골까지 찾아들어갔던 경험도 여러 번 있다. 내 친구 고광직 군과 함께 '유학근백년'(儒學近百年)의 학자들을 찾아다닐 때는 마치 고고학자가 땅 속에 파묻힌 유물을 새로 발굴하는 흥분에 사로잡히기도 하였다. 이렇게 훌륭한 업적을 남기고도 그동안 파묻혀 있던 옛 학자의 저술 속으로 또 그가 살던 마을로 걸어 들어가면서 때로는 그동안 파묻혀 숨어있던 옛 학자가 반갑게 맞아주며 손을 잡고 이끌어주는 느낌에 빠져 흥분에 도취하기도 하였다. 나의 모험은 옛 사람이 다니시던 길에서 그 정신이 보여주는 새로운 경치의 발견이다. 그동안 한국사상을 연구하는 학도토서 내가 이루어놓은 작은 업적이 있다면 그것은 바로 옛 사람이 다니시던 길 위에서 내 어두운 눈과 귀에 희미하게 비친 옛 사람의 말씀과 인간적 품격을 옮겨놓은 것일 뿐이다.

따지고 보면 모두가 옛 사람이 다니시던 길에서 듣고 지금 이 길에서 옮겨본 것일 뿐이니, 말하자면 길에서 들은 말을 길에서 전하는 '도청도설'(道聽塗說)이다. 그러니 공자로부터 덕을 저버린 짓이라 꾸짖음을 당할 것 같기도 하다.(『論語』, 陽貨) 누가 나에게 왜 자신의 목소리를 내지 못하고 옛 사람의 말만 옮기고 있느냐고 비판을 한다면, 우선 나는 그 비판을 달게 받아들이겠다. 그렇지만 마음속에서는 제 목소리를 내는 사람도 필요하고 옛 사람의 말을 전하는 사람도 필요하지 않을까 하고 생각할 것이다. 자기 소리가 너무 빈약하여 옛 사람을 등에 업고 호가호위(狐假虎威)하는 것인지도 모르겠다. 그래도 옛 사람과 함께 그 길을 걷는 즐거움과 가슴 벅찬 충만함을 무엇과도 바꿀 생각이 없다.

편지를 통한 사색과 성찰

"(주자의) 편지에서 느끼는 바가 더욱 많았다. 전서(全書: 주자의 문집)로 말하면 대지가 만물을 싣고 바다가 강물을 받아들이는 것과 같아 비록 없는 것이 없으나, 그 요령을 얻기가 어렵다. 그러나 편지는 사람의 재주와 품격이 높고 낮음이나 학문이 깊고 옅음에 따라서 병에 맞추어 약을 주고 물건에 상응하여 저울추를 달아놓는 것이다. 혹은 누르고 혹은 부추기며, 혹은 이끌어주고 혹은 구출해주며, 혹은 격려하여 나아가게 하고 혹은 물리쳐 경고해주니, 마음씀의 은밀한 사이에 털끝만한 악도 용납하지 않으며, 의리를 캐어냄에 있어 털끝 같은 차이도 앞질러 밝혀낸다. 그 권장하고 타일러 줌이 남과 나의 구별을 두지 않는다. 그러므로 사람에게 일러주는 말이 그 사람으로 하여금 감동 분발하여 일어나도록 하여준다. 이것은 당시의 제자들에게만 그런 것이 아니라, 백세의 뒤에도 그 가르침을 듣는 자는 귀를 끌어당기며 얼굴을 맞대고 일러주는 것과 다름이 없다."

〈「朱子書節要序」〉

퇴계(1501~1570)는 조선시대 주자학자로서 가장 높은 봉우리를 이룬 인물이다. 그는 주자의 문집인 『주자대전』(朱子大全)을 연구하면서 그 속에 실린 글 가운데 주자가 당시의 스승과 벗들이나 제자들과 주고받은 편지를 특히 중시하였다. 그는 『주자대전』 속에 수록된 41권에 달하는 편지들 가운데 학문에 관련되고 실천에 절실한 내용을 골라 14권으로 간추려 『주자서절요』(朱子書節要)를 편찬하여 항상 곁에 두고 읽으면서 사색의 자료로 삼았다. 이 책 『주자서절요』의 서문에서 퇴계는 편지가 왜 사색하고 성찰하는데 소중한 것인지를 분명하게 밝혀주고 있다.

퇴계는 사람이 학문을 하려면 논리적 분석보다 먼저 반드시 분발하여 일어나는 계기가 있어야 함을 강조하였고, 분발할 수 있는 계기는 이론적 서술인 논설문에서보다 인격적 대화인 편지를 통해 더욱 절실하게 체험될 수 있다는 것이다. 바로 이 점에서 그는 진리를 탐구한다는 학문의 진면목이 논리의 정밀함이나 이론적 체계에만 있는 것이 아니라 이에 앞서 인격적 감동에 있음을 보여준다.

어느 제자가 퇴계에게 『주자서절요』에도 긴요하지 않은 내용이 들어있다고 불만을 표시한 일이 있었다. 이에 대해 퇴계는, "간혹 문안하는 것이나, 심정을 풀어놓은 것이나, 산천의 유람에 관한 것이나, 세상을 근심하는 것 등 간절하지 않아 보이는 한가한 수작(閑酬酌)도 끼어 넣어 둔 것은 그것을 음미함으로써 주자를 한가한 사이에 직접 찾아뵙고 웃으며 말씀하거나 기침하는 가운데 그 목소리를 들어 보는 것 같이 하도록 하자는 것이다."라고 대답했다. 그는 따스한 인격적 만남을 통해 감동을 받을 수 없다면 아무리 고매한 학문적 이론이라도 추상적 관념의 차가운 논리에 얽매이는 것일 뿐임을 일깨워준다. 편지는 바로 인간미가 담긴 따뜻한 대화이기에 학문적으로도 중요하다는 것이다.

논설문은 그 사람의 생각을 이해할 수 있게 하지만, 어떤 특정한 사람을 의식하면서 쓴 글이 아니라, 얼굴 없는 대중들을 향해 자신의 생각을 논리적으로 서술한 글이다. 이에 비해 편지는 특정한 사람을 생각하며 그 사람과 자신이 마주하고 있는 자리에서 글을 쓰는 것이니, 내가 상대방에게 혼자 글을 쓰면서도 이미 서로를 의식하는 대화를 하고 있는 것이다. 바로 이 점에서 논설이 논리의 선언이라면 편지는 인격적 만남의 자리이다.

오늘의 우리는 편지를 잘 쓰지 않는 시대를 살고 있다. 번호만 누르면 세계 어디에 있는 사람과도 그 자리에서 이야기를 주고받을 수 있는 전화가 있고, 심지어는 얼굴을 마주보면서 이야기를 나눌 수 있는 화상통화도 가능하다. 이렇게 전화로 대화를 하거나 직접 만나서 이야기를 주고받는 경우도 분명히 인격적 대화이다. 그러나 전화나 마주 앉아서 하는 대화는 즉흥적으로 묻거나 대답하는데 그친다. 이에 비해 편지는 오랜 시간 여러 면으로 생각을 굴리면서 주고받는 대화이다. 편지는 한 번 써놓았다가 고쳐 쓰기도 하고, 몇 번씩 되풀이 읽으면서 새롭게 음미하기도 하니, 생각을 깊이 다듬어가는 대화이다. 그래서 편지는 논설문의 일방적 글쓰기와 다르고, 동시에 전화의 즉흥적으로 주고받는 대화와도 다르다.

퇴계는 58세 때(1558) 자신이 제자와 벗들에게 보낸 편지 가운데 22편을 골라 『자성록』(自省錄)을 편찬하고는 책상머리에 두고 항상 되풀이 읽으며 자신을 성찰하였던 일이 있다. 그는 왜 자신이 써서 이미 보냈던 편지를 이렇게 다시 읽고 있었던가? 자신이 지난날 편지에서 하였던 말이 과연 오늘에도 책임을 질 수 있는지 스스로 돌아보기 위해서였다. 그는 "옛날에는 말을 앞세우지 않았던 것은 실행이 못 미침을 부끄러워해서다."(古者言之不出, 恥躬之不逮也.〈『논어』. 里仁〉)라는 공자의 말씀을 되새기면서, 자신이 했던 말과 자신의 행동이 과연 일치하는지 끊임없이 성찰하는 삶을 살고 있었던 것이다.

퇴계는 『자성록』의 서문에서, "말을 해놓고 나서 상대방은 잊지 않았는데 내가 잊기도 하고, 상대방이나 내가 모두 잊기도 하였다. 부끄러운 데 그치는 것이 아니라 거의 거리낌이 없는 지경이니, 슨히 두렵다. 틈을 타서 묵은 상자를 찾아 편지의 초고가 남아 있는 것을 베껴 책상에 두고 때때로 읽어 자주 성찰해 본다."고 하였다. 이 짧은 말에서 그가 학문하고 살아가는 자세의 성실성을 생생하게 느낄 수 있다. 남의 편지를 받아 한번 보고는 그 자리에서 붓 가는 대로 물 흐르듯이 답장을 쓰는 것이 아니라, 여러 날을 두고 읽고 또 읽은 뒤에 생각하고 또 생각하여 답장을 쓰고서는 고치고 또 고쳤다. 심지어 인편에 편지를 보내놓고서도 급히 사람을 보내어 편지를 되찾아와 다시 고치기도 하였다. 한 마디 말과 한 줄의 글도 얼마나 신중히 생각하고 다듬었으며, 또 한 번 해놓은 말에 얼마나 강한 책임의식을 지니고 있었는지를 안다면, 그의 학문은 결코 치밀한 논리나 체계적 이론에 그치는 것이 아니라, 전인격적인 삶 그 자체를 드러내고 있는 것이라 할 수 있다.

이런 의미에서 그는 결코 순발력이 뛰어난 천재성을 나세우는 인물이 아니고, 겸허한 자세로 남의 말에 귀 기울이고, 자신의 견해를 고치는데 조금도 주저하지 않는 가을 물처럼 맑은 품격을 지닌 선비였다. 그는 편지를 통해 후배나 제자들에게 가르침을 베풀 때에도 전혀 권위적인 위압감을 주는 흔적이 없었다. 한마디 충고를 하는 데에도 극진하게 조심스러운 태도를 보여주며, 아랫사람에 묻기를 부끄러워하지 않는 성실한 학자의 태도를 갖추었다.

그는 남언경(南彦經)에게 준 편지에서도, "마음의 기개는 항상 화평하고 순조로운 상태에 있게 하여, 분노나 원망으로 어지럽히지 않도록 하는 것이 가장 요긴한 방법입니다. 책을 보는 것은 마음을 수고롭지 않게 하여야 하니, 많이 보는 것을 피하십시오. 이치를 궁구함은 반드시 일상생활의 평이하고 간명한 곳에 나아가 간파하여야 하며 숙달하게 하여야 합니다."라 하였다. 여기서 그는 마음의 병을 다스리고 학문을 하는 방법을 친절하게 일깨워주고 있다. 율곡에게도 학문하는 자세를 충고하면서, "텅 빈 마음으로 이치를 살펴야 하며, 먼저 자기 의견을 정하지 말아야 합니다. 점차 쌓아가야 온전히 성숙하게 되는 것이니 몇 시간이나 몇 달로 효과를 따지지 말아야 하며, 지극한 선(至善)의 경지를 얻지 않고는 그만둘 수 없는 것이니 일생 동안의 공부로 삼아야 하는 것입니다."라 하여, 특히 그는 율곡의 뛰어난 천재적 자질을 아끼면서 가볍게 단정하거나 빨리 성취하려고 조급한 마음을 내지 말도록 당부하였던 것이다.

기대승과는 인간 심성에 관한 사단(四端)·칠정(七情)개념을 분석하는 성리설(性理說)의 논쟁을 벌이면서도, 기대승의 의견을 흔쾌히 받아들여 자신의 견해를 두 번이나 수정하였으며, 논쟁을 하면서도 학문하는 자세에 대해 충고하면서, "스스로 기뻐하면 남의 말을 들을 수가 없고, 급하게 이루려고 하면 모든 이치를 궁구할 수 없다."(自喜則不聽人言, 欲速則不究衆理)고 하여, 자기 확신에 빠지거나 급속하게 이루려하는 병통을 경계하였다. 이렇게 친절하게 충고하는 것은 결코 후배나 제자들에게 일방적으로 가르치려는 자세가 아니라, 함께 반성하고 고쳐가기를 다짐하며 서로 격려하고 충고하는 벗들 사이의 자세를 보여주는 것이다.

뒷날 정약용은 34세 때(1795) 겨울 금정찰방(金井察訪)으로 나가있을 때, 매일 새벽에 세수를 하고나서 퇴계의 편지를 한통씩 읽고, 오전에 공무를 처리한 다음 정오에는 그 편지에 대한 감회를 기록하여 「도산사숙록」(陶山私淑錄)을 저술하였던 일이 있다. 정약용은 이 저술에서 자신이 퇴계의 겸허한 인품에 얼마나 깊은 감동을 받았는지, 그리고 자신이 퇴계를 얼마나 절실하게 사모하는지를 생생하게 드러내고 있다. 그는 퇴계의 어느 편지를 읽고 나서는, "이 편지를 여러 번 되풀이 읽으니, 나도 모르게 기뻐서 뛰어오르고, 무릎을 치며 감탄하고, 감격하여 눈물을 흘렸다."고 고백하기도 하였다. 퇴계가 주자의 편지를 읽으며 감동을 받았던 것처럼, 정약용이 퇴계의 편지를 읽고 감동을 받은 사실을 통해, 편지가 인간의 정신을 얼마나 깊고 진실하게 드러내줄 수 있는 것인지를 엿볼 수 있게 한다.

하느님의 사랑과 인간의 도리

"(상제께서) 높고 높이 계시며 날마다 이곳을 감시하시니, 털끝만한 속임도 용납될 수 없음을 반드시 알 수 있어야 합니다. 이렇게 할 수 있다면, 평소에는 반드시 마음을 다잡고 몸을 삼가서 공경하고 정성스럽게 하여, 상제(上帝)로부터 분명하게 받은 성품으로 그 도리를 다하지 않을 수 없을 것이요, 재난의 견책을 받을 때는 반드시 허물을 반성하여야 할 것이며, 정치를 행함에 신중하고 성실하여 하늘의 뜻을 감동시킬 수 있도록 더욱 그 마음을 다해야 할 것입니다."

其必能知高高在上, 而日監于玆, 不容有毫髮之可欺矣, 能如此, 則其在平日, 必有以秉心飭躬克敬克誠, 以昭受上帝者, 無不盡其道矣, 其遇災譴, 必有以省愆修政克愼克實, 以感格天意者, 益能盡其心矣.

〈『퇴계집』, 권6, ‘戊辰六條疏’〉

퇴계는 68세 때(1568) 17세의 선조(宣祖)에게 임금으로서 행해야 할 구체적 과제를 여섯 가지 조목으로 제시한 「무진육조소」(戊辰六條疏)를 올렸었다. 그 마지막 조목에서 '수양과 성찰을 정성스럽게 하여 하늘의 사랑을 받들어야 할 것'(誠修省, 以承天愛)을 지적하였다. 그는 가장 먼저 하느님(上帝)은 높고 높이 계시지만, 우리가 살아가고 있는 이 자리를 날마다 감시하고 계신 분임을 확인하였다. 따라서 하느님은 모든 것을 살펴서 알고 계시기 때문에 털끝만한 속임도 용납되지 않음을 분명하게 깨달아야 할 것을 역설하고 있다.

퇴계는 선조에게 하느님이 임금을 사랑하신다는 사실을 알아야 할 것을 강조하였다. 그러나 퇴계 자신도 잘 알고 있는 것처럼 하느님은 임금만 사랑하는 존재가 아니다. 하느님은 모든 인간과 만물을 낳아주시고 살아가게 하여 사랑하는 분이다. 여기서 그는 인간을 '하느님의 모습을 닮아 가장 영명한'(肖象而最靈) 존재라 제시하고, 하느님은 이러한 인간 곧 우리 백성을 가장 사랑하는 분임을 밝히고 있다.

또한 그는 하느님이 인간을 사랑하기만 하는 것이 아니라, 인간이 오만하거나 간사하거나 방탕하여 허물을 저지르면 진노하여 징벌로서 재난을 내리기도 하는 지극히 엄격하고 두려운 존재임을 역설하였다. 이처럼 그는 하느님(上帝)을 성리학적 관념체계 속에 가두어 두는 것이 아니라, 사랑과 분노의 감정을 적극적으로 표현하는 인격신으로서 확인하고 있는 것이다.

인간이 하느님으로부터 사랑을 받았다면 인간은 사랑을 받기만 해서는 안 되고 사랑으로 하느님께 보답해야할 의무를 지니고 있다. 이 의무가 바로 수양하고 성찰하여 하느님을 섬겨야 하는(畏天) 인간의 도리이다. 이렇게 인간의 도리로서 하느님을 섬기는 방법을 그는 두 가지 경우로서 제시하였다. 곧 하느님의 사랑을 받고 있는 평소의 상태와 하느님의 견책을 받아 재난을 당한 상태의 두 경우이다.

평소에 하느님을 섬기는 도리는 먼저 '마음과 몸'으로 섬기는 방법이 있다. 마음의 감정과 의지나 몸가짐과 행동을 철저히 단속하여 모든 일에서 경건함과 정성스러움을 지켜야 한다는 것이다. 따라서 한 순간의 생각이나 감정 내지 태도나 행동에서 방탕하거나 자만에 빠지지 않도록 항상 자신을 절제하도록 요구한다. 다음은 '성품'으로 섬기는 방법이 있다. 그것은 인간이 자신의 마음속에 간직하고 있는 성품 곧 하느님으로부터 부여받은 명령을 각성하고, 그 성품에 합당한 도리에 따라 살아가야 한다는 것이다. 하느님의 명령이 '사람을 사랑하라'(仁)고 하였으니 사람을 사랑하는 도리에 따라 살아야 하고, '정의로워야 한다'(義)고 하였으니 모든 생각과 말과 행동이 정의롭게 행해져야 하며, '예법을 지켜야 한다'(禮)고 하였으니 모든 행동에서 의례의 절차에 맞게 행동해야 한다는 것이다.

그러나 인간의 삶이 항상 안정된 정상적 상태에 놓여 있을 수는 없다. 때로는 재난을 당하고 불행에 빠지는 일이 있기 마련이다. 바로 이 자리에서 자신이 겪는 온갖 재난이나 불행을 모두 하느님께서 자신의 허물(罪)을 견책하여 내리는 징벌이라 받아들여야 한다고 강조한다. 따라서 재난이나 불행을 당했을 때는 스스로 자신의 허물을 철저히 반성하고 자신이 맡은 모든 직책을 더욱 삼가고 성실하게 행함으로써 하느님의 마음(天意)을 감동시킬 수 있어야 한다는 것이다.

불시에 재난이나 불행을 당하게 되면, 누구나 운수가 사나워 우연히 당하게 된 것이라 생각하기 쉽다. 자신에게 뚜렷한 잘못이 없는데 재난을 당했다면 자신에게 책임이 없는 억울한 일이라 생각하는 것은 당연하다고 하겠다. 태어나면서 장애인이 된 사람이 있다면 그 불행에 자신의 죄를 찾기는 어렵다. 지진이 일어나 건물이 무너져 잠자다가 크게 다치거나 죽은 사람이 있다면 그 불행에 그 사람의 죄를 물을 수는 없다. 그러나 어떤 불행이라도 하느님의 징벌로 받아들이면서 자신의 죄를 뉘우치는 사람은 자신을 정화하고 자신을 더욱 선하게 닦을 수 있는 기회를 얻게 되는 것이다. 누구나 뜻하지 않은 불행을 당하면 하늘을 원망하거나 남을 탓하기 마련이다. 그러나 공자는 "하늘을 원망하지 않고 남을 탓하지 않으며, 아래(현실)에서 배워 위(하늘)로 통달하니, 나를 알아주는 이는 하늘이리라."(不怨天, 不尤人, 下學而上達. 知我者其天乎.(『논어』, 憲問))고 하였으니, 현실에서 자신을 성찰하고 닦아가면서 하늘의 뜻을 깨달아 가는 삶에서 하느님이 자신을 알아주고 있다는 깊은 체험을 보여주었다.

그렇다면 불행을 당했을 때, 자신의 억울함과 책임 없음을 확인하여 위로를 받는 차원을 넘어서, 바로 불행 속에서 자신의 허물을 더욱 깊이 성찰하고 자신의 삶을 더욱 성실하게 해야 한다는 것이 퇴계의 가르침이다. 이렇게 함으로써 자신이 하느님의 마음을 감동시킬 수 있다는 신념 속에서, 하느님의 사랑을 더욱 절실하게 확인하고 하느님과의 일치를 더욱 생생하게 체험하는 소중한 기회를 얻을 수 있게 된다. 여기에 조선시대 도학자인 퇴계가 지닌 진지한 신앙의 세계를 선명하게 엿볼 수 있다. 그는 조선시대 성리학의 종장(宗匠)이지만, 결코 성리학의 관념적 해석에 사로잡혀 있었던 것이 아니다. 언제나 그의 가슴에는 '상제'-하느님의 사랑을 뜨겁게 느끼고 있었으며, 하느님에 대한 두려움을 잠시도 잃지 않았던 것이다. 퇴계의 가슴 속에 간직된 바로 이러한 신앙이 그의 머릿속에서 다듬어진 성리학의 정밀한 이론을 공허한 관념이 아니라 깊은 철학적 통찰로 살아나게 해주었다고 할 수 있겠다.

퇴계는 선조임금에게 하느님을 섬기는 방법을 제시하면서, "어버이를 섬기는 마음을 미루어 하늘을 섬기는 도리를 다하셔야 합니다. 무슨 일에나 수양하고 성찰하지 않음이 없고, 어느 때에나 하늘을 두려워하지 않는 때가 없어야 합니다."(推事親之心, 以盡事天之道, 無事而不修省, 無時而不恐懼.〈「戊辰六條疏」〉)라고 간곡히 당부하였다. 하느님을 섬기는 방법은 바로 부모를 섬기는 마음이라는 것이다. 『예기』에는 공자의 말씀으로 "어진 사람이 어버이를 섬김은 하늘을 섬기듯이 하고, 하늘을 섬김은 어버이를 섬기듯이 한다."(仁人之事親也如事天, 事天如事親.〈『禮記』, 哀公問〉)고 말한 것과 같은 뜻이다. 하느님을 부모처럼 섬기지 않는다면 제대로 하느님을 섬길 줄 모른다는 말이고, 부모를 하느님처럼 섬기지 않는다면 제대로 부모를 섬길 줄도 모른다는 말이다.

퇴계의 시대에는 부모를 자신의 생명보다 소중하게 여겨 끔찍이 섬겼으니, 어떻게 섬겨야 하는지 생생하게 느껴졌을 것이다. 그러나 오늘에는 부모를 섬기지 않는 시대이니 하느님을 어떻게 섬겨야 한다는 말인지 설명하기도 이해하기도 쉽지 않을 듯하다. 어린 아이가 부모를 믿고 의지하며 사랑하고 두려워하는 그 마음으로 하느님을 섬겨야 한다는 말이라 이해해볼 수 있지 않을까 한다.

퇴계는 하느님을 섬기는 자세로서 자신이 살아가면서 행하는 모든 일에서 수양하고 성찰할 것을 요구하여 자신의 허물을 뉘우치고 선을 닦아갈 것을 강조하였다. 또한 자신이 살아가는 모든 순간에서 하느님을 두려워하여 공경하고 삼가는 삶을 강조하였던 것이다. 조선시대 선비로서 퇴계가 제시한 신앙적 삶의 태도는 우리 시대의 신앙인에게도 하나의 좋은 본보기가 될 수 있을 것이라 생각된다.

건강한 이성의 회복

퇴계의 '리(理)'철학은 사물을 지배하는 '리'의 권위를 확립하고자 하는 것이다. 또한 그는 마음에서 '의지'(意: 意志)가 보편적 이치를 따라 선을 실현하기도 하고 사사로운 욕심을 따라 악에 빠지기도 하는 것이라 하여, 선·악을 선택하는 도덕적 책임은 '의지'에 있음을 확인하고 있다. 퇴계로서는 기대승(高峯 奇大升)과 8년 동안에 걸쳐 벌였던 사단칠정(四端·七情)논쟁도 논리적 분석과 합리성 그 자체를 목적으로 하는 것이 아니었다. 그것은 인간의 마음에서 이치에 근원하는 선을 밝혀내어, 욕심에 근원하는 악으로부터 인간의 선한 마음을 명확히 분별함으로써 인간의 마음에서 선의 싹을 보호하고 배양하자는 것이었다. 그 자신 사악하고 탐욕적인 집권세력에 의해 의로운 선비들이 참혹하게 희생당하는 사화(士禍)가 거듭됨을 직접 목격하면서 인간의 마음에서 악의 근원을 억제하고 선의 근원을 길러내어야 한다는 것을 그 자신의 '리'철학이 지향하는 핵심과제로 삼았던 것이다.

인간에게서 이치를 따르려는 의지를 길러내어야 한다는 퇴계의 과

제는 바로 우리에게 건강한 이성을 확보하는 것이 물질문명을 바른
길로 이끌어가기 위한 방법임을 제시해주고 있다. 또한 퇴계는 인간
이 선을 저버리고 악에 빠져드는 원인을 지적하여, 공정하고 보편적
인 이치를 외면하면서 사사롭고 편협한 욕심에 좌우되기 때문이라
지적하였다. 그것은 바로 우리에게 건강한 이성이란 사사로운 욕심
을 극복하고 보편적 이치를 깨우치는데 있는 것임을 가르쳐주는 것
이다. 우리시대는 물질의 풍요와 더불어 욕망의 과도한 표출로 말초
적 감각은 극도로 예민해지고 이성은 극도로 무디어져 균형 있는 건
전한 인격의 형성이 매우 어렵게 되고 말았다. 어떤 면에서는 자연과
환경의 파괴만큼이나 균형 잡힌 인격의 파괴가 심각하게 일어나고
있는 것이 아닐까? 인터넷이라는 고도의 전자통신 기술이 우리에게
효율성과 편리함을 제공해주지만, 동시에 온갖 사악한 범죄적 행위
가 여기서 일어나고 있다. 심지어 어린아이까지 인터넷의 사악한 덫
에 걸려들고 있는 현실을 보면서, 이치를 따르는 인간의 선한 의지를
길러서 악에 빠져드는 욕심을 통제해야 한다는 퇴계의 가르침이 오
늘의 우리 가슴을 절실하게 일깨워주고 있는 것이 아닌가.

　오늘의 우리사회는 개인의 권리와 자유가 헌법에서부터 잘 보장되
어 있다. 조선시대의 유교사회는 신분적 억압과 대가족제도의 가부
장적 권위, 여성의 차별 등 온갖 질곡으로 많은 사람들이 고통을 받
았으니, 이런 의미에서 미개하다할 만하다. 어느 누구도 전통적 신분
사회나 대가족질서로 돌아가기를 원하지 않는다. 그러나 21세기에 살
고 있는 우리시대에도 여전히 심각한 모순이 남아 있다. 지역이나 사
회단체나 기업 등 우리사회의 다양한 공동체에서는 전체를 위해 개
인의 봉사와 희생을 쉽게 찾아볼 수 없고, 오직 개인이나 이익집단이

자신의 이익을 주장하는 목소리만 높고 거칠게 들리지 않는가. 계약 사회이니만큼 이해관계가 엇갈리면 언제든지 헤어지고 다시 만나는 것은 당연하다 하겠다. 그런데 이러한 개인적 이익을 기준으로 하는 우리의 사회생활이 얼마나 우리 자신을 따뜻하게 감싸줄 수 있는 것인지 의문이다. 우리가 개인이나 집단의 이익을 내세우는 동안, 전체의 화합이나 인간적 유대감은 사라지게 되고, 마침내 우리 자신은 개인이나 이익집단 속에 갇혀버리고 소외되는 것은 아닌지 다시 한번 생각해볼 필요가 있다.

남을 공경하는 마음의 각성

　퇴계는 '경'(敬)의 수양론을 통해 우리 마음이 두려움과 조심스러움으로 자신을 낮추고 남을 받아들이는 겸허한 마음을 배양함으로써, 이기심과 경쟁심으로 남과 자신의 사이를 갈라놓는 벽을 허물도록 가르쳤다. '약육강식'(弱肉强食)이라는 진화론의 법칙은 남을 이기려는 경쟁심을 무제한 촉발시켜 '만인(萬人)을 만인에 대한 늑대'로 만들어놓고 말았다. 나와 내가 적대적 경쟁관계로 인식되는 '상극'(相克)의 법칙이 아니라 함께 어우러져 살아가야 한다는 '상생'(相生)의 법칙은 누구나 옳은 도리인 줄은 알지만 저절로 실현되는 것이 아니다. 자신을 낮추고 자신의 허물을 성찰하면서 남을 이해하고 받아들이는 공경하는 마음을 기르지 않으면 결코 '상생'의 조화로운 사회가 실현될 수 없는 것이다. 내가 승리하고, 내가 쟁취하고, 내가 성공해야 한다는 자기중심의 이기주의는 나를 둘러싼 세계를 이용대상으로 수단화하고 마침내 삭막하게 초토화시키는 결과를 초래한다.

　퇴계는 자신을 낮추고 남을 공경하는 마음을 기르는 '경'의 수양론을 통해 인간의 이기심과 경쟁심이 일으키게 되는 적대적이고 냉정한 세계를 극복함으로써 이룰 수 있는 따뜻한 인간애의 세계를 펼쳐보였다. 그는 나의 성품에서 사랑(仁)의 마음을 길러 가까이 가족을 사랑하고, 나아가 이웃을 사랑하고, 멀리 인류를 사랑하고 만물을 사랑하여, 이 세계가 하나로 화합하는 따뜻한 사랑의 세계를 제시했다. '나'라는 존재를 나의 몸뚱이 속에 가두어 두고 성벽을 쌓아 온 세계를 향해 경계심과 공격의지로 무장하게 하는 '작은 나'(小我)가 아니라, 가족과 이웃과 인류와 만물까지 모두 나와 한 몸임을 체험하여 '큰 나'(大我)를 이루도록 가르친 것이 바로 그의 '물아일체'(物我一體)이론이다. 지난 반세기동안 적대감 속에 대립하던 우리 민족이 민족화합을 이루어야한다는 당면과제를 실현하기 위해서는 우리 자신이 '큰 나'를 위해 상대방을 품어주는 포용력을 발휘해야할 때가 아닌가.

우리가 사물을 대하면서 우리 자신을 만족시키기 위한 도구로 이용하기만 할 때, 자연은 파괴되며 환경은 극심하게 오염되고 말았다. 마침내 우리가 숨 쉬는 공기와 마시는 물과 그 위에서 사는 흙이 모두 오염되고 말아, 우리의 생존조차 위협받게 된 것이다. 이제 다시 자연을 살리고 환경을 깨끗하게 보존하기 위해서는 사물을 바라보는 우리 마음을 바로잡지 않으면 안 된다. 바로 여기서 '작은 나'를 깨뜨리고 '큰 나'를 키워내기 위해 공경(敬)과 사랑(仁)의 길을 제시한 퇴계의 가르침이 오늘날 우리의 병든 마음을 고치는데 약이 되고 침이 되는 것이 아니랴.

감동의 인격교육

퇴계는 우리 역사 속에서 스승의 모범이 되는 위대한 교육자이다. 그는 벼슬살이를 하였지만 당시의 험난한 정치현실에서 별다른 역할을 하지는 못하였다. 그러나 그는 『성학십도』(聖學十圖)를 선조(宣祖) 임금에게 올려 공경하는 마음을 정치하는 도리요 바른 심법(心法)으로 가르쳤으며, 서원(書院)을 일으키고 후진을 가르침으로써 다음 시대를 올바르게 이끌어갈 인재를 배양하는데 정성을 기울였다. 그의 교육방법은 교육받는 젊은이가 '감동을 일으켜 스스로 떨쳐 일어나게 하는'(感發興起) 인격교육이요 품성교육이다. 퇴계는 「도산십이곡」(陶山十二曲)의 가사를 우리말로 짓고 곡조를 붙여 아이들이 곡조에 맞추어 노래하고 춤추게 하였던 것도 아이들의 마음 깊은 곳에서 감동으로 분출되어 나오는 정서를 기르기 위한 것이었다. 그에게 교육이란 인격과 인격이 부딪치고 하나가 되는 감동의 불꽃이 없이는 공허한 빈 껍질에 불과할 뿐이었다. 그러니 교육에는 존경받을 수 있는 스승의 모범이 필요하고, 또 옛 성인과 현인을 공경하는 마음으로 배워야 교육이 되는 것임을 강조하였던 것이다.

우리가 기술교육과 지식교육에 치중하다가 인간다운 품격의 배양을 놓쳐버리면서 우리 사회의 미래를 어둡게 하는 많은 문제들을 불러일으키고 있다. 부정과 부패, 탈법과 불신이 우리 사회를 칡넝쿨처럼 뒤덮고 있는 사실이나, 폭력과 퇴폐적 풍조가 전염병처럼 번져가는 현실을 치료하지 못하고서는 우리에게 미래의 희망이 공허한 것이 아니겠는가. 혼탁한 공기를 바꾸려면 맑은 바람을 끌어들여야 할 것이다. 퇴계는 교육을 위해서는 모범이 되는 성현에 대한 존경심을 회복하는 것을 가장 먼저 회복해야 할 과제로 중시하였다. 불의에 굴복하지 않고 맞서는 강직한 지성인, 청렴하고 헌신적인 공직자, 다음 세대를 사랑과 감동으로 가르치는 교육자, 어려운 이웃을 위해 봉사하는 시민의 모범이 우리의 눈과 귀에 익숙하게 젖어들어 와야 할 것이다.

옛 성현을 비웃고 비판하는 것을 통쾌하게 여기는 파괴적 풍조 속에서는 우리가 존경하고 모범으로 삼아야 할 기준을 세울 수가 없다. 퇴계에게서 오늘의 현실과 미래를 위한 모든 해답을 찾을 수야 없을 것이다. 그러나 우리는 21세기에 추구해야할 이상적 가치실현을 위해서 조화롭고 건강한 인격의 확립이 절실한 과제라고 한다면, 또 이러한 인격실현의 방법을 배우고 그 인격의 모범을 찾고자 한다면, 다시 한번 퇴계의 가르침에 귀를 기울이고, 퇴계의 드높은 품격을 두 눈 크게 뜨고 지켜볼 필요가 있다.

교육이 바로 서야

한국인은 교육열에서라면 세계 어느 나라보다 앞선다고 자부할 만하다. 과외열풍과 치맛바람도 거세게 불고, 가계(家計)에서 고육비부담의 비중도 경이적이다. 조기유학을 시키기 위해 '기러기 가족'도 즐겨 감내한다. 대학진학율도 세계 최고라 한다. 이 교육열이 낙후된 사회에서 유례없이 빠른 경제성장을 이루게 하는 동력이 되었다는 것도 누구나 동의하고 있다. 그런데 이렇게 뜨거운 교육열이 과연 교육의 질을 그만큼 높이고 있는지는 의문이다. 학교폭력이 난무하고 교육현장인 교실이 붕괴한다는 소리가 들리니, 교육의 열기와 교육의 수준은 톱니가 어긋나 겉돌고 있는 것이 아닌지 걱정하지 않을 수 없다. 우리 사회에서 신앙의 열기는 불길처럼 뜨거운데, 과연 그 불길로 무슨 바람직한 종교문화를 녹여서 생산해내고 있는지 의심스러운 것도 마찬가지 경우이다.

원효대사는 "부지런히 수행하더라도 지혜가 없는 자는 동쪽으로 가고자 하면서도 서쪽으로 가고 있다."(雖有勤行, 無智慧者, 欲往東方, 而向西行)고 경고하였던 일이 있다. 헌신적으로 노력하고 있지만 올바른 판단을 못하면 완전히 방향착오에 빠져 뜨거운 열정으로 열심히 노력할수록 전혀 엉뚱한 결과를 초래할 것이라는 지적이다. 이제는 우리의 교육 열기나 신앙 열기도 그 방향이 제대로 된 것인지, 문제가 어디에 있는지 진지하게 성찰해야 할 때가 되지 않았을까?

국민세금으로 학교에 무료급식을 하고 대학등록금을 반으로 깎아 주겠다는 정책은 어긋난 방향을 바로 잡아보겠다는 처방은 아닌 것 같다. 병자에게 병의 원인을 찾아 견디기 힘든 고통을 겪더라도 근원적 치료를 하도록 돕는 데는 관심이 없고, 병자의 욕구를 충족시켜 잠시 즐겁게 해주려는 것이니, 그렇게 한다고 병이 결코 낫지는 않을 것이다. 건강한 상태가 무엇인지 확실히 알아야 병을 치료하기 위한 방향을 찾을 수 있는 것처럼, 교육의 문제를 바로잡으려면 교육의 진정한 모습이 무엇인지부터 재확인할 필요가 있다.

퇴계는 53세 때 성균관 대사성(大司成)으로 사학(四學)의 스승과 학생들을 훈계하는 글(「諭四學師生文」)을 지어 보냈던 일이 있다. 여기서 퇴계는 "학교는 풍속을 감화시키는 근원이요, 선(善)의 모범이 되는 자리이며, 선비는 예법과 의리의 근본이요 원기(元氣)가 깃든 곳이다."(學校, 風化之原, 首善之地, 而士子, 禮義之宗, 元氣之寓也)라 하였다. 먼저 학교는 그 사회의 기풍을 건전하게 이끌어가는 방법을 밝히는 곳이요, 선의 모범을 제시하는 곳이라 지적하였다. 교육은 바로 한 사회가 지향하는 문화와 도덕의 기준을 정립하는 자리임을 확인하고 있다. 한 사회가 추구하는 가치의 이상이 있다면, 그 가치기준은 교육을 통해 밝혀져서 사회전반에 퍼져나가 실현될 수 있어야 한다는 것이다. 교육이 지식을 전달하는 기능으로 끝나는 것이라면 그 사회는 지향할 가치기준이 없는 될 대로 되라 식의 사회임을 뜻한다. 과연 우리사회가 학교에서 교육을 통해 어떤 가치를 확인하고 있으며 실현하려고 하는지 묻는 것이 근본적이고 시급한 과제가 아닐 수 없다.

또한 선비 곧 교육을 받는 학생이란 예법의 행동규범과 의리의 도덕원리를 지키는 주체요, 국가의 생명력이라 지적하였다. 한 나라가 문화적 품격을 지킬 수 있는지, 그리고 강건한 생명력을 발휘할 수 있는지는 젊은이들이 교육을 제대로 받았는지에 달려 있다는 말이다. 교육 받은 젊은이들이 예의바르고 강건한 기상이 있으면, 그 나라는 품격 있고 원기왕성하게 성장할 수 있지만, 젊은이들이 무례하고 향락적이며 나약하면 그 나라의 풍속은 천박하고 기상은 비루할 것임은 지극히 당연한 일이다. 그만큼 교육이 나라의 장래와 명운에 직결된 것이니, 교육은 '국가의 백년대계'라 말하는 것이다. 교육이 건실하면 나라가 강성할 것이고, 교육이 퇴폐하면 나라도 붕괴할 것임을 새삼 각성할 필요가 있다.

퇴계는 당시 조선사회에서도 교육의 현장인 학교에서 스승은 엄격하고 학생은 스승을 공경하여 따라야 하는 본분을 잃어, 스승 보기를 길가는 사람 보듯 하고, 학교 보기를 밥이나 공짜로 먹고 잠시 쉬어가는 주막 보듯 하는 현실을 심각한 위기로 지적하였다. 우리 시대에도 교육의 위기가 뿌리깊이 자리 잡고 있는 것 같다. 이렇게 교육현장이 퇴폐하게 된 원인은 학생의 방종하고 나태함에만 있는 것이 아니다. 스승이 책임을 저버리고 존경심을 잃은 데에도 원인이 있고, 학부모가 이기적이고 탐욕적인데도 원인이 있으며, 학교경영자나 국가가 교육의 목적을 망각하고 외형만 추구해온 데도 원인이 있다.

우리 사회의 교육현실이 위기에 놓였다고 인식한다면, 그 원인이 무엇인지 진단하고 어디서부터 바로잡을지 처방하는 대책이 시급하다. 시험과목이나 입시제도만 바꿔본다고 교육이 바른 길을 찾아갈 수 있는 것도 아니고, 무료급식하고 등록금을 내려준다고 교육이 제대로 이루어질 것도 아니다. 우리 사회가 지향하는 가치가 무엇인지 확인하고 교육의 목표부터 확인하여 공감을 얻어야 할 것이다. 사회의 이상과 교육의 목표가 분명하지 않으면 방향도 없이 뛰어나가라고 요구하는 격이다. 지식을 가르치고 배우는 것으로 역할을 다했다고 한다면 애국심도 없는 용병집단의 군대를 유지하는 것이요, 인술(仁術)이나 정의감은 없이 의학이나 법학지식으로 재산과 지위만 추구하는 집단을 만들어놓지 않을 수 없다.

교육이 바로 서야 나라가 바로 설 수 있음을 각성하는 데서 시작해야 한다. 이때 우리 사회의 뜨거운 교육열이 제 방향을 찾아 분출될 수 있도록 이끌어주는 것이 바로 국가의 책임일 것이다. 교육현장에서 무엇보다 스승의 역할이 중요하다. 스승이 본보기를 보이고 성실하여 학생의 존경심을 받을 때 교육이 제대로 이루어질 수 있을 것이고, 스승 노릇하는 가장 큰 보람을 얻을 수 있을 것이다. 교편을 잡은 교육자가 존경을 받지 못하고 생계를 꾸려가는 하나의 직장인으로 전락하고 말면 교육의 뿌리가 병들고 말게 된다. 어떤 의미에서 교육자는 교육의 제단에 자신의 인생과 열정을 바치는 성직자가 아닐까. 성직자가 타락하면 다른 사람들보다 더 추악하게 보이는 것처럼, 교육자가 타락하면 다른 사람들보다 더 심한 비난을 받을 수밖에 없는 것은 그만큼 교육이 신성하기 때문일 것이다.

덕이 비추는 맑은 빛

위대한 희망과 처절한 좌절로 점철하며 먼 길을 달려온 인류의 근대사는 21세기를 내다보면서 마지막 트랙을 몇 바퀴 남겨놓고 힘을 다해 질주를 하고 있다. 그동안 냉전(冷戰)으로 얼어붙고 핵무기(核武器)로 공포에 떨던 우리 지구에 사는 인류는 길고 지루한 겨울을 지나왔다. 그런데 이제 21세기에 들어와서 문득 봄이 다가왔음을 깨닫고 놀라게 되었다. 벌써 가슴에 벅차오르는 새로운 희망으로 선진국의 대열에 들어설 수 있다는 새로운 21세기를 바라보고 있다.

지난 세월 한반도(韓半島)에도 국권상실의 오랜 굴욕과 해방으로 잠시의 환희가 있었고, 민족분단의 긴 아픔과 경제성장으로 잠깐의 보람이 있었다. 그러나 갑자기 다시 찾아온 희망의 햇살을 우리가 오래 붙잡아두지 못하고, 금방 그늘 속으로 다시 곤두박질치고 마는 것이나 아닌지 주의깊게 성찰해볼 필요가 있을 것 같다. 지나온 시기에 우리 역사가 겪은 비극은 그 모든 일이 우리의 국력이 쇠약하고 개인의 역량이 미약하였기 때문이 아니겠는가. 힘이 없어서 나라를 빼앗겼고, 힘이 없어 민족이 동강났고, 힘이 없어 선진국(先進國)의 대열에 당당하게 올라서지 못한 채, 아직도 남북이 갈라져 싸우며 허덕거리고, 좌우가 갈라져 싸우며 비틀거리고 있는 게 아니겠는가.

그 힘에는 경제적 힘. 군사적 힘도 필요하지만, 더 근원적으로 도덕적 힘. 사상적 힘이 없으면 우리가 품은 희망은 모두 허무한 모래성이 되고 말 것이다. 공자도 경제적 힘(足食)과 군사적 힘(足兵)이 중요함을 인정하면서도, 도덕적 힘(民信之)이 없이는 한 국가와 사회가 존속할 수 없음을 역설하지 않았던가. 그런데 우리가 처한 오늘의 위상(位相)은 경제(衣食)가 넉넉해졌으니 당연히 도덕(禮節)이 향상되어야 할 터인데, 어쩌다가 길을 한번 잘못 들자 사치와 낭비와 퇴폐와 범죄의 늪으로 빠져들고 만 것이 아닌지 걱정스럽기만 하다.

그동안 눈앞에 놓인 이익만 쫓으면서 아무도 예의(禮義)나 염치(廉恥)를 돌보지 않았으니, 제각기 이기적 탐욕만 찾다가 우리가 숨 쉬는 공기나 마시는 물의 환경은 여지없이 파괴되고 말았다. 그러나 그보다 더 무서운 것은 가슴마다 지닌 양심(良心)이 돌처럼 굳어버려 감각을 잃고 만 것이나 아닐까 심히 우려된다. 어디서나 사람의 욕심(人欲)은 사자처럼 사납게 으르렁거리는데, 하늘의 이치(天理)는 노루처럼 겁에 질려 자취를 볼 수 없는 형국이다.

한때 우리의 선조들이 도덕(道)만 내세우고 경제(器)를 소홀히 하여 우리 모두가 빈곤의 고통을 받았던 것이 사실이다. 그래서 빈곤으로 수족(手足)이 깡마르게 된 병을 치료한다고 경제에만 몰두하다보니, 지금 우리는 뇌수(腦髓)가 말라붙어 도덕이 황폐화된 더 무서운 병을 불러오고 말았나 보다. 그러니 이제 우리는 '경제제일주의'(經濟第一主義)에만 사로잡힌 치우친 시각을 교정하고, '이기주의'(利己主義)에 빠진 비뚤어진 마음을 바로 잡아야 하는 과제를 새삼스럽게 각성할 필요가 있다.

퇴계선생은 「무진육조소」(戊辰六條疏)에서 선조(宣祖)임금께, "도(道)를 잃고 덕(德)을 이루지 못하면 모든 일의 뿌리(根本)와 가지끝(枝末)이 다 헛되게 되는 것"이라 지적하여, 도덕이 없이는 무슨 일이나 온전하게 이루어질 수 없음을 역설하였다. 또한 「무진경연계차_(戊辰經筵啓箚[2])에서도, "사사로움(私)은 마음의 좀이요 악(惡)의 근본"이라 하여 이기심(利己心)을 악의 근원으로 지적하였으며, 동시에 "마음의 적(賊)을 제거하고 악의 뿌리를 뽑아 순수한 천리(天理)로 돌아가기 위하여" 학문(道學)에로 돌아오는 길을 제시하고 있다.

여기에 퇴계의 학문과 사상이 우리 시대에 새롭게 요구되는 실마리를 찾을 수 있을 것이다. 우리 가슴에서 선의 순수한 근원을 찾아 지키고자 하는 퇴계의 도덕철학 곧 이치를 높이는 '존리'(尊理)의 성리학과 공경함으로 살아가야 한다는 '거경'(居敬)의 수양론이 퇴계의 시대에서 절실하게 요구되었던 것처럼, 21세기를 살아가는 오늘의 우리 사회와 세계를 위해서도 퇴계의 정신은 한줄기의 맑은 빛을 비쳐주고 있음을 믿는다.

혼돈의 시대에서 퇴계학(退溪學)의 발언

　"이러다가는 망하겠다"는 위기의식은 어느 시대에나 있다. 그러나 이러한 위기의식의 절실한 각성은 우리가 당면한 위기를 극복할 수 있는 원동력이 될 수 있을 것이다. 지금 우리는 해방 이후 끝없이 이어지는 혼란의 격동을 반세기 동안이나 겪고서, 이제 21세기를 살아가는 시점에 와 있다. 그동안 우리 사회는 잠시 경제개발과 민주화의 희망에 부풀었던 일이 있었지만, 지금은 과연 우리의 경제가 얼마나 건실한지 우리의 민주주의 체제가 얼마나 튼튼한지 돌아보면서 깊이 우려하지 않을 수 없는 총체적 위기의식에 사로잡혀 있는 형편이다.

　정치는 깜깜한 혼돈 속을 헤매고, 경제도 언제 바닥으로 추락할지 모르며, 환경은 회생불능에 빠져들고, 법질서나 준법의식은 짙은 안개 속에 희미하게 아물거릴 뿐이다. 바로 그 자리에 부정과 비리의 오욕(汚辱)이 흘러넘치고 향락적 퇴폐풍조가 만연하고 있음은 우리 누구나 목도하는 현실이다. 그렇다면 우리 모두가 공유하는 과제는 이처럼 흔들리고 혼탁한 위기의 국면을 벗어나기 위해 어디에선가 활로를 찾아야 한다는 것이다.

그렇지만 문제의 해결이 쉽지만은 않은가 보다. 주위를 돌아보면 당면 문제들을 예리하게 진단하고 적절하게 처방하는 많은 전문가들이 사방에 있는데, 왜 문제가 풀리지 않는 것일까? 우리 사회에는 백년대계를 담당한 학교와 교육자들이 가득한데, 왜 앞날의 희망이 보이지 않는 것인가? 도시 구석구석과 온 산야에 온갖 종교의 성전(聖殿)이 들어차 있고, 갖가지 복장을 차려입은 거룩한 성직자들과 종교지도자들이 넘쳐흐르고 있는데, 왜 탐욕의 혼탁한 바람만 불고 양심의 맑은 바람은 불지 않을까? 다양한 사회운동을 하는 시민단체들이 제각기 간판 하나씩을 걸고 활발하게 활동하고 있으며, 거리에는 우리의 현실을 근심하여 머리에 띠를 두르고 나선 시민들이 가득한데 왜 개선될 가망이 떠오르지 않는 것일까?

우리는 그동안 눈가리개를 한 경주마(競走馬)처럼 발밑의 땅만 보고 앞으로 달려가기만 하다 보니, 어디서 왔는지 그 출발점을 뒤돌아보지 못하고, 고개를 들어 멀리 우리가 가야한 목적지도 내다보지 못하는 맹목화에 빠졌던 것이 아닌가 생각된다. 빈곤하고 낙후한 후진사회에서 벗어나기 위해 우리는 개발(開發)과 성장(成長)의 신화를 철석같이 믿었었다. 그 결과로 가난하고 누추함을 웬만큼 벗어났지만, 둘러보면 체면도 염치도 돌보지 않고 자신의 이익만 추구하는 이기주의(利己主義)와 일확천금을 노리는 한탕주의의 물질적 욕망만이 무절제하게 터져 나와 홍수를 이루고 말았다. 그렇다면 우리가 못 보고 놓쳐버렸던 제 모습은 무엇인가.

무엇보다 먼저 밖으로만 향하던 눈을 돌려 그 동안 아득히 잊고 있었던 자신의 마음 안을 들여다보아야 할 것이다. 퇴계선생은 정복심(程復心)의 「심학도」(心學圖)를 음미하면서 '양심' 내지 '본심'부터 다시 찾아서 하늘의 이치(天理)를 간직하고 인간의 욕심(人欲)을 막아내는 '경'(敬)공부를 역설하였다. 그것이 바로 '성학'(聖學)의 마음공부(心法)이다. 공경함(敬)으로 마음을 다스려 마음속에 '인간 욕심'의 사사로움을 극복하고 '하늘 이치'의 공정함을 확립하고자 하는 '성학'의 마음공부는 우리가 사는 이 세상의 모든 모순을 치유하기 위해 근본을 바르게 세우는 일을 추구하도록 요구하고 있다.

우리 마음속의 사사로운 욕심에서 발화하여 온 세상을 태우는 불길을 잡기 위해서는 가뭄 속에 시원하게 쏟아지는 빗줄기를 맞듯 옛사람(古人)의 맑고 곧은 마음공부를 회복해야 할 필요가 있을 것 같다. 마음을 바르게 세우면 탐욕으로 파괴된 자연도 다시 살릴 수 있고, 불의로 병든 사회도 치유할 수 있으리라. 퇴계선생이 「무진육조소」(戊辰六條疏)에서 "도술(道術)을 밝혀 사람 마음(人心)을 바르게 하시라."고 요구하였던 것도 우활한 선비의 입에 붙은 말, 구두선(口頭禪)이 아니었다. 그는 자신이 살고 있던 시대의 당면문제를 해결하기 위한 근본대책으로서, 사람 마음을 바로잡지 않고서는 만사가 제대로 풀려갈 수 없다는 대원칙을 천명한 것이다.

그렇다면 퇴계의 정신은 이제 높이 모셔져 있던 전통의 벽장 속에 나와, 이 혼돈스러운 우리 시대가 겪고 있는 뿌리 깊은 우리사회의 병통을 치유하기 위해 명약(名藥)으로 재인식되어야 할 것이다. 그 시대에 살아 움직이고 기능하는 정신이 아니라면, 이미 죽은 것이거나 폐기되고 말 수 밖에 없는 것임을 돌아볼 필요가 있다.

바둑 한 수의 실착

다산(茶山 丁若鏞)은 34세 때(1795)의 겨울에 서학(西學)문제에 얽혀
반대파의 공격을 받게 되자, 정3품인 우부승지(右副承旨)에서 종6품인
충청도 금정역(金井驛: 현 충남 청양군 남양면 금정리) 찰방(察訪)으로 좌
천되었던 일이 있었다. 그는 이곳에서 『퇴계집』(退溪集)을 얻어다 매
일 새벽에 일어나 세수하고 퇴계의 편지 한 편을 읽고 나서 공무를
처리했다. 그리고서 낮에 한가한 틈을 내어 새벽에 읽었던 퇴계의 편
지에 대한 소감을 하루에 한 편씩 33일 동안 기록해 갔다. 이 저술이
바로 다산의 『도산사숙록』(陶山私淑錄)이다. 퇴계를 사숙(私淑)한다는
저술의 제목처럼 이때 다산은 퇴계의 편지를 읽으면서 그 학문과 인
격에 깊은 감동을 받았던 것으로 보인다.

퇴계는 66세 때(명종 21년, 1566) 물러나기를 힘쓰는 그에게 관직에
나오도록 간곡히 권유하는 참판(參判) 박순(思菴 朴淳)의 편지를 받고
서 자신이 우둔하고 재주가 졸렬하며 병은 깊고 노쇠하였다는 이유
로 벼슬에 나갈 수 없음을 자세하게 해명하는 답장을 하였다. 이 답
장에서 퇴계는 박순에게, "어찌 바둑 두는 것을 보지 못했습니까. 한

수를 실착하면 전판이 무너지게 됩니다. …기묘년(1519) 영수(領袖: 趙 光祖)가 도(道)를 배웠으나 아직 완성하기도 전에 갑자기 큰 명성을 얻자, 성급히 나라를 경영하고 백성을 구제하는 일을 스스로 담당하였습니다.”라고 언급하였다. 다산은 퇴계의 편지에서 바로 이 구절을 끌어내어 음미하면서, “이 한 문단은 그야말로 선생이 평생 동안 이에 말미암아 나아가고 물러남(出處)을 그렇게 하였던 대목이다.”라고 밝혔다.

한 시대에 ‘도’를 행하여 나라를 안정시키고 백성을 구제하겠다는 큰 포부를 지닌 지식인이 천재일우(千載一遇)의 기회를 얻었을 때, 과감하게 나아가 환난을 헤아리지 않고 신명을 다해 자신의 포부를 펼치는 것이 옳은지, 그래도 자신의 역량을 다시 돌아보고 성찰하여 물러나서 더욱 ‘도’를 닦기에 정진해야 하는 것이 옳은지, 어느 쪽이 옳다고 단정하기는 쉽지 않은 일이다. 포부가 아무리 정대하더라도 대책이 미숙하면 일을 그르칠 수가 있기 때문이다.

한 판의 바둑에서 형세를 잘 운영해 가다가도 단 한 수를 실착하여 헛수를 두면 그것이 패착이 되어 전판이 허망하게 무너지고 만다는 것은 바둑두는 사람이면 누구나 아는 일이다. 이러한 실착이 바둑판에서만 있는 것은 아니다. 인생의 모든 사업이나 정치에서도 언제 어디에서든지 당할 수 있는 일이다. 그러니 형세를 환히 내다보는 안목과 온갖 변수에 대응하는 지략의 내공을 쌓지 못했는데도 섣부르게 도전하고 나서면 언제 한 수의 실착이 나올지 알 수 없다. 더구나 국가의 안위와 백성의 생존이 걸린 정치에 소신만 가지고 섣불리 나섰다가 한 번 실패하면 바둑판에서 한 번 지는 것과는 견줄 수 없는 엄청난 피해를 일으키게 되니 어찌 조심하고 또 조심하지 않을 수 있겠는가?

그렇다고 실착이 나올까봐 두려워 바둑을 두지 말라고 말하는 것이 옳은 것도 아니요, 실패할까 두려워 정치현실의 모순을 방관하고 나서지 말아야 한다고 말하는 것도 옳은 것이 아니다. 앞에서 가던 수레가 뒤집어지는 것을 보고도 자신의 수레를 몰고 가는 것은 어리석은 자의 소행이겠지만, 역사 속에서 앞 사람의 실패와 문제를 면밀하게 살피고 용의주도하게 대책을 세워서 과감하게 도전하는 용기가 없다면 어떻게 역사의 발전이 있을 수 있겠는가?

명종 말년은 그동안 정권을 농단하던 외척세력이 무너지고 선비들이 정치를 담당하는 시기로 이른바 '사림(士林)정치시대'라 일컬어지는 시국이었다. 그런데도 퇴계는 조광조가 중종의 신임을 받자 이상정치(至治)를 실현하겠다고 나서서 선비들을 끌어들여 급진적인 개혁을 추구하다가 도리어 중종의 철퇴를 맞아 그 자신과 많은 선비들이 희생당하는 기묘사화(己卯士禍)를 당해 실패하고 말았던 것이다. 퇴계는 조광조가 실패한 전철을 밟지 않기 위해 나서기를 두려워하고 조심하는 태도를 지켰지만, 당시의 선비들은 새로운 기회를 맞아 희망에 들떠 있었던 것이 현실이다.

다산은 퇴계의 물러나려는 소극적 태도를 긍정적으로 이해하였다. "선생이 바야흐로 정암(靜庵 趙光祖)을 경계로 삼은 것이다. 비록 임금께서 옆자리를 비워놓고 기다리고, 공경(公卿)이 홀(笏)을 들고 바라고, 도성 백성들이 이마에 손을 얹고 맞이한들 선생이 어찌 오래 머무르고 지체하여, 임금의 뜻이 혹시라도 싫어하고 소인들이 그 틈을 타서 여지없이 패망하게 되는 지경에 이르도록 하려 하였겠는가."라 하였다. 벼슬길에 나가려는 무리들이 모두 조광조와 같이 나라와 백성을 위해 헌신하겠다는 마음은 아니다. 오히려 많은 사람들은 의리를 명분으로 내걸고서도 속마음에는 권세와 이권을 쫓는 욕심에 사로잡혀 있는 것이 현실이다.

다산은 "예로부터 진출하기를 탐내기만 하고 싫어함이 없는 무리는 임금이 바야흐로 미워하고 있는데도 오히려 아첨하여 용납 받으려 하고, 조정에서 바야흐로 참소하고 있는데도 오히려 논박하여 나아가려 하고, 백성이 바야흐로 원망하고 있는데도 오히려 임금을 속여서 지위를 굳히려 한다. 그러다가 마침내 권세가 떠나가고 운수가 다하면 허물과 재앙이 아울러 일어나고, 영수(領袖)가 한번 패망하면 부하가 사방으로 흩어진다."고 하여, 벼슬에 나오려는 지식인들의 실상이 어떠한지, 이렇게 나와서 어떤 결과를 초래하게 되는 것인지 예리하게 꿰뚫어보고 있다.

다산 자신이 정조임금의 각별한 신임을 받아 정치현실의 전면에 나갔을 때, 선비라는 지식인들의 행태와 속마음을 속속들이 목격하였으며, 국가를 위하고 백성을 위해 한 가지 계책을 시행하려면 얼마나 많은 이해관계에 걸리고 온갖 장애에 부딪쳐 좌절하지 않을 수 없는지 절실하게 경험하였기 때문에 퇴계가 물러나려는 심정을 누구보다 잘 이해할 수 있었던 것으로 보인다.

나라와 백성을 위해 일하겠다고 나섰을 때는 간교한 자들의 중상모략을 받아 언제 무슨 죄목을 뒤집어쓰고 죽임을 당할지 알 수가 없다. 아무리 치밀하게 계획을 세우고 대책을 마련하였다 하더라도, 언제 어떤 돌변의 상황이 벌어져 계획이 파탄에 빠질지 알 수가 없는 일이다. 그래서 다산은 "명목 없는 죄안(罪案)은 아홉 번 죽어도 밝히기 어렵고, 뜻하지 않은 변고는 천리 밖에서 도여든다. 그러다가 마침내는 7척(尺)의 몸을 보전하지 못하는 사람이 도도하게 잇달으니 두려워하지 않을 수 있으랴."라고 하였다. 자신이 반대파의 끊임없는 공격을 받아야 했던 절실한 경험에서 우러나는 현실의 위태로움을 토로하고 있는 말이다.

다산은 현실정치에서 깊은 좌절감을 겪으면서 퇴계처럼 물러나 살고 싶은 뜻을 가졌던 것 같다. "한 구역 숲 속에 은거할 땅을 얻어서 배회 소요하며, 조정에서는 남들 따라 나아갔다 물러났다 하며, 일체의 현명함과 어리석음이나, 성공과 실패나 옳고 그름이나 영예와 치욕에 대해서는 담담하게 각각에 맡겨버리고 마음에 두지 않음으로써 내 타고난 천성을 보전한다면 아마도 퇴계의 죄인이 되지 않을 것이다."라고 말한 것은 그 자신의 심정을 퇴계에서 찾고 있음을 보여준다.

그러나 퇴계가 물러나고자 한 뜻이 어찌 지혜롭게 처신하여 타고난 천성을 보전하는 '명철보신'(明哲保身)하는데 있었겠는가? 선비가 세상에 나서 큰 뜻을 품었을 때는, 다행히 시대를 만나 포부를 펼 수 있으면 나아가 한 시대에 '도'를 실현하여 이상사회를 이루는 것이요, 불행히 시대를 만나지 못하면 물러나 진리를 밝혀 백대 이후를 위해 가르침을 베푸는 것이다. 그러니 퇴계가 그저 물러나 일신의 안전을 도모한 것이 아니라, 다음 시대를 위해 '도'를 밝히고 인재를 교육하는데 심혈을 기울였던 것임은 다산 자신이 잘 알고 있었다. 그런데도 마치 굴원(屈原)의 「어부사」(漁父辭)에서 강직한 지조로 나라를 근심하는 굴원을 조롱하면서, "세상 사람이 모두 혼탁하거든 어찌 진흙탕을 휘저어 물결을 일으키지 않고, 뭇사람들이 모두 취했거든 어찌 그 술지개미를 먹고 술을 마시지 않는가?"라고 하였던 어부의 말처럼, 다산이 조정에서 지조 없이 남들 따라 나아갔다가 물러났다 하고, 시비와 득실에 대한 논쟁에는 외면하겠다고 말했으랴. 그것은 다산 자신이 부딪친 현실의 처지가 너무 답답하여 자조적으로 표현한 말이라 읽혀진다.

경솔하고 천박함의 성찰

퇴계의 학문과 삶의 핵심은 '경'(敬)으로 꿰뚫고 있다. 그래서 퇴계는 말과 행동을 삼가함에 극진하였던 인물이다. 그는 친우나 제자들과 편지를 주고받으면서 학문을 토론하였는데, 이미 오래전에 보냈던 편지를 묶어서 『자성록』(自省錄)이라 이름 붙이고는 항상 책상 위에 올려놓고 있었다. 그는 이 편지들을 수시로 다시 읽으면서 자신이 했던 말을 돌아보며 스스로 성찰했던 것이다. 곧 공자가 "옛날에는 말을 가벼이 내놓지 않았던 것은 몸이 못 미침을 부끄러워했던 것이다."(古者, 言之不出, 恥躬之不逮也.〈『논어』, 里仁〉)라고 한 말씀을 되새기며, 자신이 이미 내놓았던 말을 끝까지 책임을 지고자 했다. 그러다보니 퇴계는 말 한마디도 깊은 생각에서 우러나오고, 글 한 줄도 고치기를 거듭하는 태도가 몸에 배었다.

퇴계와 다산은 기질이나 학풍이 상당히 달랐던 것 같다. 퇴계는 발 한번 내디디는 것도 신중히 하여 행동을 조심하고, 입은 병뚜껑 닫아두듯이 다물어 말을 조심하는 경건한 수도자형의 인물이라 할 수 있다. 이에 비해 다산은 무슨 일을 맡아서도 자신감이 넘치고, 무

슨 글을 읽으면서도 창의적 생각이 번뜩이는 천재형 인물이라 하겠
다. 그런데 답답하게 보일 수도 있는 수도자형의 퇴계를 만나면서 재
기발랄한 천재형의 다산이 자신을 돌아보고 깊이 성찰하는 모습을
보여준다.

다산은 퇴계가 이담(靜存齋 李湛, 字 仲久, 1510~1557)에게 보낸 편지
의 한 구절을 읽으면서 마음에 깊은 충격을 받았던가 보다.

> "나의 기(記:「陶山記」)와 시(詩:「陶山雜詠」)가 그대에게까지 들렸다
> 하니 깊이 송구스럽습니다.…우스개삼아 한 말이라 모두가 꼭 이치
> 에 맞는 것은 아닐 것입니다.…가벼운 짓을 한 허물은 이미 후회해
> 도 아무 소용이 없군요."
>
> 〈『퇴계집』, 권1C, '答李仲久'〉

퇴계는 도산서당(陶山書堂)을 열고 서당의 건물이나 주변의 경관에
이름을 붙이고 옛 선현의 글을 끌어들여 초야에서 사는 모습을 기록
한 「도산기」(陶山記)를 지었으며, 자신의 유유자적(悠悠自適)하는 생활
풍경을 시로 읊은 「도산잡영」(陶山雜詠)을 지었다. 그는 이 글을 감추
어 두었는데 찾아온 친우에게 우연히 보여주었던 것이 계기가 되어
멀리 서울에 있는 이담에게까지 알려진 사실에 자신의 경솔함을 부
끄러워하고 두려워하는 마음을 밝혔던 것이다. 이담은 퇴계의 문인
록(門人錄)에 들어있지만 퇴계보다 9세 연하로 퇴계를 종유(從遊)한 인
물이다.

다산은 퇴계의 편지에서 이 대목을 읽으면서 자신에게 큰 병통이
있음을 새삼 깨달아 고백하고 있다.

"생각하는 것이 있기만 하면 글을 짓지 않을 수 없고, 글을 지은 것이 있으면 남에게 보이지 않을 수 없었다. 생각이 미치자마자 붓을 잡고 종이를 펼쳐 잠시도 머뭇거리지 않았다. 글을 짓고 나서는 스스로 사랑하고 스스로 기뻐하여 조금이라도 문자를 아는 사람을 만나기만 하면, 내 말이 온전한지 치우쳤는지 그 사람이 친한 사이인지, 소원한 사이인지는 헤아릴 겨를도 없이 급하게 전하고 알리려 했다."

〈『여유당전서』, 권22, '陶山私淑錄'〉

다산 자신이 얼마나 저술에 열정적이었던 인물인지를 엿볼 수 있다. 생각이 분수처럼 뿜어져 나오는데 어찌 저술을 하지 않을 수 있었겠는가. 이렇게 저술하는 것이 무슨 병통이라고 할 수 있겠는가. 그는 자신의 독창적 사유와 재치 있는 문장에 스스로 도취되었던 사실도 솔직하게 토로하고 있다. 자신의 글에 도취되는 것이 과오는 아니겠지만, 그것이 허물의 발단이 되는 점을 지적하였다. 그는 자기 글에 스스로 도취되어 그 글을 깊이 다듬어 완성시킬 겨를도 없이 남에게 보이고 알리려는데 급급했던 것이 바로 자신의 큰 병통임을 성찰하고 있었던 것으로 보인다. 이렇게 자신의 저술을 알리려고 애를 쓰고 난 다음에 오는 공허감을 그 자신이 잘 알고 있었다.

"사람과 한바탕 말하고 나면, 내 몸속이나 책상자 속에 한 가지도 남아 있는 것이 없음을 깨달았다. 그 때문에 정신과 혈기가 다 흩어지고 빠져나가니 온축하고 양육하는 뜻이 전혀 없게 되었다. 이러고서 어찌 정신(性靈)을 배양하고 명성(身名)을 보전할 수 있겠는가.

요사이 차츰 점검해보니, 모두가 '경솔함'(輕)과 '천박함'(淺) 두 글자가 빌미가 된 것이다. 이것은 덕을 감추고 수명을 기르는 공부에 크게 해로움이 있을 뿐만 아니라, 비록 언론(言論)과 문채(文彩)가 다 어지럽게 흩날리더라도, 점점 천박하고 비루해져서 남에게 존중을 받지 못하게 된다. 이제 선생의 말씀을 살펴보니 더욱 느끼는 바가 있다."

학자로서 다산이 남겨준 저술은 우리 사상사에 더할 수 없이 소중한 보물이다. 그러나 그가 퇴계의 편지 한 구절에서 자신의 저술을 남에게 알리는데 급급하였던 일이 경솔하고 천박한 태도였던 것으로 반성하는 까닭이 무엇일까? 그는 학문이 겉으로 화려하게 드러나는 것보다 안으로 깊이 성숙된 바탕이 있어야 함을 강조하고 있는 것이다. 그렇다고 저술을 그만두고 마음을 닦기만 하겠다는 것은 아니다. 남에게 자랑하여 알리고자 하는 태도 곧 '남에게 보이기 위한 학문'(爲人之學)에 빠져 '자신의 인격을 배양하는 학문'(爲己之學)을 결여한다면 그 학문은 경솔함과 천박함에 빠지고 만다는 것을 성찰한 것이다. 겉으로 드러나는 논리가 아무리 정교하고 문장이 아무리 아름다워도 속으로 온축된 인격적 역량이 없으면 잠시 사람들의 이목을 현란하게 해 줄 뿐이요 그 마음속에 깊은 감동으로 남아 있을 수 없음을 되새기고 있다.

공자가 '문장을 널리 배우고, 예법으로 집약할 것'(博文約禮)을 제시하였던 것도 안과 밖이 일치하고 지식과 실행이 상응하는 학문을 요구하는 것이라 하겠다. 과일 하나를 보더라도 겉으로 모양과 빛깔이 아름다워야겠지만 그 속이 잘 익어야 제 맛이 나는 좋은 과일이다. 천재형의 밖으로 치달리는 창의적 발견도 수도자형의 속으로 감추어 푹 익히는 인격적 바탕을 요구한다. 새로운 것을 찾아가는 밖으로 향한 관심이 원심력이라면 끝없이 성찰하며 인격의 힘을 배양하는 안으로 향한 관심이 구심력으로 함께 작용할 때에 천재의 학문도 완성될 수 있는 것이 아니겠는가. 다산은 퇴계의 말에 귀를 기울이면서, 밖으로 지적 탐험과 발견에 몰두했던 자신을 돌아보면서, 안으로 자기 존재의 의미를 다시 점검하고 있는 것이다. 이러한 성찰이 다산의 정신과 사상을 원숙하게 성장하는데 소중한 바탕이 되었을 것으로 보인다.

나를 알아주지 않는다는 탄식

퇴계가 이담(李湛)에게 보낸 답장에는 "사람들이 항상 하는 말이 있는데, 모두가 '세상이 나를 알아주지 않는다.'고 합니다. 나도 이러한 탄식이 있습니다. 그러나 사람들은 자기 포부를 알아주지 못함을 탄식하고, 나는 내 허술함을 알아주지 못함을 한탄합니다."라고 언급한 대목이 있다.

'자기를 알아준다'는 것은 누구에게나 자기 존재의 가치를 확인함으로써 자신을 실현할 수 있게 하는 소중한 조건이다. 가장 가까운 부모나 자식도 자기를 몰라주고, 형제도 자기를 몰라주며, 아내나 남편도 서로 자기를 몰라준다고 한탄하고 있는데, 하물며 다른 사람이 자기를 알아주기를 바란다는 것은 결코 쉬운 일이 아니다. 아무도 자기를 알아주지 않지만 가장 절친한 친구 가운데서 자기를 알아주는 경우가 어쩌다 있는가 보다. 춘추시대 제(齊)나라의 관중(管仲)은 "나를 낳아준 이는 부모지만, 나를 알아준 이는 포숙(鮑叔)이다."라 하여, 낳아준 부모에 못지않게 포숙에게 대해 자신을 알아준 벗이라 하여 깊은 감사와 애정을 밝혔던 일이 있다. 그래서 자기를 알아주는 벗(知己之友)이란 우정의 가장 고귀한 모범으로 제시되고 있다.

자기를 알아주는 사람을 만난다면 그것은 바로 자신을 실현하는 길이다. 전국시대 진(晉)나라의 예양(豫讓)은 "선비란 자기를 알아주는 사람을 위해 죽고, 여자는 자기를 사랑하는 사람을 위해 단장한다."고 말했던 일이 있다. 자기를 알아주는 사람을 위해서라면 하나뿐인 자신의 생명을 바쳐도 아까울 게 없다는 말이다. 진정으로 자기를 알아주는 사람을 만난다면 이미 자기존재는 의미와 보람으로 충만하게 되니, 세상에 아까울 게 무엇이 있으랴.

이렇게 모든 사람은 누군가 자기를 알아주기만을 바라고 있는데, 막상 자기를 알아주는 사람을 만나기는 정말 어렵고도 어려운 일인가 보다. "남이 나를 알아주지 않더라도 노여워하지 않으면 또한 군자가 아니겠는가."(『논어』, 學而)라고 말씀하여, 남이 알아주기를 구하지 말라고 충고하였던 공자도 어떤 대목에서는 "나를 알아주는 이는 하늘이런가!"(『논어』, 憲問)라고 말씀하기도 했다. 이 세상에서는 자신을 진정으로 알아줄 사람을 만날 수 없다는 안타까운 현실을 절감하고 있었던 것으로 보인다.

그런데 모든 사람들은 남들이 자기 포부와 재능을 알아주지 못한다고 탄식할 때에, 퇴계는 그 반대로 남들이 자기 허술함(空疎)을 알아주지 못한다고 탄식하였다. 세상 사람들이 자기를 몰라주어 자기가 제대로 평가받지 못하는 상실감으로 괴로워 할 때, 퇴계는 남들이 자신의 실상을 넘어서 과대하게 평가하는 부담감으로 괴로워하고 있음을 보여주었던 것이다. 퇴계의 이 편지 구절을 읽고서 다산은 퇴계가 탄식하는 바의 의미를 자신의 경험 속에게서 생생하게 확인하고 있다.

"이 구절은 선생(퇴계)에게 있어서는 실로 겸손으로 하신 말씀이다. 그러나 세상에는 역시 이러한 근심이 있는 사람이 실지로 있다. 대개 '헛된 명성'(虛名)이란 비방이 이로 말미암아 일어나고, 재앙이 이로 말미암아 이루어지는 것이다. 나는 평소에 총명이 부족하고 원활하지 못한데, 모르는 사람들이 혹시 '잘 기억한다'고 하면, 이 말을 들을 적마다 나도 모르게 땀이 나고 송구스럽다. 태연하게 받아들이면서 사람들이 속아주는 것을 즐기다가, 어느 날 천근의 무게를 난장이에게 지워서 메고 가라 책임지운다면, '검땅 나귀의 재주'(黔驢之技: 재주가 졸렬함)가 다 드러나서 군색하고 답답하여 몸 둘 곳이 없을 것이다. 이는 매우 두려워할 일이다."

〈「陶山私淑錄」〉

실상이 없는 '헛된 명성'은 남들의 환심을 사기 위해 공치사를 하거나 아첨하여 칭송하는 말에서 만들어지는데, '헛된 명성'을 즐기며 우쭐거리고 있다가는 어느 틈에 명성과 실상의 거리가 드러나면서 비방이 모여들기 마련이고, '헛된 명성'에 무거운 책임이 따라오면 자신이 파탄하고 마는 재앙을 당하기 십상이다. 오늘의 풍속에서 보아도 온갖 상품이나 정치인들은 남들이 알아주기를 바라면서 선전광고하는데 심혈을 기울이다보니, 온갖 선동적 선전이나 과잉광고가 홍수를 이루고 있다. 그러다보면 자극적인 광고와 실물 사이의 엄청난 거리에 기만당했다는 원망과 비난이 쏟아지게 된다. 하기야 무슨 비난을 받으면서도 뻔뻔하게 상품광고나 정치선전을 계속 밀어붙이고 있는 파렴치함을 어떻게 막을 수 있겠는가.

그래도 자기 포부와 재능을 알아주기 바라는 것이라면 크게 허물할 것이 없다. 다만 남들이 자신을 실상에서 벗어나는 헛된 명성으로 알아주는 것에 취해 있다가는 어떤 위험이 따르는지를 경계할 필요가 있다. 퇴계처럼 자신의 허점과 소홀한 점을 알아주지 않는다고 탄식하는 것은 다만 명성과 실상이 일치함(名實相符)을 추구하는 것이요, '헛된 명성'이 결국에는 자신을 파탄시키는 재앙이 될 수 있음을 분명하게 각성하고 있는 것이다. 다산이 퇴계에게서 본받고자 한 것은 바로 이 점이었던 것 같다.

> "아! 선생(퇴계)은 하늘과 땅을 법도로 삼는(經天緯地) 학문과, 옛 성인을 계승하고 후학을 열어 주는(繼往開來) 사업을 가졌으나, … 선생은 오히려 허술함으로 자처하여 포부를 알아주지 않음을 한탄하지 않았으니, 겸손한 군자이시다. 선생이 아니면 내 누구에게 의탁하랴."
>
> 〈「陶山私淑錄」〉

자신에게 몰려오는 헛된 명성을 깊이 근심하여 실상이 없는 명성을 경계하는 퇴계의 겸허한 인격을 발견하고서, 다산은 비록 학문적 견해에서야 첨예한 차이를 간직하고 있으면서도, 인간적으로는 퇴계를 인격의 모범으로 삼아 따르겠다고 고백하였다. 아마도 이 자리에서 퇴계는 자기의 허술함을 알아주는 '지기'(知己)의 벗으로 다산의 손을 따스하게 붙잡아주지 않았을까.

명성을 소중히 여긴다는 뜻

    풍요한 재물(富), 높은 지위(貴), 빛나는 공적(功), 사방에서 칭송하는 명성(名), 곧 '부·귀·공·명'이야 누구나 갖고 싶어 하고 누리기를 원하는 것이다. 오늘의 우리 주위에는 높은 지위에 오른 이른바 지도층 인사들이 더 많은 재물을 차지하기 위해 지위를 이용하여 뇌물을 받아 챙기는 일이 허다하고, 그 죄상이 발각된 후에도 후안무치하게 끝까지 오리발만 내밀다가 명성을 여지없이 더럽히고 마는 사람들이 줄줄이 등장하고 있다. 이들은 지위를 얻으면 재물이 따라온다는 믿음에 젖어있는 것 같다. 이들은 공적이나 명성은 있으면 좋고 없어도 그만인 장식물쯤으로 여기는지 모르겠다. 이러한 사회풍조에서 이 사회의 새싹이라고 할 젊은이들도 대학에 진학할 때면 무엇을 공부해야 세상을 위해 봉사하고 자신을 명예롭게 할 것인지를 생각하는 것이 아니라, 어떤 학과에 가야 빨리 출세하고 더 많은 재물을 모을 수 있는가를 가늠하여 머리 터지게 경쟁을 벌이고 있는 실정이 아닌가.

    그런데 옛 선비들은 가치관이 상당히 달랐던 것 같다. 재물이나 지위는 자신을 탐욕의 구렁텅이에 빠뜨리기 쉬운 속된 것으로 여겨 경계하였다. 이와 더불어 세상을 위해 어떤 공적을 세울 것인지를 중시하고, 이보다 더 자신의 명성을 당당하고 깨끗하게 지키는 일을 생명만큼이나 소중히 여겼던 것이다. 그래서 비록 먹을 양식도 없이 빈곤에 시달리며 아무 지위가 없어 베옷을 입고 사는 선비도 예의를 존중하며 명예를 소중히 여겼다. 과연 풍요하고 편리하지만 천박한 오늘의 사회풍조와 가난하고 불편해도 품격이 있는 옛날의 사회풍조 사이에 어느 쪽이 바람직한지 다시 한번 생각해볼 만하다. 풍요함과 품격을 함께 갖출 수 있다면 더 말할 것 없겠지만, 그것이 어렵다면 사람들은 어느 쪽을 택할까? 아마 절대다수가 천박하더라도 풍요하고 편리함을 따라갈 것 같다. 그러니 '명성'(명예)을 소중히 여기는 사회풍조를 회복하기가 그리 쉽지는 않을 것이다.

옛 선비들이 '명성'을 너무 소중히 여기다보니, 여기에도 문제가 있어서 논쟁이 벌어졌던 일이 있었다. 조선시대 퇴계가 기대승(高峯 奇大升)과 성리설의 논쟁을 벌이면서 퇴계의 제자들 사이에서고 고답적 철학논쟁의 학풍이 일어나면서 소문이 널리 퍼지고 이로 인해 명성을 얻은 인물들이 등장하였다. 이때 퇴계와 동갑이요 예안(禮安)에 사는 퇴계와 더불어 당시 영남지역의 학풍을 이끌어가던 양대 축을 이루었던 산청(山靑)에 자리 잡은 남명(南冥 曹植)이 64세 때(1564) 퇴계에게 진지하게 경고하는 편지를 보냈던 일이 있었다.

남명은 퇴계에게 보낸 편지에서, "요즈음 배우는 자들을 보니, 손으로 물 뿌리고 마당 쓰는 절도도 모르면서, 입으로는 '천리'를 말하여 명성을 훔쳐서 남들을 속이려 하고 있습니다."라 하였다. 곧 일상생활에서 사람 도리를 실천하지 못하면서 공허한 이론으로 헛된 명성을 얻는 것은 남을 속이는 짓이라 비판한 것이요, 퇴계에게 성리설을 토론하며 큰 소리를 내고 있는 제자들의 풍조를 단속하도록 요구하였던 것이다. 인격적 실천도 없고 사회적 책임감도 없이 관념적 이론으로 얻어지는 명성을 탐닉하는 학자들을 날카롭게 비판하였으니, 지극히 옳은 말씀이다.

그러나 퇴계는 이 편지를 받고 남명에게 보낸 답장에서, "이른바 '배우는 자가 명성을 훔치고 세상을 속인다'는 논의는 그대만 근심하는 것이 아니라 나도 근심하고 있습니다. …일체 꾸짖어 그만두게 한다면, 이것은 하느님이 인간에게 선을 내려 베풀어주신 뜻에 어긋나고 천하 사람들이 '도'를 지향하는 길을 끊어 버리는 것입니다. … 그 마음은 가상하니, 이런 사람들을 어찌 일률적으로 세상을 속이며 명성을 훔친다고 몰아서 배척할 수 있겠습니까."라고 반박하였다. 곧 '도'를 밝히기 위해 이론을 따지는 가운데는 비록 헛된 명성을 추구하는 일이 있다 하더라도 전면적으로 금지하는 것은 '도'에 나아가는 길을 막는 더 큰 폐단을 일으킬 수 있음을 지적한 것이요, 학자의 학문적 토론이 관념적인 데로 흘러가는 문제가 있더라도 막으려고만 들어서는 안 된다고 변호하였던 것이다.

다산 정약용은 퇴계가 남명에게 보낸 답장에서 "'배우는 자가 명성을 훔치고 세상을 속인다'는 논의는 그대만 근심하는 것이 아니라 나도 근심하고 있습니다."라는 한 대목을 읽고서 깊이 감명을 받았던 것 같다. 다산은 '명성을 좋아한다'는 말을 피하려 하면 세상에는 해볼 만한 일이 없게 된다는 사실을 강조하였다. 그는 '세상을 속이고 명성을 훔친다'는 비난을 가볍게 쏟아놓으면 천하의 사람을 악으로 몰아가는 결과를 초래할 것임을 깊이 경계하였다. 곧 "반드시 술주정이나 하고 욕설이나 하며, 음란한 짓을 하고 버릇없이 굴거나, 말씨가

패악하고 재물을 탐내어서, 부끄러운 줄 모르고 염치가 없어진 뒤에야 바야흐로 '명성을 좋아한다'는 말을 잘 면할 수 있다."고 하여, 온갖 사악한 행동에 빠져든 인간들만이 '명성을 좋아한다'는 비난을 받지 않을 것임을 지적하였다. 명성을 소중히 여김으로서 인간은 악에 빠지지 않고 선으로 나아갈 수 있음을 역설하고 있는 것이다.

다산은 퇴계에 대해 학자들이 비록 온갖 병통을 가지고 있다 하더라도 배움에 뜻을 가진 자라면 누구나 포용하여 감화시키그 격려하여 함께 대도(大道)에 이르게 하는 큰 스승이었음을 거듭 칭송하고 있다. 그는 퇴계가 남명에게 보낸 이 답장을 읽은 감회를 밝히면서, "이 글을 여러 번 되풀이 읽고 나니, 나도 모르게 기뻐서 뛰고 감탄하여 무릎을 치며 감격하여 눈물을 흘렸다."고 술회하였다. 다산이 퇴계의 이 편지 한 편에 얼마나 감동되었으면 기뻐서 뛰고 감격하여 눈물까지 흘렸겠는가? 퇴계의 이 편지를 읽는 사람이라고 모두 이렇게 감동되지는 않을 것이다. 그만큼 퇴계의 이 말씀 속에 담긴 포용정신은 다산 자신이 평소에 절실하게 찾고 있던 스승의 길이었으리라 짐작된다. 조선시대 도학(주자학)의 정통의식이 보여준 엄격한 배타적 비판 아래에서는 진실을 찾아가려는 새로운 탐색의 시도가 여지없이 짓밟히기 마련이었다. 따라서 의도가 선하다면 과오가 있더라도 모두 포용해주어야 한다는 퇴계의 포용적 자세가 다산에게 구원의 복음으로 비쳐졌던 것이 아닐까?

오직 진실한 명성이 아니면 모두 '헛된 명성을 좋아하는 것'(好名)이요 '명성을 훔치는 것'(盜名)이라 비난한다면, 사람들은 명성을 초개(草芥)처럼 내다버리고 자신의 탐욕만 추구하며 온갖 추악한 행위를 서슴지 않게 된다는 것이 바로 다산이 강조하고자 한 대목이다. 명성을 소중히 여긴다는 것은 비록 그 명성이 공허하거나 사사로운 것이기에 진실성이 부족하다 하더라도, 선을 좋아하고 선으로 나아가려는 뜻을 간직하고 있는 것이라면, 이것이 바로 하늘이 내려준 인간의 선한 성품을 따르는 것이라 본다. 인간은 명성을 소중하게 여기고, 자신의 삶을 명예롭게 하고자 할 때에 선으로 나아갈 수 있고, 하늘의 이치를 저버리지 않는 길을 갈 수 있다는 말이다.

비판의식과 포용정신의 사이

　조선시대 도학(주자학)의 두 축을 이루는 거장을 퇴계와 율곡으로 꼽는데 이의를 제기할 사람은 별로 없을 것이다. 사실상 퇴계와 율곡 이후의 조선시대 도학자들은 십중팔구 퇴계학파에 속하거나 율곡학파에 속할 만큼, 엄청난 영향력을 발휘하였던 구심점을 이루고 있는 인물이다.

　퇴계는 율곡보다 35세 연상이었고, 1558년 율곡이 23세의 청년시절 예안(禮安)으로 그 시대를 대표하는 대학자인 58세의 퇴계선생을 예방하고 이틀 동안 묵으면서 종횡무진으로 학문에 관한 문답을 벌였던 일이 있었다. 문답의 내용은 아쉽게도 알 수 없지만 율곡의 천재성이 유감없이 드러나는 예리한 질문이 쏟아져 나왔을 것이다. 퇴계는 청년 율곡의 탁월한 안목에 깊은 감명을 받아 "젊은이가 두려워할 만하다."(後生可畏)라고 한 공자의 말씀을 인용하여 율곡을 극진하게 칭찬하고 무척이나 애중하였다.

　그 후로도 율곡은 퇴계에게 여러 차례 편지를 올리고 질문을 하거나 자신의 견해를 피력하기도 하였고, 퇴계도 율곡의 조언을 받아 자신의 견해를 몇 가지 수정하였던 일도 있다. 뒷날 퇴계의 후학들은 율곡을 퇴계의 제자로 등록해놓았지만, 퇴계 자신은 율곡을 학문의 길에 함께 가는 후배로서 각별하게 아꼈던 것 같다.

퇴계는 천성이 봄바람처럼 온화한 분이라 누구를 엄격하게 꾸짖는 일이 거의 없었다. 그런데 어느 해(1568년경) 율곡에게 보낸 편지의 한 대목에서, "그대가 처음부터 끝까지 논변한 것을 보면 번번이 앞 시대 유학자의 학설을 논할 때마다 반드시 먼저 그 옳지 않은 곳을 찾아내어 배척하기에 힘써서, 그가 다시는 입도 뻥끗할 수 없게 한 다음에야 그친다."(『退溪集』, 권14, '答李叔獻')는 말로 율곡을 엄중하게 질책하였던 일이 있다. 율곡이 이런 꾸중을 듣고 나서 과연 어떻게 대답했는지는 알 수 없지만, 이런 지적을 들으면 누구나 얼굴이 붉어지고 등에 땀이 흐르지 않을 수 없었을 것이다.

학문하는 자세에도 기질적 차이가 있었던 것 같다. 옛 유학자의 글을 대할 때에, 퇴계는 공경하는 마음으로 읽고 자신의 인격을 닦아가는 데 길잡이로 활용하는 경건한 수도자형의 인물이라면, 율곡은 이론적으로 치밀하게 분석하여 논리에 어긋나는 점을 남김없이 예리하게 지적해내는 합리적 분석가형 인물이라 할 수 있을 것 같다. 퇴계의 수도자적 자세에서 보면 율곡이 옛 유학자의 이론적 결점을 샅샅이 찾아내어 비판하는데 몰두하는 태도는 누구를 본받아 배우려는 모습을 보여주지 않는 것이라 경계하지 않을 수 없었을 것이다.

남의 글을 읽거나 남의 말을 들을 때에, 누가 감추어져 보이지 않던 논리적 모순을 날카롭게 지적해주는 비판의식을 보여준다면, 눈이 환하게 열리고 가슴이 시원하게 트이는 경험을 할 수 있다. 그러나 비판의식이 지닌 지성이 소중하지만 포용과 이해의 자세를 지닌

덕성이 결핍되면 각박해지는 병통이 생기지 않을 수 없다. 비판의식이 예리한 사람의 눈앞에는 누구나 그 결점과 약점을 감출 수가 없으니, 이런 인물을 가리키면서, "아무개의 눈에는 온전한 사람이 없다."고 언급하여 그 포용력의 덕이 부족함을 나무라기도 하였다.

다산은 퇴계의 편지에서 이 대목을 읽고 나서, 우선 퇴계가 율곡의 날카로운 비판의식을 견제하였던 사실을 주목하였다. 여기서 다산은 "처음 배우는 자가 경전을 가지고 선생이나 어른과 왕복하며 토론하려면 반드시 그 학설에서 착오가 있는 곳을 집어낸 뒤에야 비로소 의문을 제기하여 해명할 수 있는 것이다. 율곡이 당시에 선생(퇴계)에게 왕복 편지로 토론하고자 하였으니, 그 질문한 바가 이와 같지 않을 수 없었던 것이다. 무릇 남의 흠을 꼬치꼬치 찾아내고 새로운 의견 내기를 힘쓰는 것은 진실로 큰 병통이 되지만, 지혜를 버리고 생각을 끊어서 전적으로 옛 경전을 답습하는 것도 또한 실지로 얻음이 없는 것이다."〈「陶山私淑錄」〉라 하여, 율곡의 비판의식이 배우는 사람에게는 부득이 하고 또 필요한 일이라 적극 변호하였다. 그 다음에 다산은 율곡의 독자적 비판태도와 퇴계의 수용적 포용태도에 각각 문제가 있음을 지적하면서 양자의 입장을 종합하그자 시도하고 있었다.

다산은 옛 사람의 글을 읽을 때에는 의심스러운 곳을 만나면 비판하거나 자신의 새로운 견해를 내세우려 들지 말고, 또한 옛 사람의 말이라 아무 생각 않고 무조건 따르겠다는 태도를 보여서도 안 된다고 본다. 여기서 그는 먼저 이해의 폭을 넓혀 말한 사람의 본래 취지를 다각도로 반복하여 깊이 생각해보기를 요구하고 있다. 이렇게 해가면 옳은 것과 옳지 않은 것으로 단순하게 갈라지기만 하는 것이 아니라, 옳은 것 가운데도 옳지 않은 것이 드러나고, 옳지 않은 것 가운데도 옳은 것이 드러날 수 있음을 발견하게 될 것이다. 이제 비판의식의 가을 서릿발처럼 시원함을 넘어서 포용적 이해의 봄바람처럼 따뜻함을 누릴 수 있게 될 수 있음을 보여 준다.

어떤 사물이나 어떤 일에도 여러 측면이 있는데, 사람들은 어느 한쪽의 입장에 서서 자신의 주장을 내세우고 다른 사람의 견해를 비판하는 일이 흔히 있다. 비판은 하나의 관점에 서 있어야 명확하고 일관하게 제시될 것이요, 포용은 여러 관점을 두루 고려해야 조화롭고 원만하게 적용될 수 있을 것이다. 그렇다면 비판을 하는 태도에서는 자신이 서 있는 입장의 위치나 범위가 한정된 것임을 인정해야 다른 입장에 대해 맹목적이고 독선적 비판에 빠져들지 않을 것이고, 포용하는 태도에서는 자신의 입장이 명확하게 고정되지 않은 유동적 상태임을 인정하여 여러 입장을 통합하고 조화시킬 수 있는 기준을 찾아야 적당주의나 이해득실에 따른 야합의 타협에 빠져들지 않을 수 있게 된다.

다산은 청(淸)나라 초기 고증학자인 모기령(西河 毛奇齡)을 들어서 한 부분만 보고는 좋아 날뛰고 옛 사람의 견해를 배척하며 거리낌 없이 자기주장을 내세우는 경박한 비판의식을 지적하면서, 포용적 태도로는 "남의 잘못된 곳을 발견하였더라도 공평한 마음으로 미루어 이해하고 순리로 해석하여, '아무개는 그렇게 보았으므로 그렇게 말하였던 것이요, 지금 이렇게 보면 마땅히 이렇게 말해야 한다'고 하였다."〈「陶山私淑錄」〉 한다. 비판의식은 문제가 어디에 있는지 분명히 제시해주고, 창의적 사고를 배양해주는 것이 사실이다. 그러나 우리 사회처럼 서로 대립하여 끊임없이 의견의 충돌이 일어나고 비

판의식만 첨예하게 날을 세우고 있는 현실에서는 퇴계의 수도자적
자세를 다시 음미하는 다산의 목소리에 귀 기울여볼 만하다는 생각
이 든다.

15

역사 속에서 스승을 다시 찾아야

정조임금은 퇴계를 존숭하는 마음이 깊어, 몇 차례 예관(禮官)을 멀리 경상도 산골인 예안(禮安)으로 파견하여 도산서원이나 가묘(家廟)에서 퇴계에게 제사를 드리도록 하였다. 특히 1792년 3월에는 규장각 직각(直閣) 이만수(李晩秀)를 예관으로 파견하여 도산서원에서 성대하게 제사를 드리게 하고, 그 다음날 도산서원 앞에서 임금이 직접 출제한 문제로 영남 선비들에게 과거시험을 보이게 하는 특별한 은전을 내렸던 일이 있었다. 도산서원 앞 좁은 골짜기와 넓게 터진 강변에는 응시하려 모여든 영남 전역의 선비들만이 아니라 구경나온 인근 백성들까지 수만 명이 가득 모여들어 큰 성황을 이루었으니, 그 자체로 일대 사건이었다. 이때 과거시험장에 참석했던 영남지역 선비들만 7,228명이었다고 한다.

이렇게 도산서원에서 제사를 드리고 영남선비들에게 특별히 과거시험의 기회를 열어주었던 것은 당쟁의 소용돌이에서 정치권력으로부터 밀려난 영남 사람들의 소외감을 어루만져주려는 정조임금의 노련한 정치적 포석이기도 할 것이다. 그러나 당시의 상황은 당쟁으로 갈갈이 찢어지고 신분차별과 지역차별로 구겨지고 일그러진 즈선 사회에 서양 종교의 물결이 밀어닥치자 일부의 지식인들이나 서민들 속에서 천주교 신앙이 퍼지면서 제사를 폐지하고 신주를 불태으는 사건이 일어나 유교질서가 뿌리 채 흔들리는 심한 동요가 일어나기 시작하였다는 사실을 주목할 필요가 있다. 정조임금은 분열된 사회를 통합하고 동요하는 민심을 안정시키기 위한 방법으로 모든 사람의 마음속에서 공감을 얻을 수 있는 정신적 구심점을 찾았던 것이다. 바로 그 구심점으로 퇴계를 높임으로써 우리사회가 지향하는 가치의 이상을 드러내고자 하였던 것이라 보인다. 명분은 그럴듯하게 내세우지만 실지는 권력과 이익을 차지하기 위해 대립과 분열을 일삼는 정치현실의 허위에 절망한 백성들에게, 진실과 희망의 불빛으로 역사속의 스승을 높이 띄워 올리려 시도하였던 것이 통치자로서 정조의 깊은 뜻이 아니었을까.

1796년 9월에 퇴계의 9대 종손(宗孫)인 이지순(李志淳)이 평안도 영유현(永柔縣)의 현령으로 부임하게 되자, 퇴계의 신주(神主: 祠版·位牌)를 모시고 서울을 지나가게 되었다. 이 소식을 듣고 정조임금은 퇴계가 생전에 마지막으로 서울을 떠난 뒤로 227년 만에 퇴계의 신주가 처음으로 서울을 지나게 되었다는 사실을 의식하면서, 우선 퇴계의 신주가 한강을 건너오면 대학생들(성균관 유생들)이 격식대로 복장을 갖추고서 길 양쪽에 줄지어 서서 공경하게 맞이하도록 지시하였다. 그래도 미진한 마음이 남아서 예관(禮官)을 파견하여 학생들의 대열을 관장함으로써 그 행사가 성대하게 우러러 보이게 하도록 예조(禮曹)에 분부하였다.

그러고서 다시 정2품관인 성균관 지사(知事)가 퇴계의 신주를 모시고 제사를 드리는 일을 주관하도록 지시하고서, 전직과 현직의 규장각 신료들과 승정원의 신료들에게 모두 나아가 제사에 참예하게 하였다. 마침내 퇴계의 신주가 서울 성안으로 들어오는 날이 되자, 정조 임금은 왕명으로 좌의정과 우의정이 백관과 유생들을 인솔하여 복장을 갖추고 차례대로 줄을 서서 제사를 지내게 하였다. 이때 제사에 참석한 인원의 명단을 왕명에 따라 만들어 올렸는데, 참석자가 1,000여 명에 이르는 성대한 의례였다. 또한 퇴계의 신주를 모시고 제사를 드릴 때 정조임금 자신도 창경궁 동북쪽의 궁문인 월근문(月覲門)에까지 나가서 퇴계를 존숭하는 뜻을 극진하게 표현하였다.

제사에 참예하지는 못하였으나 신주가 지나갈 때 구경을 하던 백성들과 부녀자들이나 아이들까지도 모두 "우리 선생이 여기 지나가신다."고 말하면서, 서로 다투어 길가에 엎드려서 맞이하고 전송하는 예의를 차렸다 한다. 성균관 근처 마을에서는 술주정꾼들도 "우리 선생의 신주가 우리 동네에 오셨으니, 우리들도 조심하여 술 마시지 말자"고 서로 경계하여, 길가에 술 취하여 다투는 소리가 없었다고 한다. 퇴계를 존숭하는 마음이 백성들 속에 얼마나 깊이 침투했으며, 그 영향이 얼마나 널리 퍼져 있는지를 잘 보여주는 일화들이다.

퇴계의 신주가 서울을 지나가게 된 것은 우연한 사건이었다. 이 우연한 계기로 정조임금은 퇴계의 신주를 맞이하는 행사의 규모를 결정하면서 시간이 갈수록 점점 높여가며 마지막에는 정승이 온 조정의 백관과 대학생들을 거느리고 문묘(文廟)제사를 드리게 하는 국가적 행사로 격을 높였던 사실을 엿볼 수 있다. 생각할수록 더욱 높이고 싶어지는 인물, 높이면 높일수록 더욱 많은 사람들의 가슴에 충만하여 오는 인격이 있다는 것은 그 사람을 위해서가 아니라, 그 나라와 그 백성들을 위해서 참으로 다행한 일이 아닐 수 없다.

오늘의 우리사회에는 영웅이나 위인의 모습이 잘 떠오르지 않는 것 같다. 우승을 거듭하는 운동선수나 인기가 치솟는 연예인에 대해 젊은이들이 열광하고 있지만, 우리나라가 당면한 문제를 헤쳐 나가는 데 길을 비쳐주고 그래서 따르며 본받고 싶은 스승이 우리에게는 잘 보이지 않는 것 같다. 대학교정을 오가던 시절에 항상 교정에는 민주화운동으로 희생된 젊은 투사들의 흉상과 추념조각물은 사방에 있어도 그 대학의 학문을 이끌어 갔던 학자의 흉상은 어디에도 없는 사실을 보면서 우리 대학의 한계가 보이는 것 같아 쓸쓸했던 일이 있다. 그러나 우리 대학이 훌륭한 학자가 없는 황량한 대학도 아니요, 우리 역사도 위대한 인물이 없는 공허한 역사가 아닌데, 왜 강각 속에 묻어두고 돌아보지 않는 것일까. 아마도 눈앞의 변화에 너무 휘둘리다가 과거도 미래도 안 보이는 심한 시각장애에 빠진 것이나 아닌지. 정조임금이 퇴계를 높였던 그 마음씀은 지금 우리에게도 잊었던 스승, 우리가 본받고 따라가야 할 스승을 다시 찾도록 눈을 크게 뜨게 해주는 좋은 시사를 해주는 것이라 생각이 든다.

제3부

하늘과 백성과 나라를 사랑한 열린 지성

—다산 정약용

하늘과 백성과 나라를 사랑한 열린 지성

생각해보면 우리 역사에는 시대마다 위대한 인물들이 헤아릴 수 없이 많았다. 그런데도 우리가 이들을 잊고서 돌아보지도 않은 채 살아가고 있다는 사실은 우리나라와 우리 역사와 우리 자신에 대한 사랑이 깊지 않기 때문이 아닐까? 우리의 삶이란 세속의 어지러운 바람에 떠다니고 밀려가는 조류를 따라 떠내려가면서 감각과 본능에 순응하고 탐욕과 이기심에 이끌려 행동하기가 쉽다. 그러다보면 자기 자신조차 깊이 알지를 못하는데, 어떻게 이웃과 나라를 알고 시대와 역사를 알 것인가? 그리고서 어찌 하늘의 큰 뜻을 알 수 있겠는가? 이웃과 나라, 시대와 역사, 그리고 하늘은 누구나 바라보면 소중한 줄 알 것 같다가도, 돌아서면 까마득하게 잊혀지고 말 뿐이다. 물결 위에 잠시 떠돌며 햇볕 아래 반짝이다가 사라지는 물거품 같은 것이 필부필부의 생애인지도 모르겠다.

우리 역사 속의 위대한 인물들은 어느 옛날에 살다가 사라진 인물이 아니다. 그들은 오늘 우리의 삶에 지혜와 용기와 의미를 일깨워주는 스승으로 우리 주위에서 여전히 우리를 지켜보고 계시는 인물들이다. 우리가 눈길만 주면 언제나 그들의 따뜻하면서 엄격한 눈빛을 만날 수 있다. 우리는 몇 시간 안에 우리 역사의 위대한 인물들이 살았던 마을을 찾아갈 수 있고, 그 오가던 길을 따라 걸어볼 수도 있다. 우리가 그들이 보여준 삶의 탁월한 모범을 본받을 수 있다면, 우리의 삶이 그만큼 풍요롭고 보람차고 당당할 수 있을 것은 당연한 일이다. 우리가 그들에 대해 존경하는 마음을 간직하고 한 걸음 들어가 그 정신을 이해할 수 있다면 지금 내가 살아가고 있는 이 땅과 이 나라와 나 자신이 자랑스러워질 수 있고 자부심으로 충만할 수 있지 않겠는가.

우리 역사 속의 인물 가운데 위대한 사상가로 옛부터 중국과 일본에서 높이 존중받아왔고 오늘날 비록 극소수이지만 서양 학자들도 주목하기 시작하는 인물로는 신라의 원효(元曉)와 조선의 퇴계 이황(退溪 李滉) 및 다산 정약용(茶山 丁若鏞)을 들어볼 수 있다. 특히 정약용(1762~1836)은 조선 후기 사회가 극심한 사상적 폐쇄성에 빠지고 말기적 폐단과 혼란을 드러내고 있는 시대를 살아가면서, 18,19세기 조선사회의 시대적 한계를 극복하고 새로운 시대를 열어가기 위한 방향을 제시하였던 인물이다. 바로 이 점에서 오늘날 우리 사회에서도 다양한 영역에서 정약용에 대한 관심을 기울이고 있는 것이다.

정약용은 사상적으로 조선사회를 지배하는 이데올로기였던 도학–주자학의 독선과 배타적 폐쇄성에 과감하게 도전하였다. 그는 한편으로 중국을 통해 전래해온 합리적이고 효율적인 새로운 지식으로서 서양과학을 수용하는 성호(星湖 李瀷)학파 실학의 열린 정신을 계승하였고, 다른 한편으로 천주교 교리의 신앙적 세계관을 수용하여 유교경전을 새롭게 조명하여 활력을 찾아내기 위한 사상적 혁신을 추구하였던 개혁사상가였다. 또한 그는 사회적으로 그 시대의 고질적 병통을 진단하고 치유하기 위한 대책을 처방함으로써 붕괴의 길에 접어든 조선사회를 다시 일으켜 세우기 위해 안간힘을 썼던 실학자였다.

그의 학문세계는 크게 보면 경전해석의 '경학'(經學)과 국가경영을 위한 '경세론'(經世論)이었다. 그의 경학은 '6경4서'(六經四書)라는 유교경전 전반에 걸쳐 방대하고 정밀한 주석체계를 완성한 것이다. 여기서 그는 주자학의 관념적 경전해석에서 벗어나 옛 경전이 제시한 '하늘'의 인격신으로서 신앙적 성격을 밝혀내고, 인간존재의 자유의지에 따른 도덕적 책임을 밝힘으로써, '하늘' 앞에 선 '인간'존재의 진지한 모습을 표출시켰다. 바로 이 점에서 그가 청년시절 한 때 빠졌던 천주교신앙의 영향이 그의 사상 전반에 얼마나 깊이 스며들어 있는지 확인할 수 있다. 이러한 그의 경전해석은 한(漢)나라에서 청(淸)나라 때까지 경전해석의 다양한 입장을 비판적으로 종합하는 치밀함과 더불어 유교경전 해석사에서 가장 창의적인 업적을 이루었던 것으로 인정할 수 있다.

또한 그의 경세론은 '1표2서'(一表二書: 經世遺表·牧民心書·欽欽新書)로 국가경영의 체계를 완성한 것이다. 그는 상층의 통치행위에서 하층의 서민생활까지 뿌리깊이 파고든 온갖 모순과 부조리를 고발하며 그 개혁방법을 제시하였다. 곧 당시 조선사회가 드러내는 유교적 명분아래 신분적 억압과 차별에 따른 병폐와 백성의 고통을 직시하였다. 이에 따라 그는 백성을 편안하고 넉넉하게 살 수 있게 하기 위한 행정제도의 합리적 개혁방책을 제시하고, 농업기술의 개량과 상공업의 진흥방법을 밝혔으며, 질병으로부터 백성의 생명을 구출하기 위해 의학지식에도 깊은 관심을 기울였다. 그것은 바로 인간을 사랑하고 나라를 사랑하는 뜨거운 사랑의 실천이라 할 수 있다.

정약용의 인물은 한마디로 하늘을 사랑하고 따르며 백성과 나라를 사랑하고 걱정하는 열린 지성이라 할 수 있다. 그래서 정약용을 마주하여 그 인물과 사상을 이해하기 위해서는 크게 세 가지 주제로 접근해볼 수 있다고 생각한다.

먼저 정약용의 인물과 사상을 이해하기 위해서는 살얼음판을 밟듯 위태로운 처지에서 살아가던 그의 인간적 삶의 모습을 찾아보고, 그의 평생에 가장 소중한 빛이었으며 무거운 짐이었던 천주교신앙의 문제를 음미해보며, 그의 학문적 특성과 예술적 운치를 살펴볼 수 있을 것이다. 다음으로 정약용의 인간적 면모로서 가족에 대한 사랑을 이해하기 위해서는 부모에 대한 효심과 아내에 대한 애절한 사랑을 엿보고, 자식을 가르치는 자상한 훈계와 특히 둘째형 정약전(丁若銓)과의 깊은 우애를 살펴볼 수 있다. 끝으로 정약용의 백성과 나라에 대한 사랑을 이해하기 위해서는 목민관의 책임에 대한 견해를 해명하고, 민생을 소중히 여기며 국법을 존중하는 입장을 확인하거, 나아가 백성을 살리는 책임으로서 의원과 법관의 자세에 대한 인식을 살펴볼 수 있을 것이다.

두려움(與猶堂)과 기다림(俟菴)으로 살았던 평생

> "나는 용기는 있지만 꾀가 없으며, 선(善)을 좋아하지만 가릴 줄
> 을 모르며, 정(情)에 끌리는 대로 곧바로 행하고 의심하거나 두
> 려워하지 않았다. …그래서 어려서는 일찍이 세속 예법의 바깥
> (方外: 천주교)으로 치달리면서도 의심하지 않았고, …서른 넘어
> 서는 지난 일을 깊이 뉘우치면서도 두려워하지 않았다. 그래서
> 선(善)을 끝없이 좋아하였으나 홀로 비방을 많이 받았다."
>
> 〈與猶堂記」, 『여유당전서』, 제1집, 권13〉

정약용은 28세에 벼슬길에 나온 이후 그가 천주교신앙에 빠졌었
다는 이유로 정적(政敵)들의 끊임없는 비난과 공격에 시달려야 했지
만, 정조(正祖)임금의 각별한 보호를 받아 무사하였다. 그러나 39세
때(1800) 여름 정조임금이 갑자기 돌아가시자 이제 그는 끈 떨어진
호박 신세가 되고 말았다. 이제 그를 겨누고 있던 반대파의 칼끝은
더욱 급박하게 다가오고 있었다.

그해 겨울 처자를 이끌고 고향에 돌아왔는데, 이때 그는 고향집의

당호(堂號)를 '여유당'(與猶堂)이라 붙였다. '여유'(與猶)라는 말은 『노자』(15장)에서 "망설임이여, 겨울에 시냇물을 건너듯 하고, 경계함이여, 사방에서 엿보는 것을 두려워하듯 한다."(與兮若冬涉川, 猶兮若畏四隣)는 두 구절의 첫 글자를 따온 것이다. 겨울에 엷게 얼은 시내를 건너자면 얼음이 꺼질까 두려워 조심스럽게 발을 디디지 않을 수 없으며, 사방에서 자신을 노리며 엿보는 적대적 시선을 느낀다면 말 한마디나 행동 하나도 두렵고 조심스럽게 하지 않을 수 없다는 뜻이다. '여유당'이라는 당호만 보아도 그가 살얼음판 걷듯 조심하고 두려워하며 세상을 살아갈 수밖에 없었던 실정을 생생하게 느낄 수 있다.

그는 이 글(「與猶堂記」)에서 자신이 위태로운 처지에 빠지게 된 원인이 바로 자신의 성격에 있음을 성찰하고 있다. 책을 읽다가 마음에 기쁨이 일어나면 정통에서 벗어나는 것이라도 빠져들어 그만두지 못하였고, 자신이 선(善)하다고 판단하면 유리한지 불리한지 가릴 줄을 몰랐으며, 마음에 끌리는 대로 행동하여 의심하거나 두려워하지 않았다고 한다. 이처럼 그는 자신이 진리를 추구하고 선을 행하는데 용감하였지만 자신의 이해관계를 돌볼 줄 아는 꾀가 없었고 남의 시선을 두려워할 줄 아는 조심성이 없었음을 고백하고 있다. 그래서 일찍이 천주교신앙에 빠져들면서 의심하지 않았고, 뒷날 말로는 후회한다고 하면서도 여전히 마음속에서는 두려움이 없었다고 한다. 동기로는 다만 선을 좋아하여 과감하게 행동했던 것이요, 결과로는 이 때문에 도리어 자신에게 비방이 쏟아지게 되었다는 것이다.

정약용은 평생 동안 여러 가지 호(號)를 사용하였다. 이러한 호들은 바로 그의 삶을 한두 글자로 압축하여 가장 절실하게 드러내 주는 말이다. 어려서는 용모로 자기를 확인하여, 자신의 눈썹이 천연두

흉터로 세 갈래가 되었다고 해서 '삼미자'(三眉子)라 하였고, 벼슬에 나가서는 출신고향으로 자기를 확인하여, 고향마을 뒷산 이름을 따라 '철마산의 나뭇꾼'이라는 뜻의 '철마산초'(鐵馬山樵)라 하였다. 39세 때 이후 반대파의 공격이 급박해지자 세상을 벗어나 배를 집삼아 물위를 떠돌며 낚시나 하고 살아가겠다는 생각으로 '고향 소내(苕川) 강에서 안개와 물결을 떠돌며 낚시하는 늙은이의 집'이라는 뜻의 '소상연파조수지가'(苕上烟波釣叟之家)라고 배이름을 짓고 그 편액을 집안의 정자에 걸어두었다 한다. '소상연파조수'는 너무 길어 별로 쓰이지 않았지만 그의 호 가운데 가장 멋스러운 호의 하나로 볼 수 있다. 그러나 그해 정조임금이 돌아간 뒤로 두려워하며 조심스럽게 살아가야겠다는 뜻으로 고향집 당호를 '여유당'(與猶堂)이라 붙였던 것이다. 그는 이미 이보다 6, 7년 전부터 당호를 '여유당'이라는 붙일 뜻을 가졌었다고 한다.

40세 때(1801) 강진에 유배 갔을 때 초기에는 주막집 골방어서 5년 동안 살았는데, 이때 그는 자신을 단속하기 위해 생각은 마땅히 담백하게 하고(思宜澹), 용모는 마땅히 엄숙하게 하며(貌宜莊), 말은 마땅히 적게 해야 하고(言宜訒), 행동은 마땅히 무겁게 해야 한다(動宜重)는 네 가지를 들어서 골방의 이름을 '사의재'(四宜齋)라 붙였다. 47세 때부터 10년간 강진 귤동(橘洞)의 산정(山亭)에 머물던 시절 산에 차나무가 있어서 자신의 호를 '다산'(茶山)이라 썼다. 이 산정이 바로 다산초당(茶山草堂)이다. 그리고 유배에서 풀려나 고향에 돌아와서는 고향집 앞을 흐르는 한강의 옛 이름을 따라 '열수'(洌水)·'열상노인'(洌上老人) 등의 호를 즐겨 썼다. 그는 회갑을 맞은 해(1822)에 자신의 묘비문(墓誌銘)을 직접 지으면서 자신의 호를 '사암'(俟菴)이라 하고, 당호를 '여유당'이라 확인했다. '사'(俟)는 기다린다는 뜻이니, '사암'이란 그가 살고 있는 시대에 그의 학문과 정신을 제대로 이해시킬 수 없다는 현실의 한계를 인식하여 다음 시대를 기다리겠다는 뜻을 담은 말이다.

오늘날 정약용의 호는 '다산'으로 통용되고 있다. '다산'은 그가 유배시절 가장 활발하게 저술활동을 하던 시기의 호였으니 대표적 호로 삼을 만하다. 그러나 정약용 자신에게 물어본다면 어떻게 대답할지 궁금하다. 천주교신자였다는 비방 속에 평생을 전전긍긍 조심하고 두려워하며 살았으니, '여유당'이 그의 삶을 가장 잘 드러내 주는 호라고 할 만하다. 1930년대 활자본으로 간행된 그의 저술은 『여유당전서』(與猶堂全書)이니, 그 당호를 중시한 것이다. 그러나 그는 자신의 시대에 포부를 펼칠 수 있는 기회를 박탈당하자, 자신의 학문과 사상을 방대한 저술로 남겨 다음 시대에서 그를 알아주고 그의 뜻이 펼쳐질 수 있는 날을 기다리겠다는 '사암'이 그의 생애가 지닌 의미를 가장 잘 드러내 주는 것이라 할 수 있을 것 같기도 하다. 그의 생애를 39세 때까지의 전반기와 40세 이후의 후반기로 나누어 본다면, 전반기는 두려움 속의 '여유당'으로 마무리 되고, 후반기는 기다림 속의 '사암'으로 마쳤던 것이 아닐까 생각된다.

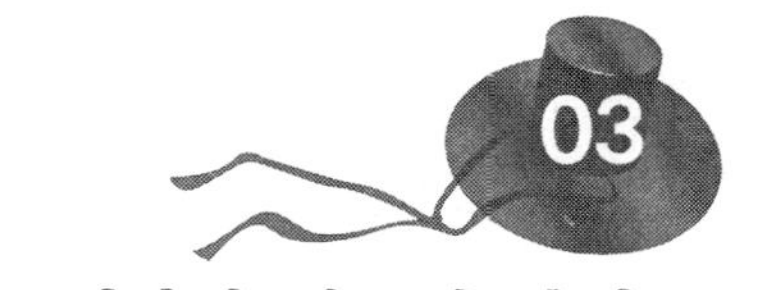

천주교신앙과 배교의 사이

"갑진년(1784) 4월 보름날 맏형수의 기일(忌日)에 제사를 지내고 나서 우리 형제와 이벽은 같은 배를 타고 물길을 따라 내려갔는데, 배 안에서 천지가 창조되는 시초나 육신과 영혼이 죽고 사는 이치를 들으니, 황홀하고 놀라워 마치 은하수가 끝이 없는 것 같았다."

〈「先仲氏墓誌銘」〉

정약용은 23세 때(1784) 4월15일(음력) 그의 평생에 가장 큰 영향을 미친 사건이 일어났다. 그날 이른 아침 정약용은 큰 형수(丁若鉉의 부인 경주 이씨)의 제사를 마치고 서울로 돌아오는 배를 탔다. 그 배에는 둘째 형 정약전과 사돈간이요 친우인 이벽(李檗)이 함께 탔다. 그의 큰 형수가 바로 이벽의 누님이었으니, 이벽으로서는 누님의 제사에 참석하고서 정약용 형제와 함께 서울로 돌아오는 길이었다. 이벽은 정약용보다 8세가 많았지만 정약용 형제와는 절친한 친구로 지냈던 가까운 사이였다. 배가 한강을 따라 내려오면서 이벽은 그 웅변

적 말솜씨로 천주교 교리에 대해 설명하기 시작했고, 정약용 형제는
완전히 도취되고 말았다. 정약용은 그 때의 감동을 서술하여, "황홀
하고 놀라워 마치 은하수가 끝이 없는 것 같았다."고 표현하였던 것
이다. 이 말은 『장자』(莊子, 逍遙遊)에서, 신인(神人)의 이야기를 듣고서
"나는 그 말이 놀랍고 두려워 마치 은하수가 끝이 없는 것 같았다."
(吾驚怖其言, 猶河漢而無極也)라고 언급한 구절을 끌어온 것으로, 새로
운 세계에 눈을 뜨면서 기존의 상식이 깨어져 나가는 놀라움과 감동
의 경험을 표현한 말이다.

그날 그 배안에서 이벽이 천주교 교리에 대해 설명했던 사실이 바
로 정약전과 정약용 형제가 천주교 신앙을 받아들이는 회심(回心)의
계기를 열어주었다. 정약전과 정약용은 그 길로 곧바로 천주교에 입
교하였다. 정약용은 누님의 남편으로 북경에서 최초로 세례를 받고
그해 봄에 돌아온 이승훈(李承薰)에게서 '요한'이라는 세례명으로 세
례를 받았다. 그해 여름 정조(正祖)임금은 대학생들에게 『중용』에 관
한 70조목의 의문점을 제시하고 답안을 올리게 하였던 일이 있었다.
이때 대학생이었던 정약용은 이벽과 70조목을 정밀하게 토론하여 답
안을 작성하였으며, 그는 이 답안을 뒷날 수정하여 『중용강의보』(中
庸講義補)로 완성하였다. 이 저술에서 천주교 교리를 끌어들여 유교
경전인 『중용』을 창의적으로 해석하였던 것은 정약용의 사상형성에
발단이 되는 중요한 사실일 뿐만 아니라 한국사상사에서도 의미 깊
은 사건이라 할 수 있다.

정약전·정약종·정약용의 삼형제는 천주교 신앙을 받아들이면서
명례방(현 서울 명동)의 초기 천주교 신앙집회에 참여하여 중추적 역
할을 하였다. 그러나 이듬해(1785) 봄 명례방 신앙집회가 형조(刑曹)

에 적발되자, 사회적 비난과 집안에서 부형의 엄격한 제재를 당하여 다수의 초기 신도들이 이탈하였고 신앙집회도 지하화할 수밖에 없었다.

형조에서 신앙집회가 적발된 일로 위기에 빠졌던 천주교 신앙활동을 다시 일으키는데 가장 먼저 나섰던 인물은 이승훈과 정약용이었다. 대학생이었던 정약용은 26세 때(1787) 겨울에 반촌(泮村: 현 종로구 명륜동 일대)의 민가에서 이승훈과 함께 동료 대학생들을 끌어들여 천주교 교리서를 공부하는 비밀강습회를 열었다. 이 모임은 정약용의 친우인 이기경과 홍락안에게 알려져 고발당하였던 '정미반회사'(丁未泮會事) 사건이다. 정약용 자신은 이때 이후 4,5년 동안 자못 천주교에 마음을 기울였다가 30세 때(1791) 그의 외사촌 윤지충이 천주교를 신봉하면서 제사를 폐지하고 신주를 불태운 사건을 계기로 국가에서 천주교에 대한 금교령(禁敎令)이 내려지자 '생각을 끊어버렸다'(「自撰墓誌銘(壙中本)」)고 하였다. '생각을 끊어버렸다'는 말은 '배교'의 선언이라기보다 '냉담'이라 볼 수 있을 것 같다.

그 후 천주교에 대한 비판이 일어날 때면 언제나 정약용이 공격의 중심에 자리 잡고 있었다. 34세 때(1795) 그를 각별하게 아끼고 보호하던 정조임금도 그를 충청도 금정찰방(金井察訪)으로 좌천시켜 그 지역 천주교도들을 회유시키고 체포하는 역할을 맡게 하여 천주교와 연관성이 없음을 입증하도록 하였다. 그 후로도 공격의 화살이 그에게 계속 쏟아지자, 36세 때(1797) 벼슬을 사직하면서 비난에 대해 스스로 변명하는 상소(「辨謗辭同副承旨疏」)를 올려 공개적으로 자신이 천주교 신앙에 빠졌던 사실을 인정하고 현재는 천주교 신앙을 끊어버렸다는 배교선언을 하였다. 정조임금은 그의 상소가 진실하다고 받아들여 사직을 허락하지 않았지만, 그를 비판하는 사람들은 그 상소의 진실성을 믿지 않았다. 마침내 정조임금이 돌아가자 반대파에서는 그를 천주교 신앙에 연관된 핵심인물로 체포하여 심문하였는데, 신앙활동의 증거를 찾지 못하였지만 끝내 석방하지 않고 경상도 장기(長鬐: 현 포항시 장기면)와 전라도 강진(康津)으로 18년간의 유배생활을 하게 하였다.

달레의 『한국천주교회사』에서는 정약용이 한때 배교했지만 만년에 후회하고 다시 신앙생활을 하여 유방제 신부에게서 종부성사를 받고 죽었다고 기록하였다. 그러나 교회사 쪽의 이 기록을 증명할 다른 아무런 증거가 없다. 그렇다면 과연 정약용은 끝내 천주교 신자였던 것인가? 아니면 청년시절 천주교 신자였지만 30세 이후부터 배교자였던 것인가?

신자인가 배교자인가 양자택일의 어느 쪽도 별 의미가 없다. 오히려 이 시대 어떤 열렬한 천주교 신앙인이나 순교자보다도 서양문물과 천주교 신앙에 대한 정약용의 이해가 우리 역사와 사상사에 중요한 의미를 남겨주고 있다는 사실을 유의할 필요가 있다. 그는 자신의 구원에만 몰입한 신앙인이 아니라, 서양과학기술을 이용하여 수원성을 쌓는데 활용하여 우리 기술사의 새 장을 열어주었으며, 천주교 교리의 빛으로 유교경전을 새롭게 해석하여 동서사상 교류의 큰 영역을 열어준 석학이었다.

저술을 남기는 뜻과 하늘을 섬기는 학문정신

> "내가 죽은 뒤에 아무리 정결한 희생과 풍성한 살코기를 진설해 놓고 제사를 지내준다 하여도, 내가 흠향하고 기뻐하는 것은 내 책 한 편을 읽어주고 내 책 한 장(章)을 베껴주는 일보다는 못하게 여길 것이니, 너희들은 마땅히 새겨서 기억하라."
>
> 〈「두 아들에게 보여주는 가정의 훈계」(示二子家誡)〉

정약용은 40세 때(1801) 겨울 강진에 유배되자 이듬해 봄부터 저술에 몰두하였다. 그는 아침부터 저녁까지 쉬지 않고 저술에만 매달렸다. 그 결과 왼쪽 어깨는 마비되고, 시력은 극심하게 나빠져 안경에만 의지할 수밖에 없었다고 한다. 위의 글은 그가 『주역사전』(周易四箋)을 저술하여 네 번이나 고친 뒤에 완성하고, 『상례사전』(喪禮四箋)의 저술을 진행하던 47세 때(1808) 두 아들에게 보낸 편지에서 자신의 저술을 잘 간직하여 전해줄 것을 당부하는 훈계의 말이다.

그는 『주역』을 창의적으로 해석한 자신의 『주역사전』에 대해 "내가 하늘의 도움을 얻어 지어낸 책이요, 절대로 사람의 힘으로 통할 수 있고 사람의 지혜나 생각으로 이룰 수 있는 바가 아니다."라 하여 강한 자부심을 밝혔다. 따라서 그는 이 편지에서 후세에 이 책의 오묘한 뜻을 통할 수 있는 사람이 나온다면 바로 자신의 자손이나 벗이 된다고 하면서, "천 년에 한 번 나오더라도 나의 정을 배 이상 쏟아 애지중지할 것"이라 하여 자신의 저술을 읽고 이해해줄 사람을 기다리는 간곡한 바람을 표현하였다. 또한 『상례사전』에 대해서도 "내가 성인을 독실하게 믿고 지은 책으로 … 공자의 참된 근원으로 돌아가게 했다고 여기는 것이다."라 밝혔다. 마찬가지로 그는 뒷날 이 책의 오묘한 뜻을 터득하는 사람이 나온다면 "뼈에 살을 붙여주고 죽은 생명을 살려주는 은혜와 같아 천금(千金)을 주지 않더라도 받은 것처럼 감지덕지하겠다."고 하여, 자신의 저술을 이해하는 사람이 바로 죽은 뒤에도 자신에게 생명을 부여해 주는 사람이라고 밝혔다. 그가 심혈을 기울여 창의적 세계를 열어준 저술이 뒷날 사람들에게 읽혀지고 이해되기를 얼마나 간절히 바라고 있는지 생생하게 보여준다.

원(元)나라 왕운(秋澗 王惲)은 선비의 임무를 규정하여, "세상에 나가면 '도'를 행하여 한 시대를 구제하고, 은둔하면 저술을 남겨 후세에 전하게 한다."(出則行道濟時, 隱則立言垂後.〈「義齋先生四書家訓題辭」〉)고 하였고, 조선의 율곡은 참된 선비(眞儒)를 정의하여, "세상에 나가면 한 시대에 '도'를 행하고, 물러나면 만세에 가르침을 전한다."(進則行道於一時, …退則垂教於萬世.〈「東湖問答」〉)고 언급하였다. 한 시대를 살아가는 지식인으로서 그 시대에 자신의 포부를 펼칠 수 있는 기회를 얻은 사람이라면 마땅히 '도'를 펼쳐 세상을 구제해야 한다는 것이고, 그 시대에 뜻을 펼칠 수 있는 기회를 얻지 못한 사람은 말씀과 저술을 남겨서 그 가르침이 후세에 전해져 실현되도록 해야 한다는 말이다.

정약용은 자신의 시대에서 임금이 알아주심을 받았지만 끝내 뜻을 펼치지 못한 채 유배를 당한 몸이 되고 말았다. 그는 18년간의 오랜 유배생활 속에서도 좌절감에 빠져 자포자기하지 않고, 자신의 학문과 사상을 뒷세상에 전하기 위해 혼신의 힘을 기울여 저술하는데 집중하였다. 그 결실로서 그는 한적(漢籍)으로 5백 권이 넘는 가장 방대하고 또 창의적인 저술을 남김으로써 우리 역사 속에 우뚝한 봉우리로 솟아올랐으며, 그 다음 시대에 그의 사상이 큰 영향력을 미쳤다. 이것이 바로 '저술을 남겨 후세에 전하는 것'(立言垂後)이요, '만세에 가르침을 전하는 것'(垂敎於萬世)의 모범을 보여주는 것이라 하겠다.

1930년대에 정약용의 저술을 모아 편찬하여 활자판으로 『여유당전서』(與猶堂全書)를 간행하였는데, 그 내용은 시와 문장, 경전즈석, 예학, 음악론, 정치와 법제, 지리, 의약의 일곱 영역에 걸쳐 154책에 이르고 있다. 분량으로도 우리 역사상의 인물 가운데 가장 많은 저술을 남겼으며, 그 내용의 깊고 치밀함이나 이론의 창의성에서도 우리 학술사에 가장 풍성한 유산으로서, 세계에 자랑스럽게 내놓을 만하다. 정약용은 여러 분야에서 다양한 문제들을 다루었다. 그러나 그의 저술 속에서 일관하게 흐르는 근본주제는 '인간에 대한 사랑'(愛人)과 '하늘을 섬김'(事天)이 서로 비추고 함께 엮어져 있는 것이라 할 수 있다.

정약용은 어떤 유학자보다 '하늘을 섬김'을 강조하였던 신앙적 성격이 강한 인물이다. 곧 "옛 사람은 한결같은 마음으로 하늘을 섬겼다.”(古人一心事天.〈『心經密驗』〉)하고, “군자의 학문은 어버이를 섬기는 데서 시작하고 하늘을 섬기는데서 끝맺는다.”(君子之學.始於事親.終於 事天.〈『中庸講義補』〉)고 하였다. 그것은 공자가 “어진 사람이 어버이를 섬김은 하늘을 섬기듯이 하고, 하늘을 섬김은 어버이를 섬기듯이 한 다.”(『예기』, 哀公問)는 말씀을 그의 사상적 근거에 받아들인 것이라 할 수 있으며, 그가 젊었을 때 받아들인 천주교 교리의 영향이라 볼 수도 있다.

여기서 그는 인간이 하늘을 섬기는 마음은 ‘한결같은 마음’(一心)이 요 ‘진실한 마음’(實心)이어야 할 것을 역설하고, 또한 하늘을 섬기는 방법으로 ‘어버이를 섬김’(事親)을 강조하고 있다. 어버이를 섬긴다는 것은 인간관계에서 사랑과 존경의 감정을 배우고 기르는 출발점이다. 그는 ‘인’(仁)을 인간과 인간 사이의 사랑이라 정의하고, 인간과 인간 사이의 사랑은 위로 부모에 대한 사랑(孝)과 아래로 자식에 대한 사 랑(慈)과 곁으로 형제간의 사랑(悌)이 기본구조를 이루고 있음을 제 시한다. 이러한 인간에 대한 사랑이 바로 인간의 덕(德)이요, 덕을 밝 히는 일(明德)이나 자신의 인격을 닦는 일(修身)이 바로 ‘사람다운 도 리’(人倫)의 실현임을 지적하며, 이를 통해서만 인간은 올바르게 하늘 을 섬길 수 있음을 밝히고 있다.

주자학에서는 하늘을 이치(理)라 해석하고 ‘인’(仁)을 만물을 낳는 이치라 해석한다. 정약용은 주자학의 이러한 관념적 사유체계로는 성 인이 되고자 해도 불가능하다고 지적하였다. 따라서 그는 “자신이 하늘 앞에 홀로 서 있음을 알고 삼가서 하늘을 섬기며, 남에 미루어 보아 자신을 닦기를 힘씀으로써 인간에 대한 사랑을 실천하며, 또 항 구하게 쉬지 않는다면 성인이다.”(若愼獨以事天, 强恕以求仁, 又能恒久而

不息, 斯聖人矣.〈『心經密驗』〉)라고 하였다. 이런 의미에서 주자학을 '성리학'(性理學)으로 일컫는데 대비시키면서, 정약용의 사상적 핵심을 한마디로 집약시켜 지적한다면 '사천학'(事天學)이라 할 수 있을 것이다.

정약용은 '하늘을 섬김'에 근거하여 인간의 이해를 심화시키고 있음을 주목할 필요가 있다. 하늘에 대한 두려움과 공경의 감정이 절실하게 각성되면서 인간은 자신의 도덕적 성품을 더욱 진지하게 인식하게 되고, 다른 인간에 대한 도덕적 책임의식을 더욱 확고하게 정립하게 된다는 것이다. 이에 따라 사회정의나 국가질서의 이상을 새롭게 조명함으로써 사회개혁의 과제와 방향을 밝혀나갔다. 그가 보인 민생의 고통에 대한 절실한 연민과 사회적 모순이나 비리에 대한 냉철한 인식은 그의 실학에서 사회개혁의 구체적 방법으로 제시되었다. 따라서 그의 실학사상은 바로 '인간에 대한 사랑'과 '하늘을 섬김'이라는 그의 사상기반 위에서 이루어진 결실이라 할 수 있다.

음악을 되살리고 예술에 적신 삶

"성인이 거문고·비파·종·북·경쇠(磬)·피리 등의 음률을 만들어서 아침 저녁으로 귀에 젖어들고 마음에 젖어들게 하여 그 혈맥을 뒤흔들어서 화평하고 화락한 의지를 격동시킨다.…성인의 '도'는 음악이 아니면 시행될 수 없고, 제왕의 정치도 음악이 아니면 이루어질 수 없고, 천지 만물의 상태도 음악이 아니면 조화를 이루지 못한다. 음악의 덕이 이처럼 넓고 깊은 것인데도 삼대(三代: 夏·殷·周시대) 이후에 음악만 완전히 없어졌으니, 또한 슬프지 아니한가."

〈「樂論(1)」〉

성인이 온갖 악기를 이용해 만든 음악을 들으면 사람들은 가슴 속에서 감동이 일어나고 마음에 화평하고 화락한 의지가 일어나게 된다고 한다. 음악이라고 모두 인간의 마음을 조화롭고 즐겁게 해주는 것은 아니리라. 애상에 젖게 하는 음악, 원망하거나 격분하게 하는 음악이 있는가 하면, 방탕한 마음을 일으키는 음악도 있다. 세상에 흘러다니는 온갖 종류의 음악 가운데서도 오직 성인의 건강하고 고매한 이상과 인간에 대한 깊은 사랑이 깊이 배어있는 음악이라야 인간의 마음을 화합하고 평정하게 하면서도 즐겁게 해주는 음악이라는 것이다.

정약용은 인간의 마음을 화평하고 화락하게 해주는 성인의 음악이 얼마나 중요한지를 누구보다 절실하게 인식하고 강조하였다. 곧 성인의 음악이 없이는 이 세상에 진실하고 인간다운 도리를 실현할 수도 없고 이상적 정치도 실현할 수 없다고 보았던 것이다. 그러나 역사의 현실에서는 바로 이렇게도 소중하다는 성인의 음악이 가장 먼저 소멸되고 말았으니 어찌된 일인가. 공자가 원래 여섯 가지 경전 곧 '육경'(六經)을 편찬하였다는데, 다른 다섯 가지 경전 곧 '오경'(五經)은 아직도 남아있지만 음악에 관한 경전인 『악경』(樂經)만은 진작부터 없어져버리고 말았다. 성인의 음악이 사라지고 전해지지 않으니, 이 인간사회는 혹독한 형벌과 전쟁과 속임수가 성행하게 되었고, 끊임없는 불화 속에 갈등을 일으키고 혼란과 무질서에 빠지게 되었다는 말이다.

그렇다면 성인의 음악을 회복하는 일을 시급한 과제가 아닐 수 없다. 그래서 정약용은 소멸된 『악경』의 자취를 찾아서 그 모습을 되살리는데 깊은 관심을 기울였고, 그 결실로서 그는 『악서고존』(樂書孤存)을 저술하여 '육경'(六經)의 체제를 다시 세워놓았다. 그는 이 『악서고존』의 머리말에서도 "예법으로는 바깥의 행동을 절제하고, 음악으로는 안으로 마음을 화평하게 한다. 절제는 행동을 바르게 하고, 화평은 덕을 기르는 것이다. 두 가지 중에 어느 한 쪽도 폐지해서는 안 된다"고 주장하였다. 곧 바깥으로 행동을 반듯하게 잡아주는 예절(禮)과 안으로 마음을 화평하게 하여 덕을 길러주는 음악(樂)의 양 날개가 모두 소중하여 어느 한 쪽도 없어서는 안될 것임을 역설한 것이다.

나아가 그는 음악이 안으로 마음의 화평한 덕을 기르는 근본적인 것이요 사람을 가르치는데 먼저 힘써야 할 일이라 강조하고 있다. 인간의 마음은 자칫하면 감정의 폭풍으로 거센 파도가 일어나는 바다와 같다. 이 마음을 화평하게 할 수 없다면 자신의 몸가짐이나 남을 대하는 예절도 올바르게 실행할 수가 없게 된다. 마음에 감정의 파도가 거세게 일면 판단하고 행동하는 것 어느 하나도 어긋나지 않는 것이 없으니, 지나고 나면 후회만 남게 마련이다. 그러니 마음을 화평하고 조화롭게 하는 일이 가장 우선적으로 확보해야할 근본과제가 아닐 수 없다.

정약용은 음악을 취미생활이나 예능으로 보는 것이 아니라, 사람의 심성을 화평하게 길러주는 교육의 근본과제로 보았다. 곧 인성교육은 음악에 근본을 두어야 한다는 것이다. 진리는 지식으로 전달되고 논리로 설득시키는데서 끝나는 것이 아니다. 인간의 마음 깊은 속에서 감동을 일으키고 인격을 변화시킴으로써 진리도 온전하게 실현될 수 있는 것이다. 바로 음악은 인간의 마음에 감동을 일으키게 해주는 기본장치라 보았다. 물론 음악에도 인간의 감정을 잘못 이끌어가는 '통속 음악'(俗樂)이 있으니, 화평한 감정을 이끌어주는 '바른 음악'(正樂)을 택해야 한다는 것을 전제로 삼고 말하는 것이다.

그는 '춤'(舞)을 음악의 중요한 구성요소로 주목하면서, 음악이 옛 성왕의 높은 덕을 형상하는 것(象德)이라면 '춤'은 그 덕이 이루어진 성취를 형상하는 것(象成)이라 하였다.(「原舞」) 옛 성인과 영웅들의 덕과 공적이 음악과 춤으로 어우러져 형상화된 음악이 되풀이 연주되고 노래 불러질 때 그 역사의 전설적 사실이 재현되고 그 음악에 참여함으로써 감동을 받을 수 있음을 말해준다. 그는 19세 때(1780) 당시 경상우도 병마절도사이던 장인 홍화보가 재기 넘치는 어린 사위를 위해 진주 촉석루에서 베풀어준 연회 때 기생의 칼춤(劍舞)을 감상하고 그 춤사위를 그림처럼 생생하게 묘사하는 시(「舞劍篇贈美人」)를 지었는데, 이 칼춤이 신라시대의 황창무(黃昌舞)를 계승한 것이라 지적하기도 하였다.

정약용은 "독서를 사탕수수처럼 즐기고, 거문고를 감람나무 열매처럼 즐기며, 시를 창포김치처럼 즐긴다."(「題藏上人屛風」)고 하였다. 학문적 연마에 몰두하면서도 음악과 시를 즐기는 운치 있는 삶의 모습을 보여준다. 또한 산에 오르고 배를 띄워 강 위로 떠다니거나, 꽃을 찾아다니고 버들 숲을 거닐며 자연 속에 노닐며 시를 읊는 여가를 즐겼고, 강진 유배지 다산초당에서도 연못을 파고 꽃나무를 심고 바닷가에 나가서 기이한 괴석을 모아다가 정원을 아름답게 꾸미는데도 세심한 정성을 기울였다.

그의 외증조 윤두서(恭齋 尹斗緖)는 그 시대 대표적 화가로서 인물화와 산수화 등에 걸작을 남겼는데, 그 자신도 일찍부터 그림에 남다른 관심과 소양을 지녔다. 그는 조선시대의 앞 시대 화가나 당대 화가의 그림들에 대해서도 폭넓게 정밀한 논평을 하였다. 또한 그가 강진에서 오랜 유배생활을 하고 있을 때 부인은 멀리 강진으로 남편에 대한 애틋한 그리움을 담아 시집올 때 입었던 낡고 빛바랜 다홍치마를 보내주었던 일이 있다. 그는 이 치마폭을 작게 잘라서 「하피첩」(霞帔帖)이라는 작은 책자 4개를 만들어 두 아들에게는 훈계하는 말

을 적어 주었고, 남은 조각을 간직했다가 딸이 시집 갈 때 그 어머니
의 낡은 치마 조각에다 딸을 위해 화제(畵題)로 시 한수를 적어넣고
매화 꽃가지에 한 쌍의 새가 정답게 앉아 지저귀는 '매조도'(梅鳥圖)
를 그린 족자를 만들어 보내주기도 하였다.

부모에게 효도하는 마음

"사람이 세상에 태어날 때는 모두 빈손일 뿐이나, (부모가) 입혀
주고 먹여주며 전답과 집까지 물려준다. …지난날 친구에게서
어느 하루 입은 은덕은 죽을 때까지 잊지 않고, 지난날 하인이
어느 하루 행한 노고는 마음에 새겨둔다. 그런데 부모에 대해서
는 그 은혜가 하늘같이 커서 끝이 없지만 아득히 잊어버리고 당
연한 일처럼 생각하여 그 만분의 일이라도 보답하려 들지 않으
니, 이것이 무슨 이치란 말인가. 사람의 자식 된 자가 어찌 깊이
생각하지 않을 수 있으리오."

〈「곡산향교에 타일러 '효'를 권장하는 글」(諭谷山鄕校勸孝文)〉

정약용이 황해도 곡산부사로 재임하고 있던 시절 곡산향교의 학생
들에게 효도를 권장하여 훈계한 글이다. 유교사회에서 '효'를 도덕의
근본으로 삼고 있지만, 현실에서는 여전히 '효'를 하기가 그리 쉽지 않
았던 것 같다. 그는 일상생활 속에서 사람들이 보여주는 정서를 유심
하게 관찰하고 있다. 누구나 자기가 위급할 때 어느 친구가 한 번 도

와주면 크게 감사하고 반드시 보답하려 할 것이다. 또 어느 날 자기가 아플 때 부리는 종이 병간호를 해주어도 칭찬하고 보상을 해주려 한다는 것이다. 그렇지만 부모에게 한량없는 은혜를 받고서도 그것은 당연한 것으로 여겨 절실하게 감사할 줄도 모르고 보답하려 들지도 않는 것이 보통사람들의 마음 씀씀이라는 것을 지적하고 있다.

길에서 만난 낯선 사람의 작은 친절에도 감사를 표하고 마음속으로 칭찬하면서 왜 부모의 헌신적인 사랑에 대해서는 특별히 감사하는 마음이 일어나지 않으면서 조금만 자기 뜻에 거슬려도 원망하는 마음이 쉽게 일어나는 것일까? 자식을 키워봐야 부모의 마음을 알 수 있다고 한다. 자식이 불손할 때 섭섭한 마음을 생각하면 부모가 자신에 대해 얼마나 자주 얼마나 섭섭했을지 짐작이 된다.

그래도 부모의 은혜는 쉽게 잊어버리게 된다. 부모의 은혜를 잊기 쉽다는 것이 어쩌면 인간이 타고난 자연스러운 속성인지도 모르겠다. 인간은 항상 미래를 향해 앞으로 내다보고 살아가는 존재이다. 그러니 뒤로 과거를 돌아보며 부모의 은혜를 생각하기가 쉽지 않은 것인지 모르겠다. 인간의 본능은 언제나 자식에 대한 사랑으로 열려 있는 것 같다. 그래서 '사랑은 내리사랑'이라고 하는가 보다.

문제는 인간이 자연으로 타고난 본능대로만 따르며 살 수 있는 존재가 아니라는데 있다. 동물도 자식에 대한 사랑은 극진하다. 그러나 동물은 성장하여 부모의 품을 한 번 떠나면 다시 부모를 돌아보지 않는다. 이와 달리 인간은 이런 본능을 넘어서 뒤를 돌아볼 수 있고 부모의 은혜에 감사할 수 있기 때문에 인간으로서 품격과 가치를 지니는 존재가 아니겠는가? 그래서 인간은 앞에 놓인 먹이만 보고 달려드는 동물과 달리 뒤도 돌아볼 수 있고, 사방을 둘러 볼 수 있다.

어디 그뿐이겠는가. 어떻게 행동할지 결정할 때는 위로 하늘을 우러러 보고 안으로 가슴 속 양심을 굽어 살필 수 있는 존재이다. 또한 인간은 현재에 살아가면서도 끊임없이 앞으로 올 미래를 예측하면서 지나간 과거를 회상할 수 있는 것이 인간이다. 사실 미래를 잘 내다보려면 지나간 과거의 역사를 잘 돌아볼 수 있어야 한다. '역사'에 대한 관심이 미래를 내다보는 지혜의 원천이 아닌가. 잘 돌아가지 않는 고개를 자주 뒤로 돌려 지난 역사를 잊지 말고 부모의 은혜를 잊지 않는다면 현재가 훨씬 더 안정되고 미래가 훨씬 더 탄탄해질 수 있지 않겠는가.

정약용은 부모의 은혜를 잊고서 부모에게 불효하게 되는 두 가지 실마리로 아내와 재물을 들고 있다. 물론 효도하려면 아내와 재물이 없어야 한다고 말하려는 것이 아니다. 오히려 아내와 재물이 있어야 효도할 수 있음을 강조한다. 그렇다면 불효하게 되는 까닭은 단지 부모를 도외시하고 아내를 혼자 차지하고 재물을 혼자 차지하려 하기 때문이라는 것이다.

자신의 아내는 부모에게 며느리인데, 며느리의 역할을 가볍게 여기고 아내의 역할만 중시하여 독점하려들면 부모와 자식 사이가 벌어져 멀어질 수밖에 없다는 것이다. 그래서 부모가 아내를 불편하게 하거나 수고롭게 하는 것을 보면 부모를 원망하고 불평하게 되며, 규방 안에서 아내와 소곤거리면서 부모를 멀리 하게 된다는 것이다. 또한 자신의 재물은 부모가 마련해준 바탕이 되어 얻어지는 것인데, 자기 것으로 독점하려 들면서 부모와 나누어 쓰기를 꺼리게 된다는 것이다. 그래서 부모가 재물에 손해를 끼치거나 재물을 쓰는 것을 보면 성내고 걱정하며, 부모가 모르게 자기만의 재물을 깊이 감추려 들게 된다는 것이다.

한마디로 불효는 자신의 본능적 욕심에 갇혀서 부모를 돌아볼 수 없는데서 오는 것이라는 말이다. 부부의 화합은 가정을 지키는 근본인줄을 모르는 사람은 없다. 그러나 부부의 애정에 사로잡혀 부모를 버려두는 것은 꽃의 아름다움에 취해 꽃가지를 꺾어 뿌리와 끊어놓는 것이 아니겠는가. 뿌리가 튼튼하면 가지도 무성하게 벌어지고 꽃도 아름답게 피며 열매도 풍성하게 맺힐 터인데, 한줄기 꽃가지에 빠지면 전체를 못볼 위험이 따를 수밖에 없다. 자기 한 몸만 챙기는 이기심, 자기 아내와 자기 자식만 챙기는 이기심에서 벗어나 부모와 형제까지 자기 몸으로 여기는 좀 더 큰 자기를 찾아야 한다는 말인 것 같다. 자신을 좀더 크게 키우면 이웃도 한 몸으로 삼고 인류도 한 몸으로 삼으며 산천초목의 자연까지 자신과 한 몸으로 삼는 마음을 지닐 수 있지 않겠는가.

정약용은 "부모를 섬기는데서 시작하여 하늘을 섬기는데서 끝맺는다."고 하였으니, 부모를 섬길 줄 모르면 하늘을 섬길 줄도 모른다는 말이다. 이기적인 자기 속에 갇혀서 부모 형제도 돌볼 줄 모르며 이웃도 사랑할 줄 모르면서 하늘을 섬긴다고 하면 그 진실성을 보장하기 어렵다는 것이 아니겠는가. 개인주의가 극도로 심화되어 남을 배려할 줄 모르고, 핵가족화가 일반화되면서 부모와 형제가 멀어져가는 우리 시대에서 자신의 처자만 사랑하는 마음을 넘어 부모를 보살피는 마음으로 자신을 키우고, 더 나가서 이웃을 사랑하는 마음으로 자신을 키워간다면 하늘에로 한 걸음 더 가까이 다가갈 수 있는 길이 열리지 않을까 생각된다.

아내에 대한 사랑

육십년 풍상의 세월 순식간에 흘러갔으나,

복사꽃 화사한 봄빛은 신혼 시절 같구려.

살아 이별, 죽어 이별로 늙음을 재촉했건만,

슬픔 짧고 기쁨 길어 임금님 은혜에 감격하네.

이 밤 목란사(木蘭詞) 읽는 소리 더욱 정답고,

그 옛날 다홍치마엔 먹 흔적 아직 남았다오.

쪼개졌다 다시 합한 것 참으로 우리 모습이니,

표주박 한 쌍을 남겨서 자손에게 물려주리.

六十風輪轉眼翻,　穠桃春色似新婚,

生離死別催人老,　戚短歡長感主恩,

此夜蘭詞聲更好,　舊時霞帔墨猶痕,

剖而復合眞吾象,　留取雙瓢付子孫.

〈「回졸詩」〉

이 시는 죽기 사흘 전에 회혼(回婚: 回졸)을 맞게 되는 자신의 감회를 읊은 시의 한 부분이다. 정약용은 15세 때 복사꽃이 화사하게 핀 봄날 풍산 홍씨 홍화보(洪和輔)의 따님을 맞아 장가를 들었는데, 75세 때(1836) 2월22일 혼인한 지 60주년이 되는 회혼 날 마재 고향집에서 친척 자손 제자들이 모두 모여 잔치를 벌이려던 날, 바로 그 날에 세상을 떠났다. 모진 시련을 겪어야 했던 60년 세월이 지났건만 복사꽃이 만발하여 혼인하던 그 날을 생생하게 되살려주었다.

살아서 18년간 유배생활을 했으니 참으로 긴 외롭고 쓰라린 이별이었지만, 홍씨부인과 사이에 아들 여섯에 딸 셋을 낳았는데, 아들 넷과 딸 둘이 어려서 천연두로 죽었으니 여섯 자식과 사별해야 했던 아내의 아픔이 얼마나 깊은지 살펴주고 있다. 그래도 60년 세월 가운데 이별의 슬픔보다 함께 했던 기쁨의 날이 더 길지 않으냐고 위로해준다. 「목란사」(木蘭詞)는 중국 북조(北朝)때의 노래로 '목란'이라는 소녀가 아버지를 대신해 남장을 하고 군대에 들어가 오랑캐와 싸워 이기고 돌아온다는 여성무용담이다. 이 이야기를 월터 디즈니에서 만화영화 '뮬란'으로 만들었던 일이 있다. 그가 평소에도 사랑하는 아내에게 자주 옛 이야기책을 읽어주었는데, 이때에도 아내를 위해 「목란사」를 다정한 목소리로 읽어주었나 보다.

정약용은 유난히 아내와 금슬이 좋았다. 그래서 옛 사람으로서는 매우 드물게 아내에 대한 사랑을 시와 편지 곳곳에서 언급하고 있다. 청년시절 아내를 데리고 장인과 부친의 임지를 찾아다닐 때, 여행 도중에 합천의 함벽정(涵碧亭)이나 선산의 월파정(月波亭)처럼 경관이 아름다운 정자를 만나면 새색시인 아내와 함께 정자에 오르며 산천의 유람을 즐기기도 했다. 이때 지은 시의 한 구절에서 "아내와는 정분이 깊어/ 산천유람 어울려 함께 한다오"(「登月波亭」)라고 읊기도 하였다. 강진에 유배 갔던 이듬해(1802) 봄에 아내가 천리길에 보내온 옷가지와 찰밥을 받고서, 이때의 시에서도 "병든 아내 옷 꿰매 보내니 그래도 날 사랑하네/ 즐긴다고 이 먼 곳에 찰밥 싸서 보내왔지만/ 굶주림 면하려고 쇠 투호를 또 팔았다 하네"(「新年得家書」)라 읊어 자신을 사랑하는 아내를 가슴 저리게 생각하고 있음을 보여준다.

그가 강진에서 유배생활을 하던 45세 때(1806) 봄날 아내를 생각하며 읊었던 시에서도, "외로운 나그네 돌아가지 못하고 있으니/ 어느 때나 규방에 들어 꽃다운 인연 맺어볼까/ 그리워 말아야지/ 그리워 말아야지/ 서글픈 꿈속에서 본 그 얼굴"(「如夢令, 又」)이라 하여, 짝을 부르는 비둘기의 울음소리를 듣고 새끼를 찾아 날아드는 제비의 모습을 보며, 아내와 자식이 못 견디게 그리움을 "그리워 말아야지"하고 되뇌지만, 꿈속에서야 그리운 얼굴을 만나는 애끊는 그리움을 절절하게 표현하고 있다.

강진 유배지에 있던 1802년 겨울 네 살 난 막내아들이 마마를 앓다가 죽었다는 소식을 들었을 때, 장성한 두 아들에게 보낸 답장에서 "나는 죽음이나 삶과 슬픔이나 즐거움의 이치를 대략 아는데도 이렇게 비통한데, 하물며 너희 어머니는 자식을 품속에서 꺼내어 흙 속에다 묻었으니, 그 아이가 살았을 때의 기특하고 사랑스러웠던 말 한 마디 몸짓 하나까지 모두 귀에 쟁쟁하고 눈에 삼삼할 것이다. …더구나 큰 병을 앓고 많이 수척해진 뒤에 이런 일을 당했으니 하루 이틀 사이에 잇달아 죽지 않는 것만도 매우 기이한 일이다. 너희 어머니 처지를 생각하면 내가 그 아이의 아비란 것도 문득 잊은 채 다만 너희 어머니만을 위해 슬퍼한다. 너희들은 아무쪼록 마음을 다하여

효성으로 봉양해서 너희 어머니의 목숨을 보전하도록 하여라."(「畬兩
兒」)하였다.

유배지에서 어린 자식이 죽었다는 소식을 듣고도 자신의 슬픔보
다 아내의 애통함이 얼마나 뼈저리게 아픈 것인지 절절하게 느끼고
있음을 보여준다. 남편은 아득한 유배지에서 다시 돌아올 기약도 없
는데, 오직 어린 자식 하나를 키워야 한다는 일념으로 병든 몸을 추
스르며 살아왔을 아내가 너무 상심하여 잇달아 죽지나 않을지 염려
하여 자식의 죽음에 대한 슬픔도 잊고 아내만을 염려한다는 마음을
밝히고, 장성한 두 아들에게 어머니를 잘 봉양하여 목숨을 보전하게
하라고 간곡히 당부하였던 것이다.

그는 평생을 돌아보며 유배생활로 오랜 이별 끝에 다시 만난 자신
과 아내를 마치 쪼개놓아 떨어져 있다가 다시 합쳐놓은 표주박 한
쌍과 같다고 비유하기도 하였다. 비록 쪼개져 있더라도 본래 한 몸이
었음을 말한다. 부부가 화합하는 것이 본래 한 몸의 온전한 모습을
보여주는 것이 된다. 그래서 그는 회혼날의 이 시에서 자손들에게 표
주박 한 쌍을 물려주겠다는 뜻을 밝히고 있다. 한 쌍의 표주박을 자
손들에게 물려주는 뜻은 자손들이 본받아 부부가 화합하여 한 몸을
이루어야 한다는 것을 가르치는데 있는 것이 아니겠는가.

자식을 가르치는 훈계

"나는 전원을 너희들에게 남겨줄 수 있을 만한 벼슬은 하지 않았다. 그러나 오직 두 글자의 신령한 부적을 가지고 있는데, 생활을 넉넉하게 하고 가난을 구제할 수 있다. 이제 너희들에게 남겨주니, 너희는 소홀히 여기지 말아라. 한 글자는 부지런할 '근'(勤)자요, 또 한 글자는 검소할 '검'(儉)자다. 이 두 글자는 좋은 전답이나 비옥한 토지보다도 낫다. 평생 써도 다 쓰지 못할 것이다."

〈「又示二子家誡」〉

정약용이 강진에서 유배생활을 하던 49세 때(1810) 고향집을 지키고 있는 두 아들에게 훈계하였던 말이다. 그는 무거운 죄목의 형벌로 먼 변방에서 돌아갈 기약 없이 유배생활을 하게 되었으니 집안이 무너지고 벼슬길이 막힌 폐족(廢族)의 처지에 놓이고 말았음을 잘 알고 있었다. 그래서 무너져가는 집안을 지켜가기 위한 방법을 자식들에게 제시하며 간곡하게 당부하였던 것이다. 그가 유배지에서 보낸 여러 편지들 가운데 자식들을 훈계하는 편지가 가장 절실하였던 사실을 엿볼 수 있다.

먼저 죄인의 집안이라고 남들로부터 무시와 경멸을 당하게 되고, 죄인의 자식이라 진출의 길이 막혔으니 자포자기하여 방탕하기 쉽다는 현실을 지적하였다. 그래서 자식들에게 백배나 더 분발하여 독서함으로써 폐족의 무식한 자식이라는 경멸을 자초하지 말 것을 타이르며, 빈곤으로 굶주리고 비천한 생활에 빠져들지 않도록 경계하였던 것이다. 그래서 집안의 상하 남녀가 한 사람도 놀고먹는 식구가 없게 하고, 한 순간도 헛되이 보냄이 없이 부지런히 일해야 할 것과 의복이나 음식의 어느 하나도 사치하거나 낭비함이 없이 검소하게 할 것을 강조하였다. 이렇게 그는 '근'(勤)과 '검'(儉) 두 글자를 곤궁한 처지를 대처하는 방법일 뿐만 아니라, 귀하고 부유한 사람으로서도 집안을 다스리고 몸을 바르게 하는 방법으로 제시하였다. 그래서 '근'과 '검' 두 글자를 유산을 물려주듯이 자식들에게 남겨주면서 가슴 깊이 새겨두기를 당부했던 것이다.

'근'과 '검'은 그의 자식들에게만 훈계했던 말이 아니다. 자신의 제자인 윤종억(尹鍾億: 다산초당 주인의 손자)에게 당부한 말에서도 "집안을 다스리는 요령으로 새겨둘 두 글자가 있으니, 첫째는 '근'(勤)자요, 둘째는 '검'(儉)자다. 하늘은 게으른 것을 싫어하니 반드시 복을 주지 않으며, 하늘은 사치스러운 것을 싫어하니 반드시 도움을 내리지 않는다."(「爲尹輪卿贈言」)고 하였다. 게으름부리며 편안함을 추구하고 사치스럽게 꾸며보고 싶은 것은 인간의 욕망에 따른 것이다. 인간이 욕망에 따라 게으르고 사치하면 하늘이 싫어하는 것이요, 욕망을 누르고 부지런하며 검소하면 하늘이 아름답게 여겨 복을 주고 도움을 준다는 말이다. 근면하고 검소함이 바로 하늘의 뜻을 따르는 길이요,

집안을 다스리는 일도 하늘의 뜻을 어기지 않는데 있음을 밝혀주고 있는 것이다.

그는 주자(朱子)도 가정을 지키는 네 가지 근본덕목으로서 '거가사본'(居家四本)을 말하면서 '근'과 '검'을 강조하였던 일이 있음을 주목하였다. 곧 주자는 "'화목하고 순종함'(和順)은 집안을 안정시키는(齊家) 근본이요, '부지런하고 검소함'(勤儉)은 집안살림을 다스리는(治家) 근본이요, '글을 읽는 것'(讀書)은 집안을 일으켜 세우는(起家) 근본이요, '이치를 따르는 것'(循理)은 집안을 보존하는(保家) 근본이다."라고 하였다. 그는 주자의 '거가사본'을 매우 중시하여, 여러 책에서 이 네 가지 조목에 관련된 명언들을 뽑아 하나의 책으로 편집해 두었는데, 어떤 사람에게 빌려주었다가 잃어버리고 말았던 일이 있었다. 그래서 두 아들에게 다시 여러 책에서 뽑아 한 권의 책으로 만들어보도록 지시하기도 하였다.

그는 부지런함이란 오늘 할 수 있는 일을 내일로 미루지 않고, 아침에 할 수 있는 일을 저녁때까지 미루지 않는 것이요, 검스함이란 낭비함이 없이 오래도록 아껴쓰는 것임을 강조하였다. 입을 즐겁게 하는 맛있는 음식도 목구멍을 넘기기 전 한 순간의 즐거움일 뿐이요, 목구멍만 넘어가면 거친 음식과 아무 차이가 없다고 하였다. 그는 사람으로서 어떤 속임도 죄악임을 강조하면서, 다만 한 가지 속일 수 있는 것이 바로 자신의 입이라는 것이다. 어느 여름날 그는 상치로 쌈을 싸서 먹으면서, 쌈을 싸서 먹는 것이 바로 어떤 거친 음식도 먹을 수 있도록 자신의 입을 속이는 방법이라 말하였던 일이 있다.

부모가 가업을 일으켜 큰 재산을 모아 자식들에게 물려주었다 하더라도 자식들이 방탕하고 사치하면 머지않아 재산을 탕진하는 때가

오고 말 것이다. 그래서 "부자가 삼대를 가지 않는다."는 속담도 있다. 근면과 검소는 모아서 쌓아가는 길이라면 나태와 사치는 헐어내어 무너뜨리는 길이다. 그는 '근'·'검'을 강조하여 모으고 쌓아가기를 강조하며, 나태하고 사치함을 경계하였다. 그러나 근면과 검소로 한 집안의 재물을 모으고 쌓아가는 길에는 나누고 베풀 줄 아는 것이 중요하다. 『순자』(荀子·大略)에서도 선비다운 태도로서, "나누고 베풀기를 즐기며 쌓아 감추어두기를 부끄러워한다."(樂分施而恥積臧)고 하였다. 정약용이 근면과 검소를 강조한 것은 집안이 극심한 빈곤에 빠져들지 않도록 하기 위해 당면한 대책을 제시한 것이지, 결코 사사롭게 감추고 쌓아두어 부유하기를 추구하는데 뜻이 있었던 것은 아니다.

그는 두 아들에게 과음하지 말도록 훈계하면서, "참으로 술의 맛이란 입술을 적시는 데 있는 것이다. 소가 물마시듯 하는 사람들은 입술이나 혀는 적시지도 않고 곧바로 목구멍으로 넘기니, 무슨 맛이 있겠느냐. 술의 정취는 살짝 취하는 데 있는 것이다."(「寄游兒」)라고 하여, 소가 물마시듯 술을 마시는 폭음의 무지함을 지적하면서, 격조 있게 술을 즐기는 방법이란 술을 입술에 적셔 맛보며 살짝 취하는 정도라 타이르기도 하였다.

정약용은 자신이 유배당해 집안이 붕괴의 위기에 처해서도 자식을 가르치면서 인간적인 품격을 지키고 가정을 안정하게 지키는 방법을 정성을 다해 세심하게 타이르고 있다. 그만큼 자기 한 몸의 불운이나 고통으로 번민에 사로잡히지 않고 자식에 대한 극진한 사랑과 집안을 지켜가야 할 강한 책임의식을 절실하게 보여주고 있는 것이다.

자기를 알아주는 벗 둘째 형 정약전(丁若銓)

"그가 젊어서 성균관에 다닐 적에는 과거시험의 문체로 세상에 이름을 떨쳤으니, 나는 그를 '재치가 번뜩이는 선비'로 여겼다. 장성하여 규장각에 출입하면서 문학으로 명철한 임금을 섬기게 되었을 때는 나는 그를 '문장과 경학의 선비'라고 여겼다. 지방수령으로 나가 행정을 담당하면서는 크고 작은 안팎의 일이 모두 지극한 성과를 이루었기에 나는 그를 '재상될 만 한 그릇'이라 여겼다. 만년에 바닷가에 귀양가서 『주역사해』(周易四解: 周易四箋)를 지었는데, 나는 처음에는 놀라고 그 다음에는 기뻐하다가 마침내는 나도 모르는 사이에 무릎이 꿇어질 뿐만 아니라 그를 어디에 비겨야 할지 모르겠다. …다만 내가 섬에 유배되어 죽을 날이 멀지 않았지만, 그와 같은 세상에 같은 형제가 되어 이 책을 읽고서 이 책의 서문을 쓸 수 있는 것만으로도 이 얼마나 좋은 일인가. 나는 진실로 유감이 없도다. 아아. 그도 또한 아무 유감이 없을 것이다."

〈정약전: 「周易·心箋序」〉

정약용의 형제로 큰 형 정약현(丁若鉉)이 선비(先妣) 소생이고, 둘째 형 정약전(丁若銓)과 셋째 형 정약종(丁若鍾)은 윤씨부인의 동복형제 간이다. 특히 정약전·정약종·정약용 3형제는 청년시절 천주교 신앙을 받아들여 초기 신앙공동체에서 중심적 역할을 하였다. 그후 1791년 국가에서 천주교를 금지하는 금교령이 내려지자 정약종은 신앙을 지키다가 순교하였고, 정약전·정약용 형제는 신앙에서 이탈하였지만, 1801년 신유교옥(辛酉敎獄)으로 유배를 당했다. 정약전은 신안군의 흑산도에 유배되고, 정약용은 강진에 유배되었다.

정약용은 어린 시절부터 네 살 위의 둘째 형 정약전을 무척 따랐다. 두 사람은 공부도 함께 하였고, 벼슬길에도 함께 올라 조정에서 활동했으며, 친구들도 함께 사귀고 어울리면서 형제간의 우애가 가장 깊었다. 정약용이 강진에서 유배생활하면서 한 가지 저술을 마치면 인편을 구해 흑산도의 둘째 형에게 보내주었고, 정약전도 치밀하게 조언을 해주었다. 정약용이 『주역사전』(周易四箋)을 보내자, 정약전은 "세 성인(『주역』을 제작한 伏犧·文王·周公)의 마음 속 은밀한 뜻이 오늘에 와서 다시 찬란히 밝아졌다."고 극찬하였고, 『상례사전』(喪禮四箋)을 보냈을 때는, "마치 장탕(張湯: 한나라 때 명판관)이 판결하는 것 같이 드러나지 않은 실정이 없다."고 칭찬하였으며, 『악서고존』(樂書孤存)을 받아보고는, "2천년 동안이나 계속된 긴 밤의 꿈속에서 헤매던 음악이 지금에서야 정신이 들었다."고 칭찬하면서도 악률의 잘못된 해석을 지적해주었다. 정약용은 이에 따라 자신의 저술을 전면적으로 수정하기도 하였다.(「先仲氏墓誌銘」)

첫머리에 인용한 글은 정약전이 흑산도에서 아우 정약용이 새로 완성하여 보내준 저술 『주역사전』을 읽고 나서 그 서문으로 써준 글의 한 토막이다. 정약전은 평생을 통해 아우 정약용이 '재기 넘치는 선비'에서 '문장과 경학에 밝은 선비'로, 다시 '재상될 만 한 그릇'으로 성장해 가는 과정을 애정이 어린 눈으로 지켜보면서 정약용을 아낌없이 격려해왔다. 정약용도 둘째 형의 깊은 이해에 더욱 큰 용기를 내면서 둘째 형을 진정으로 자기를 알아주는 벗, 곧 '지기지우(知己之友)로 믿고 의지하였다. 그러나 정약용이 유배지에서 경전연구에 깊이 파고들어 이루어낸 새로운 학문경지를 확인하고서, 정약전은 "나도 모르는 사이에 무릎이 끓어졌다."고 아우에 대해 한없는 존경의 마음을 고백하였다. 그래서 그는 멀리 바다 속의 섬에 유배되어 외롭게 죽음을 기다리고 있는 자신의 불행한 처지를 잊어버리고, 이 아우와 같은 세상에 형제가 되어 이 책을 읽고 서문을 쓸 수 있다는 사실만으로도 너무 행복해 자신의 평생에 아무 유감이 없다고 하였으며, 이렇게 높은 학문경지를 열어놓은 아우도 그 세속적 불행에 아무 유감이 없을 것이라 단언하였던 것이다.

정약전은 흑산도에 유배되고서 16년 만에 우이도에서 59세로 생을 마쳤다. 정약용은 둘째 형이 유배지에서 죽었다는 소식을 듣고서도 자신도 유배죄인이라 찾아가지도 못하였다. 그는 두 아들에게 보낸 편지에서, "외로운 천지 사이에 우리 손암(巽菴: 정약전의 호)선생만이 나의 지기(知己)였는데, 이제는 그분마저 잃고 말았다. …아내도 나를 알아주지 못하고, 자식도 나를 알아주지 못하고, 형제 종족들이 모두 나를 알아주지 못하는 처지에, 나를 알아주던 우리 형님이 돌아가셨으니 슬프지 않으랴."(「寄二兒」)라고 하면서, 세상에 하나밖에 없는 자기를 알아주는 벗을 잃은 슬픔으로 통곡하였다. 이때 그는 자신이 심혈을 기울여 이룩해 놓은 경전주석 249권을 책상머리에 올려

놓고, 이제 알아줄 사람이 없어 불태워 버려야겠다 하며, 자기를 알아주는 사람이 없는 세상에서 산다는 것은 죽느니만 못하다는 절망감을 표현하기도 하였다.

『열자』(列子, 湯問)에는 백아(伯牙)가 거문고를 탈 때마다 그 뜻을 잘 알아듣던 지음(知音)의 벗 종자기(鍾子期)의 이야기가 있다. 종자기가 죽자 백아는 더 이상 거문고를 타지 않았다는 이야기도 전한다. '지음'의 벗을 잃고, '지기'의 벗을 잃은 정약용으로서는 자신이 저술을 통해 밝혀낸 학문의 세계를 비쳐줄 빛을 잃었다는 허무감에 빠지지 않을 수 없었을 것이다. 그가 유배지에서 방대한 저술을 해냈던 그 엄청난 동력의 배경에는 그를 알아주는 벗 둘째 형이 항상 그를 지켜주고 있었기 때문이라 생각된다. 물론 정약용은 둘째 형이 죽은 뒤로도 저술을 계속하였다. 단지 다음 세상에서 자신을 알아줄 사람을 기다린다는 마음을 밝히고 있을 뿐이다.

공자는 "남이 알아주지 않아도 노여워하지 않으면 군자가 아니겠는가"라고 하였으니, 남이 알아주지 않더라도 자신의 세계를 심화시켜가고 다듬어가는 것이 마땅하고 옳은 일이다. 그러나 입에 바른 칭찬이 아니라, 자신의 가치를 진정으로 알아주는 '지음'의 벗, '지기'의 벗을 만나는 사람은 자신의 삶이 얼마나 큰 행복감으로 충만할 수 있을지 상상할 수 있을 것 같다. 정약용은 고통과 시련의 세월을 살았지만, 이렇게 자기를 알아주는 벗을 형으로 만났다는 사실만으로도 그는 분명 축복을 받은 인물임에 틀림없다.

백성을 위해 있는 목민관의 책임

"목자(牧者: 백성을 다스리는 관리)가 백성을 위해서 있는 것인가, 백성이 목자를 위해서 있는 것인가? 백성이 곡식과 옷감을 생산하여 목자를 섬기고, 또 마차와 시종을 내어 목자를 전송하고 영접한다. 백성은 피땀과 골수를 다 짜내어 목자를 살찌게 하고 있다. 백성이 과연 목자를 위해 있는 것일까? 아니다. 아니다. 목자가 백성을 위해 있는 것이다."

〈「原牧」〉

정약용의 실학정신은 현실사회의 모순과 비리를 예리하게 비판하면서 제도의 개혁방책을 제시하는 것이지만, 이러한 비판과 개혁의 이론에는 언제나 그 비판과 개혁의 기준을 선명하게 인식하는데서 가장 빛나고 있다. 곧 그는 자신이 살고 있는 당시 사회의 온갖 병폐를 투철하게 통찰하고 그 병통의 원인을 정확하게 진단하면서, 그 전제로서 이 사회가 지향해 가야할 건강한 이상형 내지 근본원리가 무엇인지를 명확하게 밝히고 있는 것이다.

'목'(牧)이란 백성을 다스리는 지방수령으로서 '목민관'(牧民官)을 가리키는 말이지만, 사실은 임금에서 지방수령에 이르기까지 백성을 다스리는 모든 지배계층이 '목자'이다. 여기서 그는 '목'과 '민', 곧 목민관과 백성의 관계를 근본적으로 다시 생각하기를 요구한다. 우선 누가 누구를 위해 존재하는 것인지, 누가 본체요 누가 수단인지를 다시 묻는다. 목민관이 부임하면서 이임할 때까지 백성은 온갖 노역과 재물을 바쳐 목민관을 위해 봉사하는 것이 현실인데, 그렇다면 백성은 목민관을 위해 존재한다는 말인가? 이 자리에서 그는 단호히 "아니다. 아니다. 목자가 백성을 위해 있는 것이다."라고 선언하고 있다.

백성이 주인이요 목자는 백성을 위해 봉사하는 존재인데, 어찌하여 목자가 백성을 무시하고 백성의 위에 군림하며, 백성을 착취하여 자신의 배를 채우는 일에 몰두하고 있다는 말인가? 하기야 오늘날 우리가 백성이 주인이라 하여 '민주주의'를 내세우고 있지만, 여전히 백성은 관청 문 앞에만 가도 한없이 작아지는 것이 현실이 아닌가? 전통의 유교사회는 임금을 주인으로 삼아 '군주'(君主)라 하고, 어버이로 삼아 '군부'(君父)라 하고, 스승으로 삼아 '군사'(君師)라 한다. 그러나 그 근본을 말하면서 '임금은 백성을 하늘로 삼는다.'(王者以民爲天)하고, '백성은 나라의 근본'(民本)이라 하고, 정치는 '백성을 위한 것'(爲民)이라 하였다. 그렇다면 목자가 백성을 다스린다는 것은 백성을 위해 봉사하는 것이 마땅한 것이요, 백성을 억압하고 착취한다면 그 본분을 저버린 것이 아니겠는가?

정약용은 '목'과 '민'의 관계를 발생과정에서 검토하면서, 원래는 세상에 백성만 있었고 목자가 없었는데, 백성들의 필요에 따라 백성들 스스로 추대하여 목자를 세운 것이요, 결국 임금도 백성의 필요에 따라 만들어놓은 자리임을 확인한다. 따라서 그는 천자도 근원적으로는 대중이 추대해서 된 것임을 밝히면서, 옛날에는 아래에서 위로 추대하였으니 아래에서 위로 올리는 것이 순조로운 법도였지만, 지금은 위에서 아래로 임명하는 체제라 추대하는 것은 거슬리는 것으로 보니 뒤집어져 있는 것임을 지적하였다.(「湯論」) 그렇다고 정약용은 백성이 수령과 군왕을 선출하는 제도로 혁명을 하자는 것은 아니지만, 백성이 본래는 목자를 추대하는 선출권을 가진 주체라는 사실을 각성하게 함으로써 혁신적 시야를 열어주고 있는 사실이 주목된다.

백성을 정치의 목적으로 확인하면서 정약용이 가장 강조하는 주제는 백성을 위해 존재하는 목자가 가져야할 책임의식이다. 그는 "산업을 골고루 마련하여 다 함께 잘 살도록 하는 사람이라야 참다운 임금이요 수령이다. 그 산업을 골고루 마련하여 다 함께 잘 살도록 하지 못하는 사람은 임금과 수령의 책임을 저버린 자이다."(「田論(1)」)라고 하여, 목자로서 임금과 수령의 책임이 무엇인지를 분명하게 제시하고 있다. 여기서 그는 백성이 다 함께 잘 살게 하기 위한 방법으로 '생산수단을 골고루 마련함'(均産)을 가장 먼저 강조하였다. 빈부의 격차가 극심하여 이른바 "부자의 땅은 끝없이 넓은데, 가난한 이는 송곳 꽂을 땅도 없다."는 현실에서는 백성을 다 함께 잘 살도록 할 수가 없다는 것이다. 그래서 그는 균등한 토지분배를 위한 토지제도의 개혁방안을 제안하기도 하였다.

정약용은 백성이 다 함께 잘 사는 사회의 이상으로서 생산수단이 균등하게 분배되어 경제적 불평등이 심화되는 것을 해소해야 할 뿐만 아니라, 신분적 상하의 분별이 심화되는 것도 해소시키는 길을 모색하고 있었다. 곧 신분적 차별화가 극심하였던 조선사회의 현실에서, "나에게는 소망하는 바가 있다. 온 나라가 양반이 되게 하는 것이다. 그렇게 하면 온 나라에 양반이 없게 될 것이다."(「跋顧亭林生員論」)라고 하여, 신분적 차별이 없어지는 평등의 이상사회를 꿈꾸고 있었다. 특히 당시 사회가 신분·문벌·당파 의식에 사로잡혀 정부에서 인재를 쓰는 데도 얼마나 불평등한지를 구체적으로 지적하고 있다. 여기서 그는 "하늘은 그 신분이 관리인가 백성인가를 묻지 않는다."(『孟子要義』)고 선언함으로써, 인간이 하늘 앞에서 신분과 지위에 의해 차별되지 않는다는 근원적 평등에 대한 신념을 밝히기도 하였다.

『목민심서』(牧民心書)는 바로 백성을 다 같이 잘 살게 하는 목자의 책임을 구체적 사무에 따라 체계화한 정약용의 대표적 저술이다. 그는 무엇보다 먼저 백성을 다스리는 책임을 다하기 위한 독민관의 정신자세(心法)로서, 자신을 절제하는 '율기'(律己), 공무에 봉사하는 '봉공'(奉公), 백성을 사랑하는 '애민'(愛民)의 세 가지를 들고 있다. 목자가 안으로 자신의 인격을 연마하여 절제할 수 없이 독선에 빠진다면 목자로서의 정당성을 상실한 것이 되고, 밖으로 공공을 위해 헌신하는 봉사정신과 백성의 고통을 보살펴주는 사랑의 마음이 없이 오만과 탐욕에 빠진다면 목자로서의 책임의식을 상실한 것이 되고 말 것이다. 정약용이 목민관의 심법으로 제시한 '율기'·'봉공'·'애민'의 세 조목은 우리 시대에서도 한 가정의 가장에서부터 모든 조직의 지도자에게 바른 길을 비쳐주는 빛이 될 수 있지 않을까?

민생을 소중히 여기고 국법을 존중해야

"법의 적용은 마땅히 임금의 가까운 신하로부터 시작해야 합니
다. 이 두 사람을 속히 의금부(議禁府)로 하여금 법률에 따라 형
벌을 내리게 하여, 민생(民生)을 소중히 여기고 국법(國法)을 높
이신다면 참으로 다행이라 하겠습니다."

〈「京圻御史復命後論事疏」〉

"여기에 큰 도적이 있는데, 큰 깃발을 세우고 큰 일산(日傘)으로
옹위하고, 큰 북을 치고 큰 태평소를 불게하고, 쌍가마를 탄다.
…이 도둑은 야경꾼이 감히 심문하지 못하고, 재상도 감히 성토
하는 말을 못한다."

〈「監司論」〉

첫 번째 인용문은 정약용이 33세 때(1794) 경기도 북부지역에 암행
어사로 파견되었다가 돌아와 올린 상소문의 한 구절이다. 그가 어사
로 살펴본 지역에서 삭녕 군수 강명길은 임금 어머니(혜경궁 홍씨) 병

환을 보살폈던 태의(太醫)였고, 연천의 전직 현감 김양직은 임금의 아
버지(사도세자) 능을 수원으로 이장할 때 지사(地師: 풍수)로서, 이들
은 임금의 총애와 왕실의 비호를 믿고 백성을 착취하며 관청의 재산
을 사사롭게 착복하였다. 그는 이들의 죄악을 고발했는데, 어떤 대신
이 임금에게 이들을 처벌해서는 안 된다고 아뢰었다는 소식을 듣자,
상소를 올려 항의하였던 것이다.

그는 국가기강을 바로 세우는 근본 과제가 무엇보다 '민생'과 '국법'
의 두 가지에 있음을 강조하면서, 임금 측근의 수령들부터 불법적 착
취를 처벌하여 국가의 법질서를 확립하여야 백성을 도탄에서 구출할
수 있음을 역설하였다. 어사로 나가 시골 마을을 둘러보면서, 당시
흉년으로 백성들은 극심한 곤궁에 빠져 지붕도 벽도 무너져 내리고
살림살이는 텅 빈 오두막집에서 찢어진 옷을 걸친 채 여러 날째 굶주
린 백성들이 사방에 널려 있는 참혹한 모습을 목격하였다.

여기서 그는 백성들의 절망적 궁핍의 원인이 지방수령들과 아전들
의 혹독한 착취에 있음을 분노하여, "어서 죽길 원할 판에 옷이 다
무엇이랴/ …나졸 놈들 문 앞에 들이닥칠까 겁날 뿐/ 관가 곤장 맞
을 일은 걱정도 않네/ 어허 이런 집들 온 천하에 가득한데/ 구중궁
궐 깊고 깊어 어찌 모두 살펴보랴/ …아서라 옛날 정협(鄭俠)의 「유민
도」(流民圖)를 본받아/ 이 시 한편 그려내어 임금님께 비쳐볼까"(「奉旨
廉察到積城村舍作」)라고 읊은 시에서, 도탄에 빠진 백성들의 처참한 광
경을 그림으로 그리듯 생생하게 묘사하고 있다. 송나라의 정협이 유
랑하는 백성의 참혹한 모습을 화공에게 그림으로 그리게 하여 황제
(神宗)에게 올렸던 중국의 옛 일을 본받아 그 자신도 백성들의 참혹
한 실상을 한 편의 시로 그려내어 고발하고 있는 것이다.

헐벗고 굶주린 백성의 실상에 대해 그는 단지 인간적 연민의 감정
으로 바라보았던 것이 아니라, 이 시대가 해결해야할 사회적 모순으
로 인식하였다. 그는 서울에 돌아와서 읊었던 시에서도, "줄줄이 고
을 문 걸어 들어가/ 입 쳐들고 죽 가마 앞으로 모여드네/ …고관 집
엔 술과 고기 많기도 하고/ 이름난 기생 맞아 풍악 울리네/ …형제간
에 서로 연민함이 없어졌는데/ 부모인들 자애를 베풀까 보냐"(「飢民
詩」)라고 읊어, 굶주려 유랑하는 백성들에게는 가족 사이의 인륜조
차 무너진 상황인데 국가에 대한 충성을 바랄 수 없으니, 민생의 파
탄이 바로 국가의 붕괴로 이어질 수밖에 없음을 경고하고 있다. 수령
은 더 이상 백성을 보살피는 부모가 아니라, 백성의 살가죽을 벗기고
뼈를 부수며 죽음의 구렁텅이로 몰아넣는 도적으로 비쳐지고 있는
것이다.

두 번째 인용한 구절은 백성을 다스리는 고위관리로서 관찰사(감
사)의 탐학을 고발하는 글이다. 당시의 조선사회는 가장 아래로 서리
에서부터 위로 수령과 관찰사와 조정대신에 이르기까지 층층이 관리
들이 백성을 착취하여 지배구조 전반에 부패가 깊게 뿌리를 내리고
있었다. 정약용은 강진에서 유배생활을 하는 죄인의 몸으로서도 착
취당하는 백성의 고통과 탐학한 관리를 고발하는 시를 많이 남기고
있다.

지방수령의 부정부패를 감독해야할 관찰사가 백성을 더욱 심하게
착취하는 도적노릇을 하고 있는 현실을 보면서, 양식을 훔쳐 먹는 쥐
를 잡기 위해 기른 고양이가 오히려 더 크게 훔쳐가는 일에 비유하
여, "너는 지금 힘세고 세력 높고 마음도 거칠어/ 쥐들이 못하는 짓
네 맘대로 하리라/ …너는 큰 가마 타고 거드름을 부리면서/ 쥐떼들

굽실대는 것이나 좋아하겠지/ 내 이제 붉은 활 큰 화살로 너를 직접 쏴죽이고/ 차라리 사냥개 시켜 횡행하는 쥐 잡으리라"(「貍奴行」)라고 울분을 토로하였다. 한 고을에서 아전과 수령의 착취는 오히려 좀도둑질이라면 한 도(道)를 맡은 관찰사의 착취는 큰 도둑이라는 것이다. 관찰사가 백성을 탐학하는 큰 도둑노릇을 하는데 대해, 활로 쏘아 죽이고 싶다는 분노를 시를 통해 표출하고 있는 것이다.

43세 때(1804) 강진에서 어느 여름에 술잔을 앞에 두고 지은 시에서도, "한밤중에 책상 치고 벌떡 일어나/ 높은 하늘 우러러 길이길이 탄식하네"(「夏日對酒」)라고 하여, 당시 지방 수령과 아전들의 간교하고 잔인함과 착취당하는 백성들의 참혹한 현실을 지켜보면서 무너져가는 조선왕조를 생각하며 끓어오르는 울분과 좌절감을 피를 토하듯 쏟아내고 있다. 그는 57세 때(1818) 18년 동안의 유배생활에서 풀려나게 되었을 때 친우에게 보낸 편지에서도 자신이 유배에서 풀려나는 일 보다도, 백성의 곤궁이 극한에 달하였고 탐관오리의 착취는 갈수록 심해지는 현실의 절박함을 염려하면서, 이를 해결하지 않으면 호남에 민란이 일어날 위급한 상황임을 강조하였다고 한다. 자기 일신을 생각하기보다 항상 백성과 나라를 절실하게 생각하는 마음을 잊지 않고 있음을 보여준다.

정약용 자신은 36세 때(1797) 황해도 곡산부사로 한 고을을 맡은 수령으로서 빈곤에 빠진 백성을 살리는데 헌신적 노력을 기울였던 실천가이기도 하다. 그는 부임하는 길에 곡산 땅에 들어서자 전임 부사 때 백성들을 이끌고 부당한 세금징수에 항거하다가 체포령이 내려지자 달아났던 자가 백성의 고통을 12조목으로 적어 호소하는 글을 가지고 자수해 왔던 일이 있다. 이 때 관리들은 그 백성을 체포하려 하였지만, 정약용은 오히려 "관청이 밝지 못하게 되는 까닭은 백성이 자신을 위해 도모하는 데 교묘하기만 하고, 폐단을 들어 관청에 대들지 않기 때문이다. 자네 같은 사람은 관청에서 천금을 주고 사야 할 것이다."(「自撰墓誌銘 集中本」)라 하면서 무죄로 석방하였다.

  백성들이 관청의 부당한 행정에 저항하는 태도가 오히려 관청이 밝은 행정을 하는데 절실하게 필요한 일이라 받아들였던 것이다. 곧 백성 위에 군림하는 권위적 지배태도를 벗어나 백성의 고통을 해결하고 살길을 열어주는 것이 관청의 근본임무임을 확인하고 있다. 그가 곡산에 나가 2년 동안 한편으로 척도를 바로잡고 호적제도와 지역 현황도를 정비하여 제도적 기틀을 확보하면서 다른 한편으로 물가를 안정시키고 부당한 납세제도를 바로잡고 관청의 경비를 절약하는 등 민생을 위해 효율적 행정을 시행하였던 것은 바로 '백성을 위한'(爲民) 정치가 무엇인지를 실지로 보여주는 것이라 할 수 있다.

생명을 살리는 의술과 하늘을 두려워하는 법관

"옛날 범중엄(范仲淹)은, '내가 글을 읽어 도를 배우는 것은 천하
의 생명을 살려내고자 함이다. 그렇게 못한다면 황제(黃帝)의 의
학서적을 읽어서 의술의 묘방을 깊이 연구하는 것이 또한 사람
을 살릴 수 있는 일이다.'라고 말하였다. 옛 사람은 뜻을 세움에
자애롭고 넓음이 이와 같았다."

〈「麻科會通序」〉

"오직 하늘만이 사람을 살리고 죽이니, 사람의 목숨은 하늘에
달려있는 것이다. 그런데 목민관이 그 중간에서 선량한 사람을
편히 살게 해주고, 죄 있는 사람을 잡아다 죽이는 것은 하늘의
권한을 드러내 보이는 것일 뿐이다."

〈「欽欽新書序」〉

첫 번째 인용문은 송나라 범중엄의 말을 끌어들여 사람 목숨을
살리는 방법으로 의술의 연구가 중요함을 강조한 구절이다. 학문의

목적은 사람의 생명을 살리는데 있는 것이라 확인하면서, 의술이 사람의 생명을 살리는 방법의 하나라는 범중엄의 말에 깊이 공감하였던 것이다. 그래서 그는 36세 때(1797) 황해도 곡산부사로 나가서 바쁜 틈에도 천연두 예방법에 관한 의학서적으로 『마과회통』(麻科會通)을 저술하였다. 그는 아홉 자식 가운데 여섯이 대부분 천연두로 어릴 때 죽고 말았던 깊은 상처를 가슴에 지니고 있었다. 그래서 일찍부터 천연두의 치료법에 깊은 관심을 가지고 연구해왔다. 특히 당시에는 천연두로 죽는 어린 아이들이 많았으니 그 치료법의 연구는 바로 백성의 생명을 질병으로부터 구제하는 가장 큰 과제의 하나였다.

정약용이 종두법의 연구에 노력하였던 것도 바로 사람의 생명을 살리겠다는 뜻을 실행한 것이요, 단 한번도 의술로 돈을 벌어 생계를 넉넉하게 하겠다는 생각을 해본 일은 없다. 그는 1775년 서울에 천연두가 크게 유행할 때 천연두 치료의 묘방으로 탁월한 치료효과를 보인 이헌길의 저술인 『마진기방』(麻疹奇方)을 비롯하여 천연두에 관한 중국서적 수십 종, 및 영국인 젠너에 의해 실험된 우두법(牛痘法)까지 수집해서 체계적으로 분류하고 간명하게 정리하였으며, 실지의 여러 치료사례를 수집하여 수록하였다. 그의 『마과회통』은 원고를 다섯 차례나 고쳐서 완성할 만큼 엄청난 노력을 기울였던 저술이다.

그는 당시 의술을 천시하던 유교지식인들의 일반적 풍조와는 달리 의술을 통해 인명의 구제에 열정을 쏟아부었던 것은 바로 백성을 사랑하는 마음과 인간생명을 소중하게 여기는 마음에 근원하는 것이면서, 동시에 그 실용적 방안을 제시하여 실지의 효용을 추구하는 그의 실학정신이 발휘된 것이기도 하다. 그가 40세 때(1801) 경상도 장기 땅에 유배되었을 때에도 아들이 부쳐준 의학서적 수십 권과 약초 한 상자를 받았는데, 그는 의학서적 속에서 비교적 간편한 여러 처방을 뽑아 기록하고, 『본초강목』(本草綱目)에서 그 질병의 주효 약재를 가려 뽑아서, 해당되는 질병의 조목에 붙여넣어 시골 사람들도 쉽게 이해하고 쉽게 구할 수 있는 약재를 수록하여 『촌병혹치』(村病或治)라는 간략한 의학서적을 저술하였다.

여기서 그는 "약재의 성질과 기운을 구별하지 아니하여 차고 더운 약을 뒤섞어 나열함으로써 이쪽과 저쪽이 서로 모순되어 효험을 보지 못하는 세상의 일반적인 의서와 비교하면 도리어 더 우수하지 않겠는가. 약은 이미 간략하게 주된 처방만을 가렸으니, 그 효과를 얻음이 한결같고 빠르지 않겠는가."(「村病或治序」)라고 하여, 당시 일반 의학서적들에 문제점이 많음을 인식하면서, 농촌에서 실용할 수 있는 치료법을 제시하였음을 밝히고 있다. 이와 더불어 그는 간략하게 하려면 반드시 먼저 널리 고찰해야 하는데, 참고할 서적이 수십 권에 불과했다는 한계를 인정하면서 뒷날 귀양에서 풀려 돌아가면 이 범례를 따라 널리 의학서적을 고찰하여 더욱 온전한 의학서적으로 완성해볼 의지를 보여주기도 하였다.

『촌병혹치』는 분실되고 전하지 않았다. 그 후로 정약용이 남긴 의학서적의 저술은 없으나, 그는 의술(醫術)에 깊은 관심을 가지고 연구를 지속해 왔던 것이 사실이다. 그가 의술에 정통하다는 사실이 널리 알려져서 만년에 두 번이나 조정의 부름을 받았던 일이 있었다. 한번은 69세 때(1830) 순조 임금의 왕세자가 병이 위독하자, 그에게 부호군(副護軍)의 직첩을 내려 불러들여 약을 처방하는 의논에 동참하게 하였다. 그러나 그가 대궐에 들어가 왕세자를 진맥했을 때는 이미 운명하기 직전이었고, 약을 구하려고 물러나온지 얼마 되지 않아 왕세자는 세상을 떠나고 말았다. 또 한번은 73세 때(1834) 순조 임금이 위독하여 정약용을 약원(藥院)으로 불러들였는데, 급히 상경하여 대궐문 앞에 도착했을 때는 이미 임금이 돌아가셔서, 두 번 모두 아무런 성과를 거두지 못하였다. 그러나 그의 의술이 왕세와 임금의 병을 치료할 때 부를 만큼 이미 명망이 높았음을 확인할 수 있다.

두 번째 인용문은 정약용이 『목민심서』를 포함하여 국가경영의 방책을 제시한 3부작 가운데 하나로 형법에 관한 저술인 『흠흠신서』(欽欽新書)의 서문 한 대목이다. 조선시대의 지방수령은 법관의 역할도 수행해야 하므로, 백성의 생명을 소중히 하고 선량한 백성이 억울한 죽음을 당하는 일이 없도록 재판을 신중하게 해야 하는 자세와 책임감을 밝히고 있는 것이다. 그가 이 저술의 제목을 '흠흠'(欽欽)이라 붙인 이유도 바로 형벌을 다스리는 근본자세가 하늘을 공경하는 마음으로 삼가고 또 삼가는 것임을 강조하는 데 있다.

그는 사람을 살리고 죽이는 권한이 오직 하늘에 있는 것임을 확인하고, 목민관이 죄인을 잡아 판결하여 죽일 수 있는 것은 오직 '하늘의 권한'(天權)을 대신하는 것일 뿐이요, 결코 자신에게 사람의 생명을 뺏을 수 있는 권한이 있는 것이 아님을 역설하였다. 그렇다면 목민관이 재판을 하는 것은 '하늘의 뜻'에 어긋나지 않도록 공경하고 두려워하여 한 순간도 소홀하고 태만하거나 사사로운 감정과 욕심이 끼어들지 않도록 조심하고 삼가야 할 것을 강조하는 것이다. 백성을 다스리는 목민관이 죄인에게 형률에 따라 형벌을 결단하면서도 법률 조문을 들추기 이전에 하늘을 받들고 섬기는 마음을 근본즈건으로 확인하고 있는 것은 그의 실학정신이 실질적 효용성으로서 '실용학'을 넘어서 하늘을 섬기는 '사천학'(事天學)의 성격을 지닌 것임을 보여준다.

특히 그는 목민관이 법관의 역할을 맡아서 죄인에게 죄의 경중에 따라 형벌을 결정할 때에는 사랑과 위엄을 통해 국가기강을 지키는 것임을 중시하였다. 곧 형률에 따라 죄인의 죄안을 판결하는 일의 근본이 엄숙하게 다루어야 하면서도 인간을 사랑하는 마음을 잊어서는 안 되는 것임을 밝히고 있다. 죄인을 다루면서도 사랑의 마음을 잊지 말아야 한다는 것은 바로 하늘의 뜻을 따르는 자세라 하겠다. 따라서 그는 재판이란 백성의 생사가 걸려 있는 문제인 만큼 만에 하나라도 억울한 일이 없이 공정한 판결을 내리기 위한 원칙으로서, 죄안의 증거를 명확하게 밝히기 어려울 때에는 용서하는 것이 덕의 기본임을 역설하여, 백성에게 억울함이 없도록 할 것을 강조하였다. 그 자신이 신유교옥 때(1801) 두 차례나 감옥에 갇혀 곤장을 맞으면서 심문을 당했던 경험이 있었던 만큼 죄수의 고통에 대해 절실하게 이해하고 있었을 것이다.

정약용은 황해도 곡산부사로서 자신이 재판관이 되어 여러 사건에 판결을 하였을 뿐만 아니라, 그의 판결이 정밀하고 공정함을 인정받았다. 그래서 그는 왕명을 받들어 황해도 지역의 여러 옥사에 대한 조사와 판결을 맡기도 하였으며, 조정에 돌아와 형조참의(刑曹參議)에 임명되어 죄안을 조사하고 판결하는데 탁월한 역량을 발휘하였다. 바로 이 점에서 그는 백성을 질병의 고통에서 구하고 생명을 살려내는 의원으로서 역할이나, 백성이 억울한 죄명으로 죽음을 당하는 일이 없도록 세심한 주의를 기울이는 법관으로서의 역할에서, 언제나 인간에 대한 사랑과 하늘을 섬기는 마음이 그 바탕에 놓여 있음을 보여준다.

『목민심서』(牧民心書)의 영혼과 골격

정약용(茶山 丁若鏞, 1762~1836)은 전라도 강진에서 18년 동안 유배 생활을 하고서, 1818년 8월에 비로소 풀려났는데, 바로 그해 봄 강진에서 『목민심서』의 집필을 마쳤다. 19세기 초의 전근대사회에서 이루어진 지방행정관의 실무지침서라 할 수 있는 이 책이 사회제도가 완전히 뒤바뀌고 인간의 의식도 엄청난 변화를 겪고 있는 오늘에도 의미 있는 고전으로 자리 잡고 있는 까닭은 무엇일까?

『목민심서』는 지방행정관의 행정실무를 매우 구체적으로 제시하고 있음에도 불구하고, 그 행정실무라는 제도적 골격 속에는 인격이라는 영혼이 살아 숨 쉬고 있기 때문이다 그래서 『목민심서』는 우효기간이 끝난 낡은 시대의 문서가 아니라, 아직도 살아서 돌아다니며 구석구석 살펴보고 생각하며, 문제를 짚어내거나 방책을 제시해주고 있다. 한마디로 『목민심서』는 살아있는 인격과 영혼을 지닌 행정실무지침서라 할 수 있을 것이다.

정약용은 유교이념의 두 축을 이루는 자기완성으로서 '수기'(修己)와 사회적 실현으로서 '치인'(治人)이라는 두 영역에 따라 자신의 학문체계를 육경사서(六經四書)의 경학(經學)과 일표이서(一表二書: 經世遺表·牧民心書·欽欽新書)의 경세론(經世論)으로 이루어져 본체와 응용을 갖추었다고 밝힌 일이 있다. 곧 그의 경세론 저술인 『목민심서』도 경전정신을 그 이념으로 갖추고서 구체적 현실에 활용한 것임을 지적하며, 경전에서 밝힌 인간과 세계에 대한 통찰이 『목민심서』 전반에 관통하여 흐르고 있음을 말해준다. 그의 경학정신은 인간이 인간을 향한 사랑(嚮人之愛)을 인간의 도덕성인 '인'(仁)이라 하고, 남의 마음을 내 마음처럼 헤아려 한 마음을 이루는 '서'(恕)의 실천이 바로 인간을 섬길 수 있고 하늘을 섬길 수 있는(可以事人, 可以事天) 방법임을 확인하는 것이다. 이처럼 그는 인간에 대한 사랑과 인간을 섬기는 마음을 경전에서 끌어내어 경세론에서 구현하였다.

그렇다면 경세론은 경학의 정신을 바탕으로 하여야 하는 것이지만, 동시에 그는 "진실로 백성을 다스리고 풍속을 변화시키며 재물을 관리하는 일에 전혀 볼 만한 것이 없다면 역시 헛된 학문일 뿐이다."〈「答李友(泌淵)」〉라고 하여, 현실적 경세론에 관심이 결여된 경학의 이상론도 공허한데 빠지는 것임을 지적하고 있다.

정약용의 '목민사상'은 먼저 '백성'을 어떻게 인식할 것인가에서 출발한다. 곧 그는 백성들이 곡식과 옷감을 바쳐 목민관(守令)을 섬기며, 백성의 고혈로 목민관이 살찌고 있는 현실을 직시하면서, 목민관이 백성을 위해 존재하는 것인지, 백성이 목민관을 위해 존재하는 것인지 근원적 질문을 던진다. 목민관과 백성 사이에 어느 쪽이 목적이고 어느 쪽이 수단인지를 재확인하고 있는 것이다. 여기서 그는 목민관이 백성을 위해 있어야지 결코 백성이 목민관을 위해 있는 것이 아님을 역설하였다.〈「原牧」〉 따라서 백성을 위해 봉사해야할 공직자가 백성을 착취하여 자신을 배불리고 있는 현실의 모순을 고발하였던 것이다.

그래서 정약용은 목민관이 백성을 위해 섬겨야하는 책임을 강조하면서, "그 살림을 고르게 마련해서 다 함께 살릴 수 있는 자는 임금과 수령 노릇을 하는 자요, 그 살림을 고르게 마련하지 못하고 다함께 살리지 못하는 자는 임금과 수령의 임무를 저버린 자이다."〈「田論⑴」〉라 선언하였다. 백성의 살림을 고르게 해주어 불평등의 갈등을 풀어주고, 모두 살려내어 소외된 계층이 없도록 하는 것을 행정의 기본과제로 지적한 것이다. 백성의 위에 올라앉아 입만 열면 '백성이 나라의 근본'(民本)이라 하고, '백성을 보호하고'(保民), '백성을 위하는'(爲民) 정치를 해야 한다고 말하면서, 현실은 언제나 자신의 이익과 자기 당파의 이해를 추구하다가 백성을 착취와 고통의 구렁텅이에 빠뜨리고 있는 정치인 내지 행정가들에게 백성을 사랑하고 백성을 위해 봉사하는 행정이 무엇인지, 그 정신과 구체적 실천방법이 무엇인지를 보여주려는 것이 바로 『목민심서』이다.

『목민심서』는 전부 12편의 주제를 설정하고 각 편마다 6조목씩의 실무적 과제를 제시하여 전체 12편 72조목으로 구성되어 있다. 『목민심서』에는 행정관의 실무지침을 제시하면서 동시에 목민관으로서의 인격과 마음가짐(心法)을 밝히고 있는 점에서 그 특성이 있다. 12편에서 첫 편과 마지막 편은 임무를 시작하는 '부임'(赴任)과 임무에서 물러나는 '해관'(解官)으로서, 목민관의 정신자세를 제시하면서, 임무의 성패는 처음 나아가는 자세와 마치고 물러나는 모습에서 가장 잘 드러나는 것임을 각성시켜주고 있다. 또한 목민관의 마음가짐을 세 가지 강령으로 제시한 것이 제2편에서 제4편 사이의 자신을 단속하는 '율기'(律己), 공무에 봉사하는 '봉공'(奉公), 백성을 사랑하는 '애민'(愛民)이다. 목민관의 이 세 가지 심법(心法)은 처음부터 끝까지 관통하는 『목민심서』의 영혼이다. 나머지 백성을 위한 실무의 '6전'(六典: 吏典·戶典·禮典·兵典·刑典·工典)을 다룬 여섯 편과 재난에 대한 대응책을 다룬 '진황'(賑荒)편은 『목민심서』의 행정실무를 제시하는 골격을 이루고 있는 것이다.

　『목민심서』의 책갈피 어디에서나 백성이 주인으로 전면에 크게 확대되어 다가오고 있으며, 공직자로서 백성을 바라보는 뜨거운 사랑의 마음과 보살피는 세심한 정성이 흘러넘치고 있다. 그래서 결코 전제군주시대의 행정지침서에 머물지 않고 우리 시대에서도 공직자의 양심과 책임감을 생생하게 일깨워주는 보편적 가치를 지니는 소중한 고전이 되고 있는 것이라 하겠다.

다산 정약용의 신앙과 실용정신

다산은 조선 후기 실학을 대표하는 유학자이다. 그러나 그는 청년 시절 천주교 신앙에 깊이 빠져들었던 일이 있고 그 영향이 그의 사상 속에 광범하게 녹아들어 있는 것이 사실이다. 정약용의 사상을 이해하기 위해서는 여러 가지 중요한 주제들이 있지만 그의 천주교 신앙이 지닌 성격을 이해하고 실학자로서 그가 보여준 실용정신을 확인하는 것은 그의 사상 전반을 관통하는 중요한 과제라 할 수 있다.

정약용은 대학생 시절인 23세 때(1784) 봄 큰 형수의 동생인 이벽(李檗)에게서 천주교 교리를 듣고, 몇 권의 천주교 교리서(『天主實義』·『七克』 등)를 빌려 읽으면서 곧바로 천주교신앙을 받아들여 요한이라는 이름으로 세례를 받았다. 그해 정약용 누님의 남편인 이승훈(李承薫)이 북경에서 우리나라 최초의 천주교도로 세례를 받고 3월에 돌아오자, 명례방(明禮坊)에서 천주교 신앙집회가 열리면서 천주교 신앙공동체가 처음 성립하였다. 이 신앙집회는 이듬해 봄에 형조(刑曹)에 적발되자 해산되고 말았지만, 천주교 신앙활동을 다시 일으키는데 가장 먼저 나섰던 인물은 정약용이었다. 정약용은 26세 때(1787) 겨울에 대학(성균관) 근처 민가에서 이승훈과 함께 천주교 교리를 공부하는 일종의 천주교교리 비밀강습회를 열었다. 이 모임은 이듬해 동료 대학생의 고발로 정부에 알려졌던 일도 있었다.

그는 자신의 천주교 신앙활동에 대해 "대학에 들어간 뒤로 이벽을 따라 천주교 교리를 듣고 천주교 서적을 보았으며, 정미년(1787) 이후로 4,5년 동안 자못 마음을 기울였는데, 신해년(1791) 이래로 나라의 금지령이 엄중하여 마침내 생각을 끊어버렸다."〈「自撰墓誌銘(壙中本)」〉고 밝혔다. 이에 따르면 28세 때(1789) 대과에 급제하여 벼슬에 나간 이후로도 천주교 신앙을 지켰지만, 30세 때(1791) 그의 외사촌인 윤지충(尹持忠)이 제사를 폐지한 사건으로 정부의 천주교 금지령이 내려진 이후로 천주교 신앙을 떠났다고 밝히고 있다. 그러나 그가 천주교 신앙공동체와 관계를 끊은 이후로도 그의 반대파들은 그를 천주교 신앙의 핵심인물로 지목하여 공격을 계속하였고, 신유교옥(1801)이 일어나자 두 차례나 국문을 받고 마침내 강진(康津)에서 18년 동안 유배생활을 하였던 것도 천주교 신앙과 관련되었다는 죄목이었다.

그렇다면 정약용이 천주교 신앙을 받아들였던 배경과 등기는 무엇이며, 신앙의 성격은 어떤 것이고, 신앙을 떠난 이유는 무엇인지 음미해볼 필요가 있을 것이다. 먼저 그가 천주교 신앙을 받아들인 배경으로는 그의 학문적 연원을 이루고 있는 성호학파의 학풍을 돌아보자. 그 자신도 "나의 큰 꿈은 성호를 따라 사숙하는 가운데 깨달은 것이 많았다."〈「俟菴先生年譜」〉고 말한 사실이 있다.

이익(星湖 李瀷)은 주자학─도학을 계승하면서도 배타적 정통주의자가 아니라 열린 정신을 지녀, 현실문제와 사회제도의 합리적이고 실용적인 개혁방안을 모색하는 실학자였다. 이익은 당시에 새로 전해온 서양의 과학기술과 천주교 교리를 포함하는 서학(西學)에 깊은 이해를 보였다. 서학에서 천주교 신앙내용은 비합리적이고 허황한 것으로 거부하였지만, 서양의 윤리사상을 유교와 소통할 수 있는 것으로 받아들였고, 특히 천문학·역법(曆法) 등 서양과학지식에 대해서는 중국의 성인도 따라야할 진실한 것이라 하여 적극적 수용자세를 밝혔다. 이익의 제자들인 성호학파 안에서는 천주교신앙에 대한 거부적 입장을 강조하는 공서파(攻西派)와 서양과학의 적극적 수용자세를 계승한 신서파(信西派)가 갈라지게 되었는데, 권철신·이가환·정약용은 바로 성호학파의 신서파로서 서양과학의 수용을 통해 생산기술의 개혁을 추구하였으며, 신서파에서 이벽·이승훈·정약용 등은 서양과학지식을 수용하는 과정에서 천주교 신앙을 받아들이는 단계로 넘어갔던 인물들이다.

마테오 리치를 중심으로 하는 예수회 선교사들이 중국에서 천주교 신앙의 전교에 큰 성공을 거두었던 요인으로 중국의 유교사상과 천주교 교리를 조화시키는 보유론(補儒論)의 선교정책을 채택했다는 사실과 중국인들이 필요로 하는 서양의 실용적 과학기술을 함께 소개하면서 큰 설득력을 얻었다는 점을 들 수 있다. 곧 성호학파의 신서파들은 서양과학기술의 수용이 심화되면서 그 정신적 배경으로 천주교신앙도 우호적으로 이해하게 되고, 나아가 적극적으로 수용하여 신봉하기 시작하였던 것이다.

정약용이 천주교신앙을 받아들이는 계기는 성호학파 안에서 서양과학기술을 받아들여 실용적이고 효율적인 사회개혁 방법을 찾아가는 과정에서 이미 천주교 교리에 대한 이해가 축적되었던 것이요, 그 바탕 위에서 이벽의 교리해설을 들으면서 설득되었던 것으로 보인다.

정약용의 신앙내용은 우주의 궁극적 주재자로서 '천주'의 존재와 유교의 '천'(天)·'상제'(上帝)를 일치시키는 마테오 리치의 보유론적 천주교 교리에 근거한 것이요, 인간의 '심성'이 '천주'와 같은 신성(神性)을 지니고 있지만, 신성을 이룰 수도 있고 타락할 수도 있는 의지의 자율성을 지녔다는 '영혼'개념을 받아들인 것이다. 그러나 그는 자신의 저술 속에서 한마디도 천주교 교리를 소개하거나 직접 인용하였던 일이 없다. 다만 그는 자신이 받아들인 천주교교리의 '천주'존재와 '영혼'개념에 따라 유교경전의 '천·상제'개념과 '심·성'(心·性)개념을 새로운 빛으로 조명하여 해석해내는 중대한 업적을 이루었다. 23세 때 정조(正祖)임금이 제시한 질문에 대한 대답인 『중용강의』를 비롯하여, 그의 창의적인 유교경전 해석에는 '천·상제'를 이치로 해석하는 주자학을 탈피하여 신앙대상으로 재발견하였으며, '심·성'개념의 성리학적 해석에서 벗어나 '영혼'개념의 빛 아래 재해석함으로써 인간존재에 대한 근원적 재해석을 하고 있다. 한마디로 그의 경전해석은 "진실한 마음으로 하늘을 섬기고, 진실한 마음으로 신을 섬겨야 한다."(實心事天, 實心事神,〈『中庸講義補』〉)는 하늘을 섬기는 신앙으로 관철하고 있다. 또한 "하늘이 인간의 선·악을 살피는 방법은 항상 인륜에 있으므로, 인간은 자신을 닦아 하늘을 섬겨야 하는 것이다."(天之所以察人善惡, 恒在人倫, 故人之所以修身事天,〈『中庸自箴』〉)라 하여 도덕적 선행이 하늘을 섬기는 방법임을 강조하고, "어진 사람이 부모를 섬김은 하늘을 섬기듯이 하며, 하늘을 섬김은 부모를 섬기듯이 한다."(仁人之事親也如事天, 事天如事親.〈『예기』, 哀公問〉)는 공자의 말을 자신의 유교경전 이해의 기반으로 확인하고 있다.

정약용은 천주교 신앙을 지키다가 순교한 인물이 아니라, 천주교 신앙의 세계관을 빛으로 삼아 유교경전을 재해석하였던 인물이다. 사상사에서 본다면 마테오 리치가 천주교입장에서 제시한 보유론을 유교 입장에서 본격적으로 체계화하는 독자적이고 탁월한 업적을 이루었으며, 유교와 천주교가 소통할 수 있는 논리를 유교 경전해석에서 치밀하게 계발해내는 의미 깊은 작업을 수행하였던 독보적 인물이다. 그가 천주교 신앙공동체를 떠난 이유는 당시 조선정부의 엄격한 금교령에 따른 것이라고 하지만, 그 이전에 유교경전 안에서 천주교 신앙의 진정한 의미를 나름대로 찾아내고 자족하였던 것으로 보인다. 달레(Ch. Dallet)의 『조선천주교회사』에서는 정약용이 한때 배교했다가 다시 신앙으로 돌아와 죽을 때는 중국인 유방제(劉方濟) 신부에게서 종부성사(終傅聖事)를 받고 천주교 신자로서 생을 마쳤다고 한다. 그러나 그의 저술에서는 이를 확인할 수 있는 아무 증거도 없다. 그렇다면 정약용의 신앙세계는 종파적으로 천주교인이냐 유교인이냐로 갈라보려는 차원을 넘어서는 것이다. 따라서 그는 근원적 정신세계에서 두 신념체계의 벽을 허물어 소통의 길을 열어주었던 인물이라 볼 수 있을 것이다.

정약용이 천주교 신앙을 수용하였던 배경에 서양의 과학기술을 수용하는 과정이 바탕을 이루었다는 사실을 돌아보면, 그는 서양 과학기술을 통해 조선사회의 생산기술을 혁신하고자 하는 실용적 관심에서 출발하였음을 알 수 있다. 바로 이 점은 그의 실학사상이 추구하는 실용정신의 중요한 조건을 이루고 있다. 그는 28세 때(1789) 겨울 정조 임금의 능행(陵幸)을 위해 한강에 배다리(舟橋)를 놓는 공사의 설계를 맡았던 일이 있다. 이러한 사실은 그가 큰 공사의 설계를 할 수 있는 뛰어난 수리적 계산능력을 지니고 있음을 임금이 인정했기 때문이고, 실제로 배다리공사는 매우 성공적으로 수행되었다. 또한 31세 때(1792) 겨울 정조 임금의 명령으로 화성(華城: 水原城)의 축성을 위한 설계와 공사를 위한 규정을 지어 올렸다. 10년 공사로 계획된 화성건설의 대규모 공사를 2년 남짓한 기간에 완성할 수 있었던 것은 그가 성곽 건설에 수리적 계량화와 합리적 관리방법으로 효율성을 극대화하였기에 가능한 일이었다. 정조 임금은 예수회 선교사 테렌즈가 지은 『기기도설』(奇器圖說)을 참고하도록 허락하였고, 이 책에서 무거운 물건을 들어 올리는 기중기(起重器)의 제도를 연구하여 직접 제작해서 실용화함으로써 엄청난 인력과 경비를 절감하고 공사기간을 단축하는 효과를 거두었던 것이다.

그는 의학지식에 깊은 관심을 기울여 그 자신 의술에 정통하였으며, 처방을 외우기에 앞서 본초(本草)의 성능에 정확한 지식을 가져야 할 것을 강조하고,〈「醫說」〉맥을 짚는 전통적 진료방법을 거짓된 것이라 부정함으로써, 의학의 객관적 합리성을 추구하였다.〈「脈論」〉 그는 서양의 종두법까지 연구하여 『마과회통』(麻科會通)의 저술이라는 중요한 업적을 남기기도 하였다. 『마과회통』 서문의 첫머리에서 그는 송나라 범중엄(范仲淹)이 "내가 글을 읽고 도를 배우는 것은 천하의 사람 목숨을 살리고자 함이다. 그렇지 않다면 … 의술의 묘방을 깊이 연구하는 것이 또한 사람을 살릴 수 있는 일이다."라는 말을 인용하여, 목민관으로서 백성을 다스리는 일이나 의술을 연구하는 일이 사람의 목숨을 살리는 인간에 대한 사랑 곧 '인'(仁)의 정신을 실현하는 길을 강조하였다.

그는 서학을 통한 과학지식의 합리성을 받아들이면서, 음양오행설(陰陽五行說)의 전통적 자연관을 극복하였고, 관상으로 사람의 운명을

해석하는 관상술을 비롯하여 도참설(圖讖說)·풍수설(風水說)·신통술
(神通術)·역술법(易術法) 등 복(福)을 구한다고 대중들을 현혹하는 온
갖 '술수학'의 허위적이고 미신적 거짓됨을 철저히 비판하였던 것도 과
학의 합리적 사유에 근거하는 실용정신의 구현이라 할 수 있다.

『목민심서』를 비롯하여 경세론(經世論)에 관한 방대한 저술들도 백
성을 살려내는 현실의 실용적 방책을 제시하는 것이었다. 그 자신
36세 때(1797)때 황해도 곡산부사(谷山府使)로 나가서도 척도의 기준
으로 자(尺)의 길이를 확정하고, '가좌표'(家坐表: 砧基簿)라는 호적일람
표를 창안하여 백성의 실상을 한 눈에 파악할 수 있게 하고, 경위선
(經緯線) 위에 지도를 그려 균평한 행정을 시행할 수 있는 장치를 마
련하였던 것 등은 민생을 위한 행정의 다양한 제도적 기틀을 마련하
는 것이었고, 포목값을 안정시키며, 백성들에게 유리한 조세납부방법
을 찾아내는 등 민생에 실질적인 혜택이 돌아가도록 효율적 행정을
시행하여 큰 성과를 이루었다.

한마디로 그의 실용정신은 하늘을 섬기고 인간을 사랑하는 신앙
에 바탕하여 백성을 사랑하는 애민(愛民)정신을 현실에서 발휘한 것
이면서, 동시에 서학에서 받아들인 합리적이고 효율적인 과학기술의
활용을 추구하여 거두어들인 성과라 할 수 있을 것이다.

나눔의 아름다움

   정약용은 『목민심서』에서 목민관이 지녀야 할 마음의 자세에서부
터 행정의 실무에 이르기까지 자세하고 절실하게 문제를 짚어주고 방
법을 제시하였다. 그렇지만 정상적인 조건 아래에서 행정의 문제들을
논의하기만 하였던 것은 아니다. 재난을 당한 비상사태에서 백성들
을 어떻게 구제해야 할지 그 대책을 점검한 '진황'(賑荒)편을 설정하고
있는 점은 그의 생각이 얼마나 빈틈없이 용의주도한가를 잘 보여주
고 있는 것이라 하겠다.

   『목민심서』 '진황'편에는 백성을 재난으로부터 구제하는 방책을 6
조목으로 분석하여 해명하고 있는데, 그 첫째 조목으로 '비자'(備資)
는 흉년이나 뜻밖의 재난을 당하기 전에 미리 대비하여 물자를 비축
해두어야 한다는 것이다. 언제 어떻게 닥칠지 모르는 재난에 아무 준
비가 없다가 당하면 당황하여 혼란만 가중되다가 파탄에 빠질 위험
이 높다. 재난이야 하늘이 내리는 시련이라 하더라도, 미리 대비해
놓는다면 재난의 위기도 슬기롭게 넘길 수 있는 역량은 인간의 몫으
로 주어져 있다.

‘진황’편의 첫 조목(備資)이 재난에 대한 대비라면, 나머지 다섯 조목(勸分·規模·設施·補力·竣事)은 재난을 당한 다음에 백성을 구제하는 대책을 제시한 것이다. 이 다섯 조목의 첫머리에 재난을 당했을 때 나누어 쓰기를 권장하는 ‘권분’(勸分)을 들고 있는 점이 눈에 띤다. 우리에게는 전통적으로 재난을 당하거나 길흉 간에 큰일을 당했을 때는 이웃이 모두 나서서 서로 돕는 아름다운 풍속이 있다. 「향약」(鄕約)의 4조목에서도 마지막 조목에 ‘우환과 재난을 당하면 서로 구제한다’(患難相恤)는 것이 바로 이웃 간에 넘어지려는 사람이 있으면 서로 붙들어주고 일어나려는 사람이 있으면 서로 도와주는 ‘상부상조’(相扶相助)의 정신을 잘 보여주는 것이다.

최근에 일본이 엄청난 지진과 해일로 타격을 입고, 엎친 데 덮친 격으로 핵발전소까지 폭발의 위험에 놓이게 되어 참담한 재난을 당하고 있다. 도시가 폐허가 되고 가족의 생사를 물어 헤매거나 대피소에서 피난생활을 하는 생생한 광경을 바로 곁에서 일어난 일을 보듯이 텔레비전 화면으로 지켜보자니 놀랍고 안타까운 마음이 그지없다. 재난이 언제 누구에게 닥칠지 모르니 결코 남의 일 같지 않다.

우리 정부는 물론이요 국민들 가운데서도 혹독한 재난을 당해 고통 받고 있는 이웃 일본을 돕겠다고 나서는 것을 보면서 우선 반갑고 자랑스럽다. 이웃집에 불이 났는데 불구경이나 하려 들거나 남의 불행을 보고 속으로 기뻐하는 마음이 있다면, 그것은 인간의 마음 한 구석에 숨어 있는 이기적이고 사악한 마음일 것이다. 맹자는 어린 아이가 우물에 빠져드는 광경을 보게 되면 누구나 놀라고 측은히 여기는 마음이 일어나 살려내려고 뛰어들게 된다고 하였다. 이렇게 이웃의 불행을 보고 안타까워하며 구제하려는 마음은 결코 그 집안과 친교를 맺기 위해서거나 마을 사람들과 친구들의 칭찬을 받으려는 속셈으로 계산을 하는 것이 아니라 하였다. 바로 이 측은히 여기는 마음이 '차마 남이 다치게 버려두지 못하는 마음'(不忍人之心)이요, 인간의 성품이 선한 증거라 하였으며, 이런 측은히 여기는 마음이 없다면 사람이 아니라고까지 맹자는 역설하였다.

한국인은 누구나 일본에 대해 착잡한 복합적 감정을 가슴 속에 지니고 있다. 국권을 침탈당하여 나라를 잃고 식민 지배를 받았던 36년간의 굴욕과 고통을 결코 잊을 수야 없다. 그러나 묵은 원한에 젖어 상대방이 당한 불행을 내심 기뻐하는 소아적(小我的) 편협한 감정에 빠지지 않고, 이웃이나 친구가 당한 불행처럼 걱정하며 도우려 나서는 대아적(大我的) 열린 도량의 마음을 보면서 우리의 성숙한 국민 의식이 어찌 자랑스럽지 않을 수 있겠는가.

이웃이 어려움을 당했을 때 서로 도울 수 있어야 진정한 이웃이다. 잘 나갈 때 만난 친구보다 곤궁하고 어려웠던 시절에 사귄 친구를 잊을 수 없는 것처럼, 위급할 때 서로 도울 수 있어야 진정한 친구가 될 수 있다. 좋은 이웃 진실한 친구는 처음부터 주어지는 것이 아니라, 어려울 때 서로 도우면서 비로소 만들어져 가는 것이다. 우리가 먼저 좋은 이웃 진실한 친구가 된다면 분명 일본도 우리에게 좋은 이웃 진실한 친구가 되리라 믿는다.

재난으로 어려움을 당한 이웃에게 나누어 주고 구조해주는 데에도 원칙이 있다. 정약용은 재난을 당했을 때 서로 나누어 쓰기를 권하는(勸分) 조건으로 자발성을 강조하였다. 그는 재난을 당해서 나누어 쓰기를 권유한다는 것은 스스로 '베풀기'(施)를 권유하는 것임을 언급하고, 억지로 내놓게 하는 것은 베푸는 것이 아니라, '바치게 하는 것'(納)임을 지적하였다. 남의 눈치를 보거나 체면 때문에 마지못해 내놓는 것은 스스로 베푸는 것이 아니라 어쩔 수 없어 바치는 것이 된다는 것이다. 이웃돕기 운동도 좋은 의도에서 출발하는 것이지만, 정도가 지나치면 강요의 분위기로 흐를 수 있음을 경계하는 말이기도 하다.

우리가 우리보다 훨씬 잘 사는 이웃인 일본이 재난을 당했을 때 조금이나마 도울 수 있다는 것은 이웃나라 사이에 우호를 다지는데도 좋은 기회이다. 그런데 우리 주위에는 어쩌다 천재지변의 재난을 당한 것이 아니라, 일상생활 그 자체가 극심한 재난의 수준에 놓여 있는 이웃이 많이 있다. 가까이는 북한의 우리 동포가 굶주림에 시달리고 있으며, 멀리는 아프리카의 많은 나라들이 내전과 빈곤에 엄청난 고통을 당하고 있다. 사실은 우리나라 안에도 빈곤과 질병에 고통 받는 이웃이 얼마든지 있다. 거리의 걸인이나 노숙자들에게는 냉정하리만치 무심하다가 이웃나라의 재난을 돕는데 너무 요란하게 나서는 것도 모양이 좀 이상하다. 남을 도울 때는 왼손이 하는 일을 오른손도 모르게 하라고 했는데, 조용히 그러면서도 진심으로 서로 돕는 마음이 발휘된다면 정말 아름답지 않겠는가.

16

조화로움(和)에서 피어나는 진리(道)

역사를 돌아보면 어떤 숭고한 이념도 절대적으로 진실하거나 항구적으로 정당할 수는 없는가 보다. 한때 그 사회에 이상을 심어주고 희망을 불어넣어주던 이념집단이었지만 다음 시대에는 그 사회를 파탄의 구렁텅이로 몰아넣고 마는 경우를 조선시대 유교지식인이었던 도학자(주자학자)들에서 확인할 수 있다.

조선왕조가 건국하면서 도학(주자학)은 조선사회의 통치원리로 받아들여졌다. 조선 초기의 도학자들은 도학정신에 대한 강경한 신념을 밝히면서 탐욕스러운 세속권력에 저항하다가 몇 차례 거듭된 사화(士禍)를 당하면서 엄청난 희생을 치렀다. 이처럼 유교이념을 표방한 조선사회에서 유교정신의 실현을 추구하다가 죽임을 당한 도학자들은 순교자(殉敎者: 殉道者)라고 할 수 있을 것이다.

그러나 16세기 말엽부터 도학자 선비들이 정치를 담당하는 중심세력이 되었던 사림정치(士林政治) 시대가 열렸다. 이때 권력을 잡은 선비들이 배타적 독선과 이기심에 빠져들면서 스스로 분열하여 서로 비난하고 음해하는 당쟁을 벌였다. 권력에 저항할 때는 순수한 이상을 추구하던 도학자들이 일단 권력을 잡자 자신도 모르는 사이에 권력투쟁의 진흙탕에서 서로 물어뜯으며 싸우는 개의 꼴을 보여주었던 것이다. 이들은 당쟁을 벌이면서도 끊임없이 의리(義理)를 명분으로 내세워 자신들을 정당화시켰지만, 결국 당파의 어느 쪽에서도 정당성을 확보할 수 없었고 진실성을 찾아볼 수 없었다. 결국 조선사회에 이상의 깃발을 세웠던 것도 도학자들이었지만, 조선사회를 분열과 쇠망으로 몰고 갔던 것도 도학자 자신들이었다.

임진왜란으로 외적의 침략을 당해 국가의 존망이 바람 앞의 촛불처럼 위태로운 지경에 놓여 있었지만, 외적을 물리치려는 의지보다 반대당파에 대한 적개심이 더 뜨거웠다. 그래서 최전선의 유일한 버팀목이었던 이순신까지도 끌어내려 죽이려고 달려들었던 것이 아니었던가. 중국에 대해서는 한없이 비굴하고, 일본에 대해서는 턱없이 오만하면서, 나라 안의 동족끼리는 당파로 갈라져 강퍅하고 잔혹하였던 것이 이 시대 도학자들의 일면이다. 나라가 망하는 것이야 둘째 문제요, 먼저 나 자신의 주장이 옳고 내 당파의 입장이 관철되어야 한다는 것이 그들의 마음씀이었다. 그런데 오늘의 우리 자신은 과연 이런 과오에서 자유로운가 한 번 돌아봐야 할 일이다.

영조(英祖)는 끝없이 분열하여 서로 헐뜯고 싸우는 당파의 대립을 해소하기 위해, '탕평'(蕩平)정책을 추진하면서 1742년 탕평비(蕩平碑)를 태학(太學: 成均館) 앞에 세워서 선비들을 경계하였다. '탕평'이라는 말은 『서경』 홍범(洪範)편에서 "치우침이 없고 당파 짓지 않으면 '왕도'(王道)는 넓고 멀며(蕩蕩), 당파 짓지 않고 치우치지 않으면 '왕도'는 평탄하고 쉽다(平平)."(無偏無黨, 王道蕩蕩, 無黨無偏, 王道平平)고 말한 구절을 끌어들인 것이다. 이 탕평비의 비문에는 "두루 하면서 견주지

않는 것은 군자의 공정한 마음이요, 견주면서 두루 하지 못하는 것
은 소인배의 사사로운 생각이다."(周而弗比, 乃君子之公心, 比而弗周, 寔小
人之私意)라고 20자를 새겨 넣었다. 공자가 "군자는 두루 하면서 견주
지 않고, 소인은 견주면서 두루 하지 않는다."(君子周而不比, 小人比而不
周.〈『논어』, 爲政〉)라고 한 말을 끌어다 쓴 것이다.

이처럼 군왕의 호소가 간곡하였지만, 한 번 당파에 빠져든 도학자
들은 의리를 간교하게 끌어들여 자기 당파의 정당성을 확보하는 명
분을 찾는데 급급할 뿐이었다. 도학자들이 독선에 빠져 당파적 분열
을 일삼고 자신의 정당성을 내세우기만 할 뿐 스스로 자신의 과오를
성찰하지 못하면서, 조선 후기의 도학 선비들은 백성을 가르치고 사
회를 이끌어가는 지도기능도 상실하고, 국가의 안위를 염려한다는
충성심도 허울뿐인 빈 말이 되고 말았으며, 그 결과 도리어 사회에
부담이 되어 해독을 끼치는 존재로 전락하고 말았다.

유교는 정통성을 중시하는 독단적 사유와 더불어 다양성의 조화
를 존중하는 포용적 사유를 동시에 지니고 있다. 공자는 "군자는 조
화를 이루지만 동조하지 않고, 소인은 동조하지만 조화를 이루지 못
한다."(君子和而不同, 小人同而不和.〈『논어』, 子路〉)고 말하여, 지조 없이
영합하여 동조하는 것이 아니라 각자의 소신을 지키면서 서로 조화
를 이루는 열린 자세를 강조하였다. 한마디로 제각기 옳다고 주장하
며 서로 비난하는 가운데는 어느 쪽에도 진실이 없으며, 서로 다르지
만 어울려 '조화'를 이루는 가운데서 비로소 진리가 향기로운 꽃으로
피어나는 것임을 말해준다.

서양의 철학자 야스퍼스(Jaspers)도 "진리는 설득에 있는 것이 아니
라 호소에 있는 것이다."라고 말했다고 한다. 논리의 정당성만 내세워

설득하려고 하면 또 다른 논리로 맞서서 대립을 유발할 수가 있는데, 이에 비해 상대방의 가슴에 호소하여 공감을 얻는다면 하나로 일치될 수가 있고, 바로 이렇게 서로 다른 개체 사이에서 일치를 이루는 '조화' 속에 진리가 꽃피어나는 것임을 보여주는 것이라 생각된다.

『춘추좌전』(昭公 20년)에서 안자(晏子: 齊의 晏嬰, 字 平仲)는 조화(和)와 동조(同)의 차이를 설명하면서, 조화란 요리사가 여러 가지 양념과 물과 불을 적절히 조절하여 생선과 고기를 삶아 맛있게 끓이는 국에 비유하면서, 임금과 신하 사이에서도 "임금이 옳다고 하는데 신하가 그렇지 않다고 건의하며, 임금이 그렇지 않다고 하는데 신하가 옳다고 건의하니, 이 때문에 정치는 평탄하여 충돌하지 않으며, 백성은 다투는 마음이 없다."(和如羹焉, …君臣亦然, 君所謂可, 臣獻其否. 君所謂否, 臣獻其可, 是以政平而不干, 民無爭心)고 하였다. 따라서 서로 다른 맛이 어울려 국맛을 내듯이, 서로 다른 소리가 어울려 아름다운 음악을 이루듯이, 서로 다른 주장이 어울려야 화평한 정치를 이룰 수 있다고 보았다. 그것은 덩달아 따라가는 추종(同)이 옳지 않고 제각기 의견이 다르지만 서로 존중하고 이해하는 화합(和)이 진실한 것임을 제시한 것이다.

조선시대 도학이 스스로 '정통'임을 강조하면서 모든 다른 견해를 '이단'으로 배척하였지만, 이러한 배타적 독선 속에서는 진리가 숨쉬기 어렵다. 그렇다고 조선시대 도학에 배타적 논리만 있었던 것은 아니다. 드물지만 포용적 논리도 드러나고 있음을 엿볼 수 있다. 선조(宣祖)때 김효원(金孝元)과 심의겸(沈義謙)이 대립하면서 동인(東人)과 서인(西人)으로 당파가 분열되는 상황에서, 율곡은 양쪽을 조정하려고 노력하고 있었다. 이때 어떤 사람이 율곡에서 "천하에는 양

쪽 다 옳거나 양쪽 다 그른 경우는 없다. 그대는 요즈음 일에 옳고
그름을 분별하지 않고 양쪽 다 온전하게 하고자 힘쓰니 인심에 불
만이 있다."라고 항의하였다. 그러자 율곡은 "천하에는 진실로 양쪽
다 옳거나 양쪽 다 그른 경우가 있다. 백이와 숙제가 서로 사양하였
는데, 무왕과 백이·숙제는 같지 않으니, 이것은 양쪽 다 옳은 것이
다. 춘추·전국시대에 의로운 전쟁이 없었으니, 이것은 양쪽 다 그른
것이다."(『栗谷全書』, 권34, '年譜')라고 대답하였다. 대립된 입장의 어
느 한 쪽이 옳고 다른 쪽이 그르다고 갈라놓는 대결의 논리가 아니
라, 양쪽에 모두 긍정적인 점과 부정적인 점이 있다고 봄으로써 서
로를 포용하는 화해의 논리로서 '양시양비론'(兩是兩非論)를 제시하
였던 것이다.

　실학자 정약용은 "성인의 도리는 구애됨이 없고 막힘이 없으며 '의'
(義)를 따른다. 그러므로 '시중'(時中)이라 한다. 그러나 그 속에는 양
주(楊朱)와 묵적(墨翟)의 의리도 갖추고 있지 않음이 없다. …양주와
묵적은 모두 현인이다. 맹자는 그 폐단을 염려하여 물리친 것인데,
오늘날 사람이 맹자를 잘못 읽고서 양주를 인색한 사람으로 여기고
묵적을 무절재한 사람으로 여긴다."(『與猶堂全書』[2], 권5, 48, '孟子要義')
고 하였다. 곧 공자의 정신을 상황에 적합하다는 의미로서 '시중'(時
中)이라 말하는 것은 '정당성'(義)을 기준으로 삼을 뿐이지, 어떤 배타
적 선입견에 구애됨이 없는 것임을 전제로 확인한다. 따라서 맹자 이
후 유교전통에서 이단의 대표적 유형으로 삼아 배척하여 왔던 양주
의 개인주의적 위아설(爲我說)이나 묵적의 박애주의적 겸애설(兼愛說)
도 유교의 도리 속에 포용할 수 있음을 강조하고 있다. 다만 한쪽에
집착하는 폐단을 경계할 뿐이다. 이런 의미에서 '이단'이란 한쪽 극

단에 치우친 것일 뿐이므로 '중용' 속에는 어떤 '이단'도 포용할 수 있다고 본다. 이처럼 양주와 묵적의 의리를 '도' 속에 포용할 수 있다는 다산의 포용논리를 확장시켜보면, 진정한 '도'는 어떤 이질적 종교나 사상도 포용할 수 있다는 논리를 가능하게 한다. 그것은 종교들 사이에 서로 대립하고 갈등하는 우리의 현실에서 종교 간의 상호이해와 조화의 길을 제시해주는 포용의 논리로 소중하게 간직되어야 할 것이다.

그러나 정약용은 다른 곳에서 "'도'는 하나일 뿐이다. 만백성이 함께 다니고 수레가 번잡하게 왕래하며 사람들이 어깨를 부딪치면서 다니는 것도 이 '도'에 말미암는다. 이것이 이른바 '함께 행하면서 서로 어긋나지 않는다'는 것이다. 오늘날 사람들이 두 가지 '도'가 병행하기를 바라지만 또한 어렵지 않겠는가."(『與猶堂全書』[2], 권3, 28, '中庸自箴')라고 하여, 두 가지 '도'의 병행으로 해석하기를 거부하여 통합과 일치를 강조하고 있다. 그렇다면 정약용은 한편으로 포용적 논리를 제시해놓고 나서 다른 한편으로 스스로 제약을 하는 양면적 모습을 보여주는 한계를 드러내고 있는 것이라 생각되어 아쉬움이 남을 수도 있다. 그러나 진정한 '도'의 실현은 포용과 통합의 긴장된 균형 속에서 실현되는 것이 사실이다.

하늘의 물건을 훔치는 도적

1553년 명종(明宗)임금 때 초야에 은거하고 있던 명망 높은 선비 세 사람을 발탁하여 관직을 내렸던 일이 있었다. 그러나 남명(南冥 曺植)은 끝내 나오지 않았다. 이때 퇴계(退溪 李滉)는 남명에게 편지를 보내 그의 높은 지조를 칭찬하면서, 그에게는 반드시 공부한 바(所事)가 있을 것이요, 깨달은 바(所得)가 있을 것이요, 지키고 편안히 여기는 바(所守而安之)가 있을 것이요, 남들이 모르는 가슴 속의 즐거워하는 바(所樂於胸中)가 있을 것이라 하여, 어떻게 해서 자신을 수립하고 세상 사람들이 모두 추구하고 있는 영예와 이익의 출세 길을 잊을 수 있는지를 겸손하게 물었다.

이때 남명의 답장에서는 실제에 부합하지 않는 공허한 명성으로 세상을 속이고 임금을 그르쳤다고 겸허하게 자책하면서, "남의 물건을 훔치는 것도 오히려 도적이라 말하는데, 하물며 하늘의 물건을 훔치는 것이랴."(盜人之物, 猶謂之盜, 況盜天之物乎)라고 하였다. 그가 말하는 '하늘의 물건'이란 나라의 공직(公職)을 가리키는 말이다. 자신이 공직을 담당하여 그 책임을 다할 수 없다면 그것은 자신의 사사로운 영예나 이익을 위해 '하늘의 물건'을 훔치는 것이요, 하늘에 큰 죄를 짓는 것이라 인식하는 두려움의 자세를 보여주고 있는 것이다.

남의 물건이라면 아무리 작은 물건이라도 정당한 대가를 지불하지 않고 가진다면 그것은 훔치는 것이나 빼앗는 것이니, 모두가 도적이나 사기꾼으로 손가락질 할 것이요, 누구나 스스로 부끄러워할 줄을 안다. 그런데 공공의 기물은 함부로 쓰는 사람들이 의외로 많고, 공공의 재물은 마치 임자 없는 물건을 주워 가지듯이 기회만 있으면 빼내어 갖거나 남에게 선심 쓰는 사람이 생각보다 많은 것 같다. 이른바 공직사회의 부패와 비리는 어제 오늘의 일이 아니다. 최근에는 대기업에서도 부패와 비리가 심각한 문제로 제시되고 있는 사실이 보인다.

공공의 직책은 모든 백성의 삶에 직접 연관되는 것이므로 중대한 책임이 따른 것이다. 그러나 현실에서는 그 책임의식 때문에 공직을 맡기 두려워 한다는 것은 고위공직자의 취임사에서나 입에 발린 말로 나올 뿐이요, 서로 자리를 차지하려고 줄을 서거나 뇌물이 오가는 온갖 공작을 다하는 인사들도 많다고 한다. 공직에 나와서도 자리를 지키고 이권을 챙기는 데만 마음을 쓰니, '철밥통'이라거나 '복지부동'이라는 비난과 빈정거림을 받게 되는 것이 아니겠는가. 임용권을 가진 사람조차도 자신과의 연고를 따라 세력을 심기에 급급하여 그 역량과 책임감을 엄격하게 검증하지 않는 일이 많으니, '하늘의 물건'에 대한 두려움을 찾기는 참으로 어려운 일이 아닐 수 없다. 이제는 공직이란 두려워해야 할 '하늘의 물건'이 아니라 공중에 떠 있는 물건이요, 아무나 운이 좋아 차지하고 앉으면 임자가 되는 '회전의자' 쯤으로 여겨지는 것 같다.

공직에 나가 나라와 백성을 위해 봉사하는 책임을 다하지 않고 사리사욕을 채우는데 급급한 자들을 '도적'으로 꾸짖는 엄중한 질책의 목소리를 다산에게서 쟁쟁하게 들을 수 있다. 다산은 「감사론」(監司論)에서는 어떤 자가 정말 '도적'인지부터 따졌다.

밤중에 남의 집 담을 넘어 물건을 훔쳐가는 절도범은 '도적'이 아니라 굶주린 자들이 배고픈 나머지 저지르는 짓이라 하였다. 흉기를 감추고 길목에 기다리고 있다가 길가는 사람의 재물을 빼앗고 그 사람을 죽여 증거를 없애는 살인강도조차 '도적'이 아니라 단지 실성하여 어리석은 자의 소행일 뿐이라 하였다. 병장기를 든 수십 명의 무리를 이끌고 부잣집을 약탈한 다음 불을 지르는 화적떼도 여전히 '도적'이 아니라 단지 배우지 못하고 오만한 자들일 뿐이라 하였다.

이렇게 좀도적에서부터 살인강도와 화적떼까지도 '도적'의 축에 넣을 수 없다면, 정말 흉악한 '도적'은 누구라는 말인가? 관인(官印)을 차고 한 고을을 차지하여 굶주리고 지친 백성들의 고혈(膏血)을 짜내는 고을 수령은 그래도 '작은 도적'이라 하였다. 정말 '큰 도적'은 큰 깃발을 세우고 큰 일산(日傘)을 받치며 큰 북을 치고 큰 나팔을 불면서 행차하는 감사(監司)를 지목하고 있다. 이 '큰 도적'은 아무도 억제하지 못하는 권력으로 온갖 이권을 누리는 자들이다. 여기서 다산은 "큰 도적을 제거하지 않으면 백성들이 다 죽을 것이다."라고 절규하고 있다.

조선사회의 탐관오리들이 백성들을 얼마나 혹독하게 착취했던지는 잘 알려져 있다. 그러나 부패한 공직자의 파렴치한 행실이나 나라의 기강과 백성의 삶을 해치는 것이야, 조선시대의 옛날 이야기이기만 한 것이 아니다. 우리시대에도 '큰 도적'은 지위가 높고 권력이 큰 자리를 차지한 자들 가운데 숨어 있는 것이 분명한가 보다. 회계장부를 조작하여 몇 십억의 공금을 빼돌리는 은행창구의 간 큰 직원이야 '작은 도적'이라 해야겠다. 한 은행의 경영자들과 이들을 감독하고 감시하는 권력기관의 간부들이 한 통속이 되어 은행을 통째로 말아먹는 사건이 터져 나왔다. 뉴스의 화면에서 그 은행에 예금을 했던 서민들의 투박하고 절망적인 몸짓을 보면서, 진실로 가증스러운 '큰 도적'들은 오늘 날에도 여전히 높은 자리에 앉아 기품 있게 차림새를 한 인물들 속에 숨어 있음을 새삼 깨닫게 된다. 다산이 지금 우리 사회를 내려다보면서 "큰 도적을 제거하지 않으면 나라가 무너질 것이다."라고 질책하는 소리가 들리는 듯하다.

나라를 지탱하는 네 기둥

-예·의·염·치(禮·義·廉·恥)

『관자』(管子) 86편의 첫머리인 '목민'(牧民)편에는 나라가 간직해야 하는 네 가지 강령인 '사유'(四維)를 '예'(禮)·'의'(義)·'염'(廉)·'치'(恥)의 덕목으로 제시하였다. '사유'는 나라의 기강을 유지하는 네 가닥 밧줄이요, 나라를 지탱하는 네 개의 기둥이라 할 수 있다. '예'(禮)란 예법의 행동규범이요, '의'(義)란 의리의 가치판단이요, '염'(廉)은 청렴하고 강직한 지조요, '치'(恥)는 부끄러워 할 줄 아는 도덕적 양심을 의미하는 것으로 이해된다. 『관자』에서는 이 네 기둥의 역할을 제시하면서, "'예'가 있으면 절도를 넘지 않고, '의'가 있으면 제멋대로 나아가지 않고, '염'이 있으면 악행을 은폐하지 않고, '치'가 있으면 그릇됨을 따르지 않는다."(禮, 不踰節, 義, 不自進, 廉, 不蔽惡, 恥, 不從枉)고 하였다. 이어서 나라를 지탱하는 네 가닥의 밧줄 가운데, "하나가 끊어지면 나라가 기울어지고, 둘이 끊어지면 나라가 위태롭게 되고, 셋이 끊어지면 나라가 전복되고, 넷이 끊어지면 나라가 멸망한다."고 하였다.

옛 사람들은 '예·의·염·치'란 말을 들으면 머리털이 쭈뼛하게 서고 가슴이 뜨끔하게 아픔을 느꼈을 것이다. '예·의'를 모르면 사람노릇을 할 수 없고, '염·치'가 없으면 사람대접을 받을 수 없으니, 어찌 놀라고 두려워하지 않을 수 있었겠는가. 우리의 선조들은 우리나라에 대한 자부심을 '동방예의지국'(東方禮義之國)이라는 한 마디 속에 모두 담고 있었다. '예의'라고 줄여서 말했지만 그 내용에는 '예·의·염·치'라는 네 기둥이 바쳐 올려 우뚝하게 서 있는 번듯한 나라임을 당당하게 내세웠던 것이다.

그렇다면 오늘에는 어떠한가? '예의'라는 말만 떠올려도 고리타분하다고 고개를 돌리려하고, '염치'라는 말만 들어도 무슨 잠꼬대를 하느냐고 얼굴을 찡그리지나 않을지 염려가 된다. '예의'는 사람을 속박하는 굴레이니, 벗어던지고 자유분방하게 개성을 발휘해야 매력이 있다고 생각하거나, '염치'는 세상물정에 어두운 눈먼 사람이 엉뚱한 곳을 더듬고 있는 짓이니, 눈을 크게 뜨고 영악하게 실리를 챙기지 않으면 바보 노릇밖에 할 수 없다고 말할지 모르겠다. 하기야 속살을 다 드러내고 다니는 것을 매력이 있다고 생각하는 지금 사람에게는 한 여름에도 의관을 차려입고서 '예의'를 지키는 옛 사람을 보면 한심스럽게 보일지도 모를 일이다.

그러나 오늘날에도 '예의'를 외면하고 있다고 '무례'함을 정당화하지는 않는다. 우리가 일본을 넘어서고 싶어도 쉽지 않은 것은 경제력만이 아니다. 일본인들이 남을 배려하고 예의바르게 행동하는 점을 무시할 수가 없기 때문이 아닌가 생각된다. 아무리 '염치'가 현실에 쓸모없다고 생각하는 사람도 '파렴치'한 행동은 받아들이지 않는다. 그러니 '예의염치'가 버려진 것만은 아니라, 우리시대에도 가치 있는 덕목으로 다시 돌아볼 필요가 있다.

오래 전에 잘 알고 지내던 어떤 신부님한테 들은 이야기가 생각난다. 그 신부님은 당시 노기남 대주교로부터 들은 이야기라고 하였다. 노기남 대주교는 1960년대 서울대학교 총장을 지냈던 권중휘 선생과 친한 사이였는데, 어느 날 권중휘 선생에게 천주교에 입교하면 어떻겠느냐고 권유를 했더니, 권선생의 대답이 자신은 기독교의 성경을 읽기를 좋아하고 감명을 받고 있지만 기독교인을 만나보면 염치가 없어서 기독교로 개종하기를 원치 않는다고 대답하더라는 것이다. 노기남 대주교는 이 말에 큰 충격을 받아, 그후 다른 신부들에게 이 말을 전하면서 그리스도교인이 독선에 빠져 자기만 옳다고 주장하는 염치없는 행동을 삼가라고 경계하였다고 한다.

'예의염치'는 옛 사람들의 가치기준일 뿐만 아니라, 어느 시대에나 요구되는 인간다운 사회의 근본원리로 재인식할 필요가 있다. 물론 옛 사람들이 그 시대의 풍속과 관습에 따라 말하던 '예의'나 '염치'의 형식적 이해는 우리시대에 새롭게 적응시켜 재해석해야 하지만, '예의염치'는 우리가 나라를 지탱하는 네 기둥으로 다시 세워야 할 가치가 아닐까 생각한다.

과연 우리가 오늘에서 나라를 지탱하는 기준을 확인하고 있는지부터 따져보아야겠다. 민주화, 경제성장, 복지사회, 선진화, 민족통일 등이 우리시대에 가장 중요한 사회적 가치로 손꼽아진다. 그러나 이러한 사항들은 우리나라의 영혼, 국민정신, 내지 '국혼'(國魂)이 살아 있다면, 그 '국혼'이 실현해야할 조목의 성격이라 이해될 수 있다. 그렇다면 우리나라의 영혼을 어떻게 인식할 수 있을까? 예의바르고 정의롭고 청렴하고 부끄러워할 줄 아는 '국혼'으로서 '예·의·염·치'를 정립한다면 민주화, 경제성장, 복지사회 등 모든 문제가 그 안에서 품격 있게 실현될 수 있지 않을까.

정약용(茶山 丁若鏞)은 "나라의 소중한 것이 '사유'이다. '유'(維)란 기강을 유지하는 방법이니, 이것이 없으면 조목이 펼쳐지지 않는다."(國之所重者四維也. 維者所以持綱. 無是則目不張矣.〈「辭翰林三疏」〉)라고 하였다. 이제 조목의 구체적 과제도 소중하지만, 그 보다 근원적인 강령을 정립하는 것이 시급하고, 이 강령을 '예의염치'로 재확인하면, 우리는 역사적 문화적 전통의 뿌리를 확보할 수 있고, 동시에 기둥이 확실하게 서 있는 당당하고 빛나는 나라의 꿈을 꿀 수 있지 않을까.

백성이 중심인 사회

“민생(民生)을 소중히 여기고 국법(國法)을 준수해야 한다.”

〈「京圻御史復命後論事疏」〉

다산이 33세 때(1794) 경기도 북부지역에 암행어사로 나가서 백성의 실정을 살펴보고 돌아와 임금에게 올렸던 복명(復命)상소의 결론이다. 곧 사회적 이상을 실현하기 위한 핵심과제는 백성의 삶이 보장되는 것을 목표로 하고, 나라의 법이 준수되는 것을 방법으로 삼아야 함을 확인하고 있는 것이다.

나라를 다스리는 목적이 백성의 삶에 있다는 것은 백성이 생존의 권리를 가지고 있다는 것이며, 정부의 책임은 바로 백성의 생존권을 보장하는데 있음을 각성시키는 것이다. 백성의 생존권은 단지 굶주림을 면하는 수준에 그치는 것이 아니라, 교육을 받고 인간답게 살 수 있는 권리를 포함하는 것이다. 여기서 다산은 민생이란 경제적 기반을 기초로 그 위에 교육을 시행하는 것이 ‘사무를 아는 것’(識務)이라 하여, 경제기반 없이 도덕의 교육은 공허한 관념에 빠지기 쉽고, 도덕의 교육이 없이 경제성장만 하면 천박한 사회가 되고 말 것이라는 통찰을 보여주고 있다.

인간다운 인격의 덕목을 '인'(仁)이라 하는데, 다산은 '인'을 사람과 사람의 만남이라 한다. 곧 인간사회에서 자식이 부모를 사랑하는 일이나, 신하가 임금을 사랑하는 일이나, 목민관이 백성을 사랑하는 일 등 모든 사회적 인간관계는 사랑의 '인'으로 결합되어야 하는 것임을 밝히고 있다.〈『論語古今註』〉 통치자와 백성이 서로 사랑하고 신뢰하는 화합이 사회질서의 진정한 실현이요 이상임을 역설하고 있다. 통치자가 백성을 사랑하는 자세로 『맹자』(離婁下)에서 "문왕은 백성을 다친 사람처럼 보았다"고 하였는데, 다산은 우리나라 속담에서 "불면 꺼질까, 쥐면 깨질까"라고 하는 말이 바로 다친 사람처럼 보는 조심하는 태도라 하여, 백성을 극진한 정성으로 보살필 것을 강조하였다. 여기서 다산은 노자가 "백성을 다스리는 것은 작은 생선을 삶듯이 한다."고 말한 것을 끌어들여, 작은 생선을 삶을 때 자주 뒤적이면 모두 부서지는 것을 경계하고 백성의 삶을 동요시키지 않도록 조심해야 할 것을 당부하고 있다.〈『孟子要義』〉 그것은 끊임없이 개혁과 변동을 추진하면서 사회기반이 심하게 동요하면 백성의 삶이 안정을 얻을 수 없음을 깊이 경계하고 있는 것이다.

백성이 나라의 근본이요 사회의 중심이 됨을 확인하기 위해서는 통치자와 백성의 관계가 재점검될 필요가 있다. 다산은 백성을 다스리는 자로 임금을 포함하여 수령인 목민관의 존재에 대해 근원적 질문을 던지고 있다. 곧 "목민관이 백성을 위해서 있는 것인가? 백성이 목민관을 위해 있는 것인가?"〈「原牧」〉를 묻고, 그 대답으로 목민관이 백성을 위해서 있는 것이지 결코 백성이 목민관을 위해서 있는 것이 아님을 역설하고 있다. 조선사회의 지식인들이야 누구나 입만 열면 '백성을 위한다'(爲民), '백성을 사랑한다'(愛民), '백성을 보호한다'(保民), '백성을 근본으로 한다'(民本)는 말을 거침없이 읊고 있는 것이 사실이다. 여기서 다산은 현실에서 이러한 말들은 지배자들이 백성을 속이는 허위적 구호일 뿐임을 날카롭게 고발하고 있는 것이다. 과연 백성을 다스리는 목민관이 백성을 위해 자신을 바쳐 봉사하고 있는지, 실상은 그렇지 않고 목민관이 백성을 타고 앉아 자신의 이익만 추구하고 있는지, 가슴에 손을 얹고 다시 생각해보기를 요구하고 있는 것이다. 오늘의 우리사회에서도 백성이 주인이라고 '민주주의'를 내걸고 있지만, 과연 우리시대 정치인들의 의식 속에 백성이 주인으로 섬겨지고 있는지 이권이나 챙기면서 감언이설로 속이고 있는지 새삼스럽게 따져보는 질문과 같은 맥락이다.

다산은 백성의 생존에 가장 장애가 되는 것이 백성을 착취하는 권력임을 그 시대 현실에서 확인하고 또한 역사를 통하여 입증할 수 있었다. 그는 권력으로부터 침탈당하는 백성의 권리를 확보하기 위해서는 무엇보다 먼저 백성과 목민관의 관계에서 주도권이 어디에 있는지 복종의 의무가 어느 쪽에 있는지를 해명하는 일을 중시하였다. 통치질서와 사회체제에 대한 다산의 인식은 원래 이 세상에는 백성만 있었을 뿐이요, 백성이 추대하여 수령도 임금도 있게 되었다는 것이다. 따라서 다산은 백성이 위로 임금까지 추대하는 것이 '순리'요, 임금에서 아래로 수령을 임명하는 것은 '역리'라는 혁신적 발상을 하고 있다.〈「湯論」〉 그렇다고 다산이 당시의 봉건질서를 뒤엎기 위해 혁명을 주장하였던 것은 아니다. 그러나 당시의 사회체제 속에서 신분적 차별로 천대받고 억눌리고 착취당하면서 명분으로만 '백성이 나라의 근본'이라 하여 '민본'(民本)을 표방하는 허위적 관념을 깨뜨림으로써, '민본'의 진정한 의미를 재각성하여 백성이 사회체제의 중심에 자리 잡고 목적으로 중시되는 사회질서의 본래 모습을 재확인하려는 것이라 하겠다.

다산은 사회구조로서 조정(朝廷)과 백성의 관계를 해명하면서, "조정은 백성의 심장이요, 백성은 조정의 사지(四肢)이니, 힘줄과 경락(經絡)의 연결과 혈맥의 유통은 순간의 막힘이나 끊김도 있어서는 안 된다."(「與金公厚」)고 하여, 정부와 백성의 관계를 유기적 일체를 이룬 하나의 생명체로 제시하고 있다. 곧 심장이 건강해야 사지가 활발하게 움직일 것이요, 사지가 건장해야 심장도 튼튼할 수 있다는 상생(相生)의 질서를 보여준다. 그것은 오늘에도 정부가 백성을 불안정의 고통 속에 몰아넣고 백성은 정부를 갈등과 혼란에 빠뜨리는 상극(相克)의 악순환을 해소하자는 사회통합의 논리로 의미 있게 음미해볼 필요가 있을 것이다.

다 함께 고르게 사는 사회

"하늘이 이 백성을 내실 때 먼저 밭 갈 땅을 두어서 먹고 살게 하셨다. 그리고 나서 임금을 세우고 목민관을 세워서 백성의 부모노릇 하게 하여, 그 산업을 골고루 마련해서 다 함께 살도록 하셨다. …그러므로 그 산업을 골고루 마련하여 다 함께 살도록 하는 사람은 참다운 군주와 목민관이고, 그 산업을 고르게 마련하지 못하여 다 함께 살도록 하지 못하는 사람은 군주와 목민관의 책임을 저버린 자이다."

〈「田論(1)」〉

다산은 '백성의 삶'을 소중히 여기는 일이 단순히 통치자가 백성을 자식처럼 자애롭게 보살핀다는 마음의 자세로만 실현될 수 없는 것임을 잘 알고 있다. 민생을 보장하기 위해서는 구체적으로 사회체제의 경제적 기반이 확립되어야 가능한 것임을 지적한 것이다. 그는 무엇보다 먼저 민생이 불평등한 차별과 강압적 착취에서 파탄이 나는 것임을 직시하였다. 따라서 신분적 차별의 폐지나 인권의 동등함을 이념적으로 확인하기에 앞서서, 경제적 균평함을 민생의 안정을 위한 전제로 제시하였다. 경제적 평등이 확보되어야 신분적 평등의 실질적 효과도 확보될 수 있다는 것이다.

그는 모든 백성이 생업에 종사하여 먹고 살 수 있는 권리는 하늘이 내려준 절대적 기본권임을 강조한다. 부자의 땅은 끝없이 이어져 있는데 가난한 자는 송곳 꽂을 땅도 없는 극한적 불균형의 현실은 바로 백성이 하늘로부터 부여받은 생존권을 박탈당한 사회임을 고발하는 것이다. 부패한 정부에서는 가난한 자의 재산을 부자들에게로 모아주어 가난한 자는 더욱 가난해지고 부자는 더욱 부유해지는 '빈익빈·부익부'(貧益貧富益富)의 사회적 모순이 심각해지는 현실을 직시하고 있다. 이에 대해 그는 '재산을 고르게 마련해 주어 다 함께 잘 사는 사회'가 정의로운 사회임을 확인하며, 이를 실현하기 위해서는 "부자의 것을 덜어내서 가난한 자에게 보태주어 그 살림을 고르게 하는 것"〈「田論(1)」〉이 임금과 수령의 역할이요 책임임을 역설하고 있다. 분배의 균형이 심각하게 깨어지면 이미 평등한 사회란 공허한 구호에 불과한 것임을 분명하게 밝히고 있는 것이다.

다산은 백성의 생존권을 보장하기 위한 제도적 개혁의 과제로 재산의 균형 있는 분배를 추구하면서 가장 중대한 문제는 토지소유제도의 개혁을 요구하였다. 그는 민생을 위한 토지소유제도의 개혁으로서 '경자유전'(耕者有田)의 원칙을 재확인하였다. 재산을 고르게 하여 백성을 다 함께 살리는 토지제도의 개혁방안을 제시함으로써, 토지를 상실하고 소작농으로 전락하는 농민층이 발생하지 않게 하기 위한 방책을 찾고 있다.

이와 더불어 그는 농업생산의 증대방법으로서 기술도입과 개량을 통해 농민에게 노동의 수고로움을 덜어 편안하게 해주는 '편농'(便農), 행정이 농민을 보호하여 이익을 증대시켜 주는 '후농'(厚農) 및 농민의 사회적 대우를 높여주는 '상농'(上農)의 원칙을 제시하여,〈「應旨論農政疏」〉 생산활동을 향상시키기 위한 합리적 방법과 사회체제의 개혁을 제시하기도 하였다.

백성의 생업은 농사만이 아니라 공업이나 상업에 종사하는 것도 중시하여, 국가의 부강과 민생의 향상을 위해 생산과 유통에서 경제 활동의 복합적인 증대방법을 강구하고 있다. 여기서 그는 선비도 독서만 하고 노동을 거부할 권리가 없음을 강조하였다. 곧 선비도 직업의 귀천의식을 탈피하여 농사나 공업이나 장사의 생업을 가지도록 요구하여, 노동의 정당성과 신성성을 강조하였다. 이처럼 다산은 직업에 따른 신분의식의 폐단을 타파함으로써, 생산의 활기를 살리고 분배가 고르게 되는 조화로운 사회의 실현에 관심을 기울였던 것이다.

여기서 다산은 한편으로 백성의 생활을 고르게 해주고 넉넉하게 해주는 목민관의 책임과 방책을 제시하면서, 다른 한편으로 목민관의 책임을 저버리고 백성을 가혹하게 수탈하는 수령에 대해 그 탐욕의 수법과 그로 인한 백성의 고통을 철저하게 폭로함으로써, 그 극복의 방법을 제시하고 있다.

모든 백성이 '다 함께 잘 살기' 위해서는 빈곤에 허덕이는 백성의 생업을 보장해줄 뿐만 아니라, 자립하기 어려운 백성 곧 '궁민'(窮民)을 보살피는 것이 중요한 과제로 제시된다. 다산은 『목민심서』의 '애민'(愛民)편에서도 노인과 어린아이, 혼기가 넘도록 결혼하지 못한 사람, 가난한 사람, 부모를 잃고 상(喪)을 당한 사람, 병든 사람, 재난을 당한 사람 등 사회적 약자를 보살피는 문제에 가장 큰 관심을 기울이고 있다. 그는 이처럼 곤궁에 처한 백성을 보살피고 행정의 시설을 갖추고 대책을 시행하는 것이 목민관으로서 백성을 사랑하는 기본 과제임을 밝히고 있다. 곤궁 속에 놓인 백성을 보살피는데서 민생을 소중히 여기는 사회체제가 확보될 수 있다는 것이다.

평등한 사회의 실현을 위해서는 균형 있는 분배를 통한 경제적 기반의 확보와 더불어 모든 백성이 신분적·지역적 차별이 없는 평등함을 누리는 것이 요구된다. 다산이 살았던 조선 후기 사회는 신분적 계층질서에 상당한 동요가 일어나고, 동시에 신분적 갈등이 심하게 노출되던 시대였다. 이러한 상황에서 계층적 신분질서를 명분으로 고수하려는 양반 지배계층의 집착에 대해, 다산은 신분타파를 통한 평등한 사회적 이상을 제시하는 사회개혁의식을 밝히고 있다. 그는 "나에게는 소망하는 바가 있다. 온 나라가 양반이 되게 하는 것이다. 그렇게 하면 온 나라에 양반이 없게 되는 것이다."〈「跋顧亭林生員論」〉라 하여, 신분적 차별이 없는 사회적 평등의 이상을 제시하였다. 이러한 평등의식의 근거로 그는 "위에 존재하는 것이 하늘이요, 아래에 존재하는 것은 백성이다."〈「尙書知遠錄」〉라 하고, 또 "하늘은 그 신분이 관리인가 백성인가를 묻지 않는다."〈「孟子要義」〉라 하여, 모든 인간이 평등한 이웃으로서 하늘 앞에 서는 새로운 사회질서를 제시하고 있다. 우리 시대에는 신분계급의식은 해소되었다고 하지만, 여전히 사회의 계층적 분화현상은 뿌리깊이 자리 잡고 있는 것이 현실이다. 이러한 차별의 질서를 깨뜨리기 위해 하늘 앞에서 모두가 평등함을 강조하였던 것으로 이해된다.

다산은 사회적 차별의 현실을 주목하면서, "온 나라의 인재를 다 뽑아 올려도 오히려 부족할까 염려스러운데, 하물며 그 열 가운데 여덟 아홉은 버려진 것인가? …버려지지 않은 사람은 오직 문벌 좋은 수십 집뿐이다."〈「通塞議」〉라 하였다. 서민이나 중인(中人)이나 서얼(庶孼)은 신분의식에 따라 버리고, 평안도·함경도·황해도·강화도·전라도 등은 지역에 따라 버리고, 북인(北人)과 남인(南人)은 당파에 따라 버리고 서울과 주변의 노론(老論)들 몇몇 집안이 권력을 독점하고 있는 현실을 고발하였다. 인재를 능력에 따라 선발하는 것이 아니라, 지방과 학벌과 종파에 따라 편중하게 쓰고 있는 것은 오늘의 현실에서도 여전히 탈피하지 못하고 있는 우리사회의 뿌리 깊은 폐단이다. 다산은 이처럼 연고주의의 편협성에서 벗어나 능력중심으로 인재를 쓰는 열린 의식을 요구하고 있다. 어느 시대 어느 사회에서나 폐쇄된 체제는 부패하여 자멸할 뿐만 아니라 사회를 병들게 하는 중요한 원인임을 밝혀주고 있는 것이다.

법이 존중되는 사회질서

"개나 돼지도 버리고 돌아보지 않을 음식/ 굶주린 사람 입엔 엿
처럼 달구나/ …관리의 돈 궤짝 남이 볼까 쉬쉬하니/ 우리들 굶
게 한 건 이 때문이 아니더냐/ 관청 마굿간 살찐 저 말들은/ 참
으로 우리들의 피와 살이네."

〈「飢民詩」〉

　다산은 굶주리고 착취당하는 백성들이 모여들어 관청에서 구휼하
는 죽을 얻어먹는 광경과 백성들을 착취하여 거두어들인 관리의 돈
궤짝이나 살찐 말들을 대비시키며, 절망에 빠진 굶주린 백성들의 참
혹한 현실에 대한 한없는 연민과 더불어 감사와 수령에서 아전에 이
르기까지 높고 낮은 관리들의 간악한 부패와 부정에 대한 끓어오르
는 분노를 표출하고 있다. 백성의 부모로 백성을 자식처럼 보살핀다
하고, 국민의 공복으로 국민을 위해 봉사한다는 관리들이 백성을 착
취하고 나라를 좀먹는 현실에 대해 분노를 넘어 적대감을 표현하고
있는 것이다. 조선시대 관리들이 백성을 착취하여 돈 궤짝을 숨겨두

고 살찐 말을 타고 거들먹거리는 모습이나, 오늘의 공직자가 뇌물을 거두어 돈뭉치를 숨겨두고 호화로운 사무실에서 거들먹거리는 모습이 다를 바가 없다. 다산이 부패한 관리를 더 이상 백성의 부모가 아니라 도적일 뿐이라 보고 있는 것처럼, 오늘에 비리공직자도 더 이상 국민의 공복이 아니라 도적일 뿐이라 볼 수 있을 것이다.

다산은 『목민심서』(牧民心書)에서 목민관이 지켜야 할 기본강령으로 '율기'(律己)와 '봉공'(奉公)과 '애민'(愛民)의 세 가지를 제시하였다. '율기'는 목민관이 안으로 자신을 단속하여 도덕적 인격을 정립하는 기본바탕이라 할 수 있다. 이에 비해 밖으로 사회에서 실현해야할 실천과제로서, '애민'은 백성을 사랑으로 보살피고 받들어 섬겨야 하는 의무의 수행이니, '민생의 중시'에 해당하는 것이라면, '봉공'은 공무에 봉사하는 사회적 책임의 수행이니, 바로 '국법의 준수'에 해당하는 것이다.

다산은 백성을 다스린다는 뜻의 '목민'(牧民)을 "오늘날의 법에 근거하여 우리 백성을 다스리는 것"〈『牧民心書』〉이라고 정의함으로써, 목민관이 백성을 다스리는 데 국가의 법을 존중하고 법에 근거할 것을 강조한다. 그만큼 다스리는 자에 의해 법이 무시되는 현실을 절실하게 인식하고, 탈법으로 무너져 가는 통치질서를 다시 세우기 위해 '국법의 준수'를 역설하였다. '국법의 준수'란 권력자가 스스로 나라의 법을 존중할 수 있어야 국가의 기강이 수립될 수 있음을 강조한 것이다.

그런데 법은 누가 무시하여 지키지 않는 것인가? 백성들은 법을 어기면 법의 엄격한 처벌을 면할 수 없으니 결코 법을 무시할 수 없다. 그러나 권력이 있는 사람들은 법을 어겨도 처벌을 받지 않고 빠져나갈 수 있으니 법을 무시하게 된다. 다산은 33세 때 암행어사로 나가 임금 어머니(혜경궁 홍씨)의 병환을 보살펴준 태의(太醫)였던 삭녕군수와 임금 아버지(사도세자)의 능을 수원으로 이장할 때 지사(地師)였던 전직 연천현감이 백성을 착취하고 관청의 재산을 착복한 죄를 고발했다. 그런데 다산이 이들을 고발하자 모두들 처벌하기 어려울 것이라 말하고, 어느 대신은 임금에게 그들을 처벌해서는 안 된다고 아뢰기도 했다. 이 사실을 듣고서 다산은 임금에게 올린 상소문에서, "이들은 총애하고 비호함을 믿고 이와 같이 방자하였습니다. …법의 적용은 마땅히 임금의 가까운 신하로부터 시작해야 합니다."(「京圻御史復命後論事疏」)라 하였다. 그것은 임금의 측근부터 엄격하게 법을 적용하여 처벌할 수 있어야 국법이 지켜질 수 있음을 강조한 것이다

다산은 법을 무시하고 온갖 부정과 비리를 저지르는 행위가 모두 권력에서 나오는 사실을 직시하고, 백성을 착취하며 백성의 생존에 가장 큰 해독을 끼치는 부패한 권력의 실상을 그 시대 현실과 역사적 사실을 통해 구체적으로 입증하였다. 따라서 그는 "여기에 큰 도적이 있는데, 큰 깃발을 세우고 큰 일산(日傘)으로 옹위하며, 큰 북을 치고 큰 태평소를 불게 하며 쌍가마를 타고 간다. …이 도적은 야경꾼이 감히 심문하지도 못하고, 의금부(義禁府)의 수사관이 감히 잡지 못하고, 어사가 감히 공격하지 못하고, 재상도 감히 성토하는 말을 못한다."(「監司論」)고 하여, 감사(監司)를 큰 도적으로 지목하고 있다. 그것은 오늘날 도지사에 해당하는 감사만 큰 도적이라는 뜻이 아니라, 지위가 높고 권력이 크면 클수록 법의 처벌 바깥에 자리 잡는 더 큰 도적이 되고 있는 현실을 고발한 것이다. 여기서 그는 "큰 도적을 없애지 않으면 백성을 다 죽이게 된다."고 하여, 백성을 살려내고 나라

를 바로잡기 위해서는 먼저 높은 지위에 앉아 큰 권력을 쥐고 있는 부패한 관리의 제거가 시급함을 역설하였다. 오늘에도 고위관료의 비리가 끝없이 터져나오고 있는 것이 현실인데, 고위관료의 비리를 뿌리 뽑지 않으면 나라의 기강을 세울 수도 없고 민생이 존중되는 사회질서를 정착시킬 수 없는 것이 사실이다.

다산은 백성들에게 법을 집행하는 기본정신으로 공경하고 또 공경하는 경건함을 요구하고 있다. 그는 죄를 조사하고 판결하여 법을 집행하는 문제를 체계화한 『흠흠신서』(欽欽新書)를 저술하였는데, '흠흠'(欽欽)이라 이름붙인 것도 재판을 담당하는 목민관의 자세는 공경하고 또 공경하는데 있음을 밝힌 것이다. 그는 "오직 하늘만이 사람을 살리고 죽이니, 사람의 목숨은 하늘에 달려있는 것이다. 그런데 목민관이 그 중간에서 선량한 사람은 편히 살게 해주고, 죄 있는 사람을 잡아다 죽이는 것은 하늘의 권한을 드러내 보이는 것일 뿐이다."〈「欽欽新書序」〉라 하여, 목민관이 재판을 하는 정당성의 근거는 '하늘의 권한'(天權)을 드러내는 것임을 강조하고 있다. 그것은 법의 집행이 결코 사사로움에 빠지거나 소홀함이 없어야 하며, 삼가고 두려워하며 신중해야 할 것을 역설하는 것이다. 오늘에도 법을 집행하는 법관이 죄의 크기만큼 벌이 무겁게 내려진다는 신뢰를 잃고, 권력과 재력이 있으면 벌은 깃털처럼 가벼워지는데 반하여, 힘없는 백성만 쇳덩이처럼 무거운 벌을 받는다고 사람들이 생각하기 시작하면, 그것은 바로 이 사회가 이미 정의롭지도 평등하지도 않으며 부정과 불의로 병이 깊어졌다는 심각한 징후를 드러내는 것을 말해준다.

다산과 퇴계
—학문적 거리와 인격적 감동

1. 다산의 종합적 사유

다산 정약용은 어떤 학자를 받들어 계승하거나 어떤 학설을 비판하여 디디고 넘어서는 단선적 사상가가 아니다. 그는 일찍부터 전해오던 한학(漢學)과 주자학 및 양명학은 물론이요 그 시대에 새로 전래해온 청나라의 고증학, 일본의 고학(古學)에서부터 서양의 과학기술과 천주교교리를 포함하는 서학(西學)에 이르기까지 사방으로부터 다양한 사상조류들을 폭넓게 수용하고 이를 비판적으로 취사선택하여 자신의 독자적 철학을 정립한 종합적 사상가이다. 말하자면 당시 그 자신이 접할 수 있는 온갖 다양한 사상을 모두 모아들여 마치 하나의 도가니 속에 담아 뜨거운 불길로 버릴 것은 태우고 취할 것은 녹여서 새로운 물질을 주조해내는 대장장이에 비유해볼 수 있을 것 같다.

2. 성호학파를 통해 퇴계와 연결

다산은 16세 때부터 서울에서 성호의 종손(從孫)인 이가환(李家煥)을 따라 성호의 저술을 읽으면서 학문의 길을 찾아갔다. 뒷날 그가 조카들에게 "나의 큰 꿈은 성호(星湖 李瀷)를 따라 사숙(私淑)하는 가운데 깨달은 것이 많았다"고 밝혔던 일이 있다. 이처럼 그의 학문적 기반은 성호의 영향 속에서 형성되었으며, 이와 더불어 성호학파 안에서도 '서학'에 적극적 관심을 지녔던 신서파(信西派) 속에 뿌리를 내리고 있었다. 성호학파 신서파의 인물들 가운데서 이가환은 그가 오랫동안 가까이 지내며 따랐고, 권철신(權哲身)은 그의 둘째 형 정약전(丁若銓)의 스승인데 경전해석의 핵심적 견해에서 그와 일치하는 점이 있었다. 또한, 이벽(李檗)은 천주교신앙을 받아들이는 과정에서나 『중용』의 해석에 관한 토론을 하면서 가장 깊은 영향을 받았던 선배 학자였다.

다산은 성호학파의 연원을 점검하면서, "퇴계 이후로 백호(白湖 尹鑴)의 학문이 본말(本末)을 지녔고, 백호 이후로는 성호의 학문이 옛 성인을 이어주고 후세의 학자를 열어주었다"〈「鹿菴權哲身墓誌銘」〉고 언급하였다. 이 언급에 따르면 퇴계의 학풍이 백호를 거쳐 성호에 와서 계승과 계발이 이루어졌다는 점을 주목하였던 것이다. 그렇다면 그 자신의 태생적인 학문적 뿌리도 파고 내려가면 성호를 거쳐 퇴계에 닿고 있음을 보여준다. 실제로 성호는 18세기 전반기에 활동하던 실학자로서 현실의 경제문제와 사회제도의 개혁문제에 깊은 관심을 제시하였지만, 동시에 퇴계의 학설을 계승하는 성리학자로서도 비중이 큰 인물이었다. 바로 이 점에서 성호는 실학자이면서 주자학자라는 두 얼굴을 지녔던 것이며, 주자학에서 실학으로 넘어오는 과도기의 사상가라 할 수 있다.

그러나 다산은 성호의 실학정신을 계승하였지만 주자학을 극복하고 있다는 점에서 성호와 중요한 차이를 드러내고 있다. 그는 '이'(理)와 '기'(氣)에 기초하여 하늘과 인간존재를 설명하는 주자의 관념적 세계관을 근원적으로 비판하면서 주자학을 그 기초부터 허물고 자신의 독자적 철학을 제시하였던 인물이다. 그렇다면 다산은 이미 퇴계의 철학적 기반인 성리설을 계승하는 입장이 아니다. 그만큼 다산과 퇴계의 사이에는 건널 수 없는 깊은 단절이 놓여있다는 사실을 인정하지 않을 수 없다. 그런데 다산은 주자의 성리설을 예리하게 비판하면서도 퇴계의 성리설에 대해서는 비판하는 언급을 하지 않고 있다. 이미 성리설의 원조(元祖)인 주자를 비판했으니 그 계승자인 퇴계를 비판할 필요가 없어서 그랬는지도 모르지만, 그보다 오히려 그의 가슴 속에는 퇴계에 대한 인간적 존경심과 애정이 깊이 자리잡고 있었기 때문이라고 생각하는 것이 옳을 것 같다.

3. 성리설에서 퇴계에 대한 인식

다산이 퇴계의 학문적 견해에 대해 제기한 중요한 언급은 다음의 두 가지를 들어볼 수 있다.

그 하나는 성리설에 관한 해석이다. 다산은 23세때(1784) 주자의 『중용』해석 관해 정조 임금의 질문에 대답하면서 조선시대 성리학의 가장 중요한 철학적 논쟁점이었던 사단칠정(四端七情)에 관해 그 자신은 율곡의 견해를 지지하면서 퇴계의 견해를 지지하는 이벽과 토론을 벌였던 일이 있었다. 그러나 그는 10년이 지난 뒤인 34세때(1795) 온양의 봉곡사(鳳谷寺)에서 성호의 종손(從孫) 이삼환(李森煥)을 모시고 선비들과 강학회를 열었던 일이 있다. 이때 다산은 사단칠정에 관한 이론에서 퇴계는 인성론(人性論)의 입장에 따른 해석이요 율곡은 우주론의 입장에 따른 해석이라 규정하여, 상반된 양쪽 입장을 종합하는 새로운 견해를 제시하였다. 이 견해는 그후 40세때 「이발기발변」(理發氣發辨)으로 저술되었다. 그렇다고 다산이 퇴계나 율곡의 사단칠정설에 대한 이론을 자신의 이론 속에 받아들인 것은 결코 아니다. 다만 성리설의 이론체계 안에서 보면 양쪽이 각각 논리적 정당성을 지닌 것이라 인정하였을 뿐이다. 그러나 퇴계학파와 율곡학파로 갈라져 양극적으로 대립하던 쟁점을 종합하였다는 사실은 조선시대 성리학사에 하나의 큰 획을 긋는 중대한 의미를 지니는 것이다.

다른 하나는 경전해석에 관한 문제이다. 주자의 제자인 왕백(王柏)이나 조선시대의 권근(權近)과 이언적(李彦迪)이 『대학』의 경문(經文)에서 몇 구절을 옮겨다가 '격물치지장'(格物致知章)을 만들어 보완한데 대해, 퇴계가 "본채를 헐어내어 곁채를 보완하는 것"이라 비유하여 비판한 사실이 있다. 다산은 퇴계의 이 비판을 적극 찬성하였다.〈『大學公議』〉 이처럼 그는 퇴계와 차이점은 덮어서 감추고 자신의 견해와 일치하는 점은 적극적으로 드러내는 모습을 엿볼 수 있게 한다.

4. 「도산사숙록」-퇴계의 인품에서 받은 감동

다산은 34세때 충청도 금정역(金井驛) 찰방(察訪)으로 좌천되어 나가 있을 때, 매일 새벽 세수를 하고나서 퇴계의 편지를 한통씩 읽고, 오전에 공무를 처리한 다음 정오에는 그 편지에 대한 감회를 적었다. 이때 저술한 「도산사숙록」(陶山私淑錄)은 퇴계의 편지 30통을 33조목으로 기술한 것인데, 여기서 다산은 퇴계의 인간적 품격에 대한 무한한 존경심을 밝히고 있으며, 퇴계의 수양과 학문자세에 깊이 공감하고 있음을 보여준다.

그는 퇴계의 겸허한 인품에 깊은 감동을 받고 있다. 퇴계가 제자 이담(李湛)에게 보낸 편지에서, 세상 사람들이 자기의 포부를 알아주지 않음을 탄식하는 것이 아니라 자신이 어리석고 거칠음을 알아주지 않음을 탄식한다는 구절을 읽으면서, "겸손한 군자이시다. 선생이 아니면 내 누구를 따르겠는가!"라 하여, 퇴계의 겸허한 인격에 대해 깊은 존경의 마음을 밝히고 있다.

또한 남명(南冥 曺植)이 퇴계에게 제자들이 성리설의 토론에 열중하면서 이름을 훔치고 세상을 속인다고 비판하자, 퇴계는 이론적 토론도 학문적으로 필요함을 변호하면서 학자라는 명예만 취하려는 과오에 빠지지 않도록 그 자신도 경계하고 있음을 밝힌 답장을 보냈다. 다산이 이 답장을 읽고나서, "이 편지를 여러 번 되풀이 읽으니, 나도 모르게 기뻐서 뛰어오르고 무릎을 치며 감탄하고, 감격하여 눈물을 흘렸다"고 하여, 퇴계의 인간적 포용력에 얼마나 깊이 감동하고 있는지를 절실하게 고백하고 있다.

퇴계가 율곡에게 보낸 편지에서 공부방법으로 이치탐구(窮理)와 공경함(居敬)을 설명한데 대해, 다산은 "이 편지는 전체의 한 글자 한 구절 모두가 지나쳐 버려서는 안되는 것이다"라고 하여, 한마디 한마디가 학문과 수양에 절실한 훈계임을 강조하였다. 특히 퇴계가 독서의 방법으로 문장의 뜻을 아는 단계를 넘어 몸과 마음으로 성품과 감정 속에서 알아야 하는 단계를 제시하고, 더 나아가 참되고 절실하게 체험하여 그 깊은 맛을 실지로 맛봄의 단계로 이끌어가는 언급에 대해, "믿음의 마음과 체험의 말씀은 더욱 정밀하고 확고하여 마땅히 항상 눈에 두고 마음에 간직하여 성찰해야할 것이다"라 하여, 퇴계가 제시한 학문방법을 가슴에 깊이 새기고 자신의 병통을 위한 치료약으로 삼을 것을 다짐하기도 하였다.

이 무렵에 지은 시에서도 "반평생은 가시밭길에서 낭패를 당하고/ 칠척 몸은 화살과 돌팔매 속에 지쳐버렸다오/…도산의 산과 퇴계의 물은 어디에 있는가/ 아스라이 높은 기풍 끝없이 흠모하네"(半生狼狽 荊榛路, 七尺支離矢石場,…陶山退水知何處, 緬邈高風起慕長.〈「讀退陶遺書」〉)라 읊었다. 더구나 스스로 사람들로부터 비방의 표적이 된 자신의 처지를 돌아보면서 퇴계의 덕을 더욱더 절실하게 사모하였던 사실을 잘 보여준다.

5. 퇴계와 다산의 양 날개

다산은 분명 퇴계의 성리설을 받아들이지는 않았다. 그러나 그는 퇴계의 사상체계 안에서 수양론의 깊이와 학문방법의 진지성을 소중하게 받아들였던 것이다. 그는 5백권이 넘는 자신의 방대한 저술에 대해 크게 경학과 경세론의 두 축으로 이루어져 있음을 지적하였다. 곧 육경사서(六經四書)의 경학은 자신을 닦는 수기(修己)의 문제요, 일표이서(一表二書)의 경세론은 천하와 국가를 다스리는 치인(治人)의 문제로 대비하여 제시하였다. 성리설의 형이상학은 거부하였지만, 자신을 닦는 수양론의 문제는 퇴계에서 깊은 영향을 받고 있다는 말이다.

　다산의 철학은 수양론의 내면적 세계에 빠지거나 경세론의 현실적 관심에 빠지는 일방적 사유체계가 아니다. 수양론에 기반하면서도 경세론으로 열어나가고, 경세론을 추구하면서도 수양론의 근거를 확립하고 있는 것이 다산철학의 핵심정신이다. 그래서 그의 대표적 경세론 저술인『목민심서』에서는 첫머리에 목민관으로서 수행해야할 실무를 논의하기에 앞서 먼저 목민관으로서 간직해야할 마음의 자세로 심법(心法)을 제시하였던 것이다. 바로 이 점에서 수양론과 경세론이 다산철학의 두 날개를 이루는 것이라면, 성리학과 수양톤을 두 날개로 삼은 퇴계철학 속에서 수양론의 영역은 다산철학의 한 날개에 큰 힘을 실어주는 것이라 할 수 있다.

금장태(琴章泰)

1943년 부산 생
서울대 종교학과 졸업
성균관대 대학원 동양철학과 수료(철학박사)
동덕여대·성균관대·서울대 교수역임
현 서울대 종교학과 명예교수

● 주요저서
『비판과 포용—한국실학의 정신』
『귀신과 제사—유교의 종교적 세계』
『한국유교와 타종교』
『율곡평전—나라를 걱정한 철인』
『다산평전—백성을 사랑한 지성』
『퇴계평전—인간의 길을 밝혀준 스승』
『경전과 시대—한국유학의 경전활용』 외

선비의 가슴 속에 품은 하늘

초판 인쇄 2012년 4월 23일
초판 발행 2012년 5월 3일

저   자　금장태
책임편집　윤예미

발 행 처　도서출판 지식과 교양
등   록　제2010-19호
주   소　132-908 서울시 도봉구 창5동 262-3번지 3층
전   화　02-900-4520 / 02-900-4521
팩   스　02-900-1541
전자우편　kncbook@hanmail.net

ⓒ 금장태 2012 All rights reserved. Printed in KOREA

ISBN 978-89-94955-84-1 93150　　　　　　　　　　정가 15,000원

이 도서의 국립중앙도서관 출판도서목록(CIP)은 e-CIP홈페이지(http://www.nl.go.kr/ecip)에서
이용하실 수 있습니다. (CIP제어번호 : CIP2012001937)